카발라
형태장

카발라 형태장

영혼의 설계도

초판 1쇄	2018년 09월 05일
2쇄	2022년 08월 18일

지은이	태라 전난영
표지삽화	태라 전난영
발행인	김재홍
디자인	이슬기
교정 · 교열	김진섭
마케팅	이연실

발행처	도서출판 지식공감
등록번호	제396-2012-000018호
주소	서울특별시 영등포구 경인로82길 3-4 센터플러스 1117호(문래동1가)
전화	02-3141-2700
팩스	02-322-3089
홈페이지	www.bookdaum.com
이메일	bookon@daum.net

가격	27,000원
ISBN	979-11-5622-393-1 13160

CIP제어번호	CIP2018024093
	이 도서의 국립중앙도서관 출판예정도서목록(CIP)은 서지정보유통지원시스템 홈페이지(http://seoji.nl.go.kr)와 국가자료공동목록시스템(http://www.nl.go.kr/kolisnet)에서 이용하실 수 있습니다.

KABBALAH

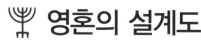

כתר חכמה בינה חסד גבורה תפארת נצח הוד יסוד מלכות

영혼의 설계도

카발라
형태장

태라 전난영 **지음**

כתר חכמה בינה חסד גבורה תפארת נצח הוד יסוד מלכות

지식공감

　우리 인간의 영혼은 나무를 닮았다. 나무는 봄-여름-가을-겨울을 거치면서 성장하고 꽃을 피우며, 가을이 되면 열매를 맺고, 겨울이 되면 나뭇잎이 시들어 떨어진다. 그리고 다시 봄이 되면 죽은 줄 알았던 나무는 다시 연한 새싹을 틔운다. 인간도 성장하여 결혼하고 자식을 낳고 키우며, 나이가 들어 명(命)을 다하면 죽는다. 나무가 겨울에 죽은 것처럼 보이듯, 인간의 육체는 인생의 겨울이 되면 죽는다. 그러나 영혼은 봄이 되어 다시 태어난다. 나무가 세월의 나이테를 두르듯, 인간의 영혼은 윤회의 과정을 거치면서 영혼의 나이테를 두른다.

　나무는 뿌리를 감싸고 있는 땅으로부터 영양분을 빨아들이지만, 우리 영혼은 나무와는 반대로 하늘로부터 영양분을 빨아들인다. 하늘의 천기와 땅의 지기가 인간의 중심에서 태극처럼 엮인다.

　인간이 지구에 내려와 체험하는 모든 정보 하나하나는 소중한 정보들이다. 각 개인이 지구에서 체험한 정보는 전체 영혼 속에 하나로 통합되고, 통합된 영혼은 또다시 전체를 관장한다.

　우리의 영혼은 신의 분신이다. 신은 자신의 영혼을 나누어 인간 육신이라는 용기에 담아 각자에게 주어진 역할의 일부분을 경험하게 만들었다. 이 체험의 정보는 다시 신의 영혼으로 통합되어 들어간다. 각각의 영혼들이 모여 거대한 나무 모양을 이루듯, 신은 이 대자연 속에 자신의 모습을 그대로 투영해 놓았다. 우리는 자연 속에서 신의 모습을 조금이나마 유추할 수 있는 것이다.

나는 언제나 이 대자연을 움직이는 운행원리를 알고 싶었다. 그렇다면 이 대자연을 운행하는 신이란 어떤 존재일까라는 물음을 안고 이 여정을 출발하였다.

이 작은 머리로 광활한 우주를 주재하는 신을 알 수는 없지만, 조금이나마 신을 이해하는 도구는 없을까라는 생각을 하다가, 고대로부터 전해 내려오는 인류의 지혜가 담긴 카발라와 천부경을 만나게 되었다. 이 두 가지 도구는 신과 우주를 엿볼 수 있는 좋은 도구가 되어주었다.

천부경이 동양의 지혜라면, 카발라는 서양의 지혜이다. 천부경은 81자 안에 우주 원리를 담아놓았고, 카발라는 생명나무 속에 우주 원리를 담아놓았다. 동서양의 두 가지 지혜를 하나의 지혜로 융합시킬 수 있을까라는 명제를 놓고 출발하다 보니, 전혀 다른 듯 보이는 카발라와 천부경이 하나의 원리를 설명하고 있다는 것을 알게 되었다. 이 둘의 공통점은 바로 우주 형태장을 그려놓았다는 점이다. 이 명제를 기본으로 하여 우주 형태장 원리를 이해하게 되었으며, 카발라 모형도를 만들게 되었다. 그래서 『카발라 형태장』이라는 이름을 지었고, 이에 대한 설명을 풀어나가려 한다.

Chapter1에서는 형태장의 원리를 풀어놓았고, Chapter2에서는 카발라에 대한 해석을 풀어놓았다. 카발라가 이국적인 철학이라 조금은 어려운 듯 보일지 모르지만 그 안에 담긴 지혜를 살펴본다면, 각자 인생의 그림을 완성하는 데 퍼즐 한 조각을 줄 수 있는 책이 될 것이라고 생각한다.

천부경과 카발라는 이 우주 운행 원리를 담고 있는 상징적 체계이다. 그렇다면 이 우주를 운행하는 신은 어떤 존재일까라는 대답은 카발라를 통해서 살펴볼 수 있다.

카발라는 서양 정신사상의 기본바탕이다. 더불어 카발라, 점성학, 연금술은 서양의 정신세계에 막대한 영향을 끼쳐왔을 뿐만이 아니라, 서양철학의 필수요소가 된다. 카발라는 서양 정신사상의 기본토대가 되었고, 점성학은 천문학의 기본바탕이 되었으며, 연금술은 화학의 기본바탕이 되었다. 이 모두를 아우르는 것이 바로 마법이다. 이것이 물질발명의 기본 토대가 되었다고 해도 과언은 아니다.

마법이란, 인간이 신의 힘을 활용하여 새로운 에너지를 창조하는 행위이다. 카발라를 통해 신에 대한 메커니즘을 이해하고, 점성학을 통해 시와 때를 정하며, 연금술을 통해 물질을 제조하고, 마법을 통해 신을 소환한다. 사실 우리 인간들도 알게 모르게 마법을 행하고 있지만, 잘 인지하지 않을뿐더러 관념적으로 밀어낸 채 무의식적으로만 행하고 있다.

진리에 이르는 길은 여러 가지 길들이 있다. 나는 신에 대해 궁금했고, 이 우주에 대해 궁금하여 이 분야를 연구한 것이고, 누군가는 다른 분야를 통해서 자신만의 길을 발견할 것이다. 그 과정에서 카발라라는 도구가 어떻게 일상의 실생활에 활용되는지 참고한다면 당신 인생에 많은 길을 열어주고, 많은 영감과 깨달음을 안겨줄 것이라고 생각한다. 이 책은 『태라의 점성학』 1권(운명의 별)과 2권(행운의 별)에 이어 서양철학을 이해할 수 있는 제3의 책이 될 것이다.

카발라라는 상징도구는 보이지 않는 에너지 차원에서 보이는 물질 차원으로 에너지가 어떻게 농축되는지를 직관적으로 설명하기에 좋은 도구이다. 상징이라는 것은 영의 에너지를 나타내는 표현도구이다. 때로는 난해하고 때로는 어렵지만 상징의 도구에는 많은 의미를 내포하고 있으며, 해석하는 사람의 의식 정도에 따라 다른 해석이 나오기도 한다. 하나의 상징을 놓고도 수많은 다양한 해석을 내놓을 수 있다. 이러한 상징들은 지식보다는 직관을 위한 도구이다. 따라서 카발라와 여러 가지 서양 상징체계 등을 통해서 진리와 깨달음에 관한 이야기를 최대한 알기 쉽게 풀어내어 설명할 것이다.

신에게는 여러 가지 다양한 이름들이 존재한다. 우리나라에서는 하느님 하나로 통하지만, 서양에는 수많은 신의 이름들이 있다. 신의 여러 가지 특성을 분화하여 나타낸 것이 바로 신의 이름이다. 그 수많은 신들이 모두 다 다르다고 생각할지 모르지만, 자세히 살펴보면 같은 의미의 다른 이름인 경우가 많다. 그 나라의 언어에 따라서 각각 다른 이름으로 불리는 경우가 대부분이었다. 그리스의 제우스가 로마시대로 넘어가면서 주피터(Jupiter) 또는 유피테르라고 불렀듯, 같은 신이 다른 이름을 가진 경우는 많다.

하나의 예를 들자면, 산스크리트어로 된 '아발로키테스바라(Avalokitesvara)'라는 신의 이름이 있다. '아발로키테스바라'의 사전적 뜻은 '아래를 보는 주님'이라는 뜻이다. 신은 위에서 아래를 굽어보는 존재이다. 이 '아발로키테스바라'라는 뜻을 가진 신이 불교로 넘어와 우리에게는 친숙한 이름인 '관자재보살(觀自在菩薩−눈으로 보며 존재하는 보살)' 또는 '관세음보살'로 알려진 것이다. 그래서 '아발로키테스바라'와 '관자재보살'이 다른 언어처럼 비춰진다 해도 그 의미는 하나의 신으로 통한다. 또한 이 신은 프리메이슨의 삼각형 안에 있는 눈으로 상징되기도 하는데, 즉 세상의 꼭대기에서 모든 것을 보는 눈을 가진 신, 바로 관자재보살이다.

인간의 전쟁은 대부분 종교와 정치로부터 비롯되었다. 너의 하나님과 나의 하나님을 구분하면서부터 전쟁이 시작되었다. 종교와 정치는 떼려야 뗄 수 없는 관계성을 가지고 발전해 왔다. 신에 대한 정통성이 후대로 내려오면서 왕에 대한 정통성을 찾게 되었고, 서로 자신의 이념과 사상을 내세우면서 인류가 흘려온 피는 강을 이루고도 남는다. 어쩌면 우리는 신과의 연결이 단절되면서 서로 싸우고 전쟁을 하게 된 것이 아닐까 하는 생각을 해본다. 신이 떠난 자리를 누가 대신할 것인가를 두고 왕권의 다툼이 있었고, 왕이 떠난 자리를 두고 어떤 귀족이 자리를 잡을 것인가를 다투었으며, 귀족이 떠난 자리에 어떤 노동자가 권력을 잡을 것인가를 두고 다투어왔다. 권력은 점점 하강하여 가장 바닥에 있는 자가 가장 위의 자리에 오를 때까지 전쟁은 계속되었다. 이러한 일련의 과정들은 인간 의식의 평준화를 이룬 과정들이었다.

서양의 하나님과 동양의 하느님은 엄밀하게 따지자면 그 의미 자체가 다르다. 서양의 하나님은 여호와 하나님을 뜻하고, 동양의 하느님은 천지신령(天地神靈)을 뜻한다. 그렇다고 두 하나님이 다른 하나님이냐를 놓고 볼 때, 그 역할적 의미는 하나로 상통한다. 하나님 또는 하느님이란 바로 이 지구 대자연 운행을 주관하는 신이란 뜻이며, 위에서 말한 관자재보살이기도 하다. 가장 높은 곳에서 아래를 굽어보는 하나님이 바로 이 하나님인 것이다. 서양의 하나님이 '하나의 님'이라면, 동양의 하느님은 '하늘님'이란 뜻을 가지고 있다.

하나님 또는 하느님이라는 뜻으로 불리는 신들을 살펴보면, 우리나라에는 환인, 환웅, 단군이 하느님으로 불리고 있으며, 서양에서는 여호와, 오시리스, 라 등이 하나님으로 불리고 있다. 모두 하나님을 대리하는 신의 이름들이다. 카발라에서는 신의 숨겨진 이름을 '요드헤바브헤(Yod-Heh-Vav-Heh)'라고 하는데, 이 이름은 함부로 부를 수 없는 신의 이름으로 간주되었다. 물론 이 이름이 후대로 내려오면서 여호와(야훼)라는 이름을 만들어내게 되었다.

카발라는 서양의 기독교 신앙 속에 숨겨져 전승된 상징체계이다. 따라서 동양적 사고방식으로는 접목이 되지 않는 측면이 존재한다. 그럼에도 불구하고 이 책에서는 카발라 원리에 대해 최대한 쉽게 이해할 수 있도록 설명해 놓았다.

'카발라'의 사전적 의미는 유대교에서 입으로, 귀로, 직접 전수된 구전 또는 전통을 의미하는 말로, 히브리어로 קבלה[1] 라고 하고, 영문으로

---

1 히브리어는 우측에서 좌측 방향으로 쓴다.

는 Kabbalah, Cablala 등으로 표기한다. 또한 구전으로 전승되는 유대 밀교(신비주의)를 카발라라고 한다. 카발라 사상의 뼈대를 이루고 있는 생명나무는 진리와 깨달음에 이르는 과정을 알기 쉽게 설명한 상징체계이다.

카발라를 서양 정신세계의 기본 바탕이라고 해도 과언은 아니다. 서양의 중세 미술품과 건축물을 비롯하여 서양의 모든 정신사상의 바탕에는 이 카발라 원리가 담겨있다. 우리에게는 다소 생소한 개념으로 받아들일지 모르겠지만, 우리 관념의 틀을 깨고 우리 의식을 확장시키는데 카발라만큼 도움이 되는 것은 없을 것이다.

어떤 획기적인 발명품도 잘 쓰여야 빛을 발하듯, 어떤 진리의 가르침도 인간의식을 바꾸고 상승시키는데 기여를 해야 그 진리가 빛을 발할 수 있는 것이다. 또한 아무리 고귀한 상징을 품고 있는 작품이라 할지라도 그 상징의 의미를 모르는 사람에게는 아무런 의미가 없는 종잇조각에 불과한 법이다. 고대에 귀중한 서적이라 할지라도 어떤 이에겐 당장의 땔감이 더 중요한 사람도 있다. 따라서 가치라는 것은 그 의미가 부여될 때 빛을 발하게 되는 것이고, 그 가치를 알아봐주는 사람이 나타나서야 비로소 인정을 받게 된다. 그래서 아는 만큼 보이고, 아는 만큼 이해할 수 있으며, 아는 만큼 의미를 부여할 수 있다.

마지막으로 간단하게 이 책의 구성을 설명하자면, 1부에서는 카발라의 기본 형태를 만드는 형태장에 관해 설명을 할 것이고, 2부에서는 카발라 생명나무에 대한 설명과 더불어 이것을 응용할 수 있는 방법론에 대해 설명을 할 것이다.

생명나무를 통해 우주 에너지가 어떻게 물질로 현현되는지, 또한 영의 에센스가 위에서부터 아래로 어떻게 내려오는지에 대한 메커니즘을 설명하고, 더 나아가 이 지구의 선과 악의 메커니즘에 대해서도 설명할 예정이다.

정신적 차원의 에너지는 물질화되어 현실 속으로 들어온다. 다르게 표현하자면, 신의 일을 지상에 실현시키려면 인간의 몸이 필요하다. 즉 신은 인간을 통해서 신의 일을 하고 있는 중이다. 따라서 신의 움직임은 인간을 통해 나타나고, 인간에게 떠오르는 영감 또한 신들이 전해주는 메시지이다. 불현듯 떠오르는 것을 영감이라 한다면, 인간과 인간이 서로 주고받는 대화 속에도 신의 언어는 존재한다. 인간은 서로 대화를 하면서 정보를 전달한다. 이 정보들 속에는 자신이 처리해야 할 답이 모두 들어있다. 정보들은 일정 부분 쌓이고 쌓여 자기 안에서 통합될 때, 깨달음의 지혜로 나타난다.

이 책은 당신에게 전해줄 정보의 퍼즐에 해당된다. 각자 자신만의 우주가 있고 자신이 만드는 큰 그림이 존재한다. 그 그림의 일부분에 필요한 정보가 되길 바라는 마음으로 이 책을 집필하였다.

- 태라 전난영 -

Contents

형태장

Contents

Contents

●

●

●

Chapter 1

형태장

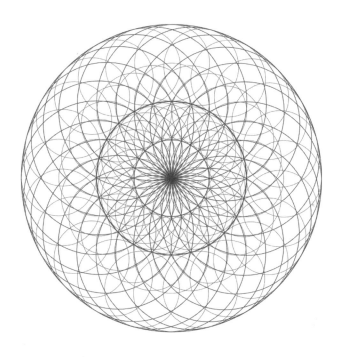

"가장 큰 것에도, 가장 작은 것에도,

그리고 당신의 눈 속에도,

신의 숨결은 어디에나 존재한다."

01 창조의 설계도

대자연의 디자이너

사람, 나무, 동물, 곤충, 꽃, 태풍, 별, 은하계 등등 대자연의 창조주가 만든 작품들은 아무 이유 없이 만들어지지 않았다. 풀 한 포기, 돌멩이 하나도 무의미하게 존재하지 않는다. 지구상의 모든 생명체는 서로 상호작용하는 원리로 존재하고 있으며, 하늘의 별들도 우리 인간에게 영향을 미치고 있고, 대자연 속의 원소들도 서로 상호 교류하며 움직이고 있다. 어떤 것들은 서로 모여 합해지기도 하고 다시 분리되기도 하며, 서로 정보를 주고받기도 한다. 우주 삼라만상의 창조물들은 거대한 신의 작은 세포들처럼 움직이고 있다. 그래서 이 우주의 모든 생명체는 존재이유가 있는 법이다. 하물며 우리 인간은 지구상에서 창조주를 닮은 가장 특별한 존재로 만들어졌다. 인간은 동물을 닮았으되 가장 신을 닮은 존재이며, 신의 형체를 가장 많이 닮은 존재이다. 다르게 표현하면, 인간의 형태 자체가 신을 입식하기에 가장 좋은 형태로 만들어졌다는 이야기이다. 인간은 직립보행을 하며 머리로는 하늘 기운을 받고, 발로는 땅의 기운을 받는다. 즉 하늘과 땅을 연결할 수 있는 존재가 바로 인간이며, 인간이 자동차를 타듯 신은 인간 몸체를 탄다. 인간의 형태 자체가 신을 담기에 가장 적합한 그릇으로 빚어졌다.

그렇다면 창조주는 대자연 만물을 어떤 식으로 디자인했을까? 이 대자연을 만든 창조주는 디자이너다. 이 대자연을 디자인한 창조주 혹은 신은 따로 존재하고, 또 이 대자연을 운행하는 신도 따로 존재한다. 하나의 신이 창조도 하고 운행도 하는 것이 아니라, 창조한 신이 존재하고 운행하는 신이 존재한다.

우리 인간들은 신이 인간을 창조했다는 이유만으로 신에 대한 경외심을 품으며 숭배한다. 우리를 만든 창조주는 한 분이 아니다. 유일신이 아닌 '신들'이며 우리가 외계인이라 부르는 존재일 수도 있다. 조금 더 깊게 이야기하자면, 대자연 만물을 디자인한 신들이 존재하고, 또 우리 인간을 유인원에서 영장류로 만들어 신들이 입식하기 좋게 변형시킨 신들도 존재한다. 물론 둘 다 우리 인간을 창조한 신들이다. 둘 다 하나의 창조주처럼 받아들이겠지만, 근원의 신 한 분에서 파생되어진 수많은 자손 신들이 이 우주 삼라만상을 디자인하였고, 또 삼라만상을 관리할 관리자, 즉 천사들도 만들었다. 천사들은 이 우주를 관리하는 신들이다. 이들을 천신이라 한다.

우리 인간들은 인간 형태를 맨 처음 디자인한 신도 하나님이요, 인간의 유전자를 변형시켜 영장류로 만든 신도 하나님이요, 우리를 관리하는 신도 하나님이라 부른다. 그러나 여기에서 창조주와 하나님은 분명 다르다. 1차 디자인한 창조주, 2차 유전자 변형한 창조주, 3차 인간을 관리하는 천신 이 모두를 통틀어 모두 하나님 또는 창조주라 부른다. 그러나 실질적으로 하나님 역할을 하고 있는 존재는 인간들과 천지만물을 관리하는 천신이 하나님 역할을 맡고 있는 것이다.

대자연 만물을 디자인한 신들은 처음엔 만물을 디자인하여 별이라 부르는 공간에 창조물을 진열해 놓았다. 이런저런 디자인을 하면서 좀 더 완벽한 존재를 만들어갔고, 일정 부분 완성품에 이르렀을 때 디자인에서 손을 떼고 자가 복제 할 수 있는 자동시스템을 발명하였다. 자가 복제의 기본패턴은 하나를 둘로 찢어놓는 것으로부터 시작된다. 완전함은 창조행위를 멈추게 만든다. 그러나 불완전함은 완전함을 이룰 때까지 창조행위를 멈추지 않는다. 그래서 완전한 하나보다 불완전한 둘이 서로 결합하게 만드는 방식을 취하게 되었다.

'결핍'은 이 지구 생명체들의 자가복제시스템의 중요 메커니즘이다. 하나는 부족하게 만들고, 하나는 풍족하게 만들어서 둘이 완전한 하나가 되도록 만드는 원리가 이 지구의 자동시스템 원리이다. 자연생명체는 모두 음양으로 나뉘어져 있고, 서로 부족한 부분을 메꾸면서 제3의 완전함을 탄생시킨다. 좀 더 완성적인 작품, 좀 더 나은 작품들을 만들고자 결핍을 보완하면서 완성품을 만들어가는 것이다. 이렇게 자가복제시스템이 만들어지면서 대자연을 디자인한 신들은 물러나고, 이 시스템을 관리하는 신들이 들어오게 되었다.

지구는 물질우주의 감옥

이 지구란 행성은 특수 행성이다. 물질우주의 감옥행성과 같은 곳이며, 우리의 육신은 영혼을 가두어두는 개인 감옥에 해당된다. 이 행성은 한 번 발을 디디면 전체가 해탈에 이를 때까지 벗어날 수 없는 카르마의 장이 형성된 곳이다. 카르마의 질량을 해결하러 오는 곳이 바로 이곳, 지구란 행성이다. 카르마의 질량을 가볍게 하였을 때, 우리는 비로소 우리가 왔던 곳으로 되돌아갈 수가 있다.

　우리의 영혼은 불멸의 존재이다. 지구란 행성에 들어오려면 육체라는 물질 옷을 입어야 하고, 이 물질 옷이 기능을 다하면 육체를 버리고 영혼상태로 들어간다. 영혼 상태에 들어간다 해도 우리는 해방을 맞이하지 못하고 또다시 지구에 육신을 받기 위해 대기하고 있어야만 한다. 우리의 카르마 질량이 가벼워질 때까지 지구로의 환생은 멈추지 않는다. 마치 어떤 막 같은 것이 이 지구를 둘러싸고 있어서 영혼조차 빠져나갈 수 없게 윤회의 고리를 형성하고 있다.

　우리의 육체는 영혼이 타는, 탈 것에 비유할 수 있다. 신은 인간 육신에 입식하여 지구생활을 하지만 육체를 입는 즉시 신이었던 자신의 기억은 모두 봉인한 채 지구생활을 해야만 한다. 천상에서 아무리 영급이 높은 신이라 할지라도 지구에 와서 육신을 입는 순간, 천상의 룰이 아닌 지구의 룰에 지배받게 된다. 그래서 우리는 우리가 신(神)인 줄도 모른 채, 힘든 지구생활을 이어가고 있는 것이다. 각자에게 할당된 카르마의 질량을 극복할 때 비로소 우리는 이 물질이라는 감옥에서 해방되어, 각자 자신이 왔던 곳으로 회귀하게 된다. 회귀(回歸)란 신으로서의 복귀이다.

　인간은 신의 모습을 닮은 형태장을 가지고 있다. 즉 신을 담는 에너지 그릇은 우주 형태장으로 이루어져 있으며, 이 형태장은 우주의 모든 만물에 가득 차 있는 에너지 형태이다. 우주의 형태장이 물질화되어 나타난 것이 우리가 볼 수 있는 물이다. 물은 우주의 형태장이 물질화되어 나타난 것이다.

형태장의 에센스가 지구라는 행성에서 물질화되면 6각형 형태로 나타난다. 지구라는 행성에서 물질의 숫자코드는 666이고, 신의 숫자코드는 777이다. 성경에서는 666을 짐승의 숫자라 부른다. 좀 더 해석해서 설명하자면, 666이란, 66.6%로 물질화가 이루어지는 숫자이다. 보이지 않는 에너지 질량이 66.6% 이상 차오르면 물질화가 이루어진다. 우리의 실생활에서도 에너지 질량이 66.6%를 넘기 시작하면 서서히 물질화가 이루어진다. 반올림하여 70%에 다다르면 물질화가 시작된다고 보면 된다. 이 지구는 신의 도수가 정교하게 짜여진 행성이다. 대자연의 원리는 곧 지구의 룰이기도 하다.

02 형태장의 구조

형태장이란?

형태장이란, 창조주가 대자연을 디자인하고 또 움직이게 하는 원리를 담고 있는 설계도이다. 대자연 만물을 창조한 신은 동일한 패턴 원리를 통해 대자연 만물을 디자인하였고, 또 그 패턴과 원리에 의해 대자연을 움직이게 디자인해놓았다.

아마도 처음에는 일일이 대자연의 창조물들을 디자인하여 지구라는 박물관에 넣어놓았겠지만, 어느 순간부터 신은 한 번 디자인된 창조물의 재창조에서 손을 떼고 자동으로 생성할 수 있는 시스템을 만들어놓았다. 1+1=2이듯, 창조의 패턴도 일종의 수학공식을 따르고 있다. 공식이나 법칙이 없으면 대자연의 창조는 무질서하게 만들어지겠지만, 일정한 공식과 법칙에 의해 이 우주의 질서가 유지되고 있다. 분리와 결합이 자동으로 일어나게 만들어진 곳이 바로 물질지구이다. 결핍과 풍요는 서로 한 쌍이 되어, 결핍은 가지려 하는 에너지가 발생하고, 풍요는 에너지를 나누어주려 하면서, 서로 부족한 부분을 메꾸어나가는 것이 이 지구상의 결합원리이다.

여러 가지 법칙들이 이 대자연 만물 속에 숨겨져 있고, 우리 인간은 대자연 원리 즉 신의 의도를 파악하려 하고 또 신을 닮아가려 한다. 신이 우리 인간을 만든 것처럼 우리 인간도 창조물을 만들려고 한다.

이 우주에 적용된 창조의 법칙, 창조 원리의 기본 패턴은 바로 형태장이다. 신은 이 형태장 속에 대자연 만물의 정보를 심어놓았다. 처리되지 않은 정보는 다음 세대에 이어지도록 해 놓았고, 세대를 거치면서 오류를 보완하여 좀 더 완전한 작품에 도달하도록 하는 것이 바로 진화이다.

형태장이란 창조주의 디자인 원리이다. 대자연의 모든 만물이 제각각 움직이는 듯 보여도, 하나하나 정교하게 돌아가는 완전한 시스템 원리로 움직이고 있다. 또한 대자연의 창조물은 형태를 구성하는 원리와 패턴으로 만들어졌다. 그냥 예쁘게 디자인된 것이 아니라, 그 안에 움직임의 원리까지 포함된 작품이다.

예를 들어 인간이 만드는 자동차도 자신의 일을 수행하기 위한 생김새를 취하고 있듯, 인간도 자신의 일을 수행하기 위한 생김새를 취하고 있다. 자동차는 인간이 운전하여 인간이 원하는 곳으로 안전하게 이동시키는 일을 하고, 인간의 몸체는 신이 운전하며 신이 가고자 하는 방향으로 인간을 이끈다. 즉 자동차는 굴러가야만 하는 생김새를 취하고 있고, 인간은 신이 임하여 정보를 취할 수 있는 형태를 취하고 있다. 즉 대자연의 형태와 생김새는 각각의 역할과 의미에 따라 다르게 창조되었고, 운영되는 방식 또는 패턴이 존재하게 된다.

형태장은 이런 패턴을 연구할 수 있는 기초적 자료가 될 것으로 본다. 내가 형태장의 연구를 철학적으로 접근하였다면, 누군가는 과학적

으로 접근을 할 수 있을 것이다. 이 형태장 연구는 철학과 과학, 예술
이 결합된 종합예술이 될 것이다. 여기에서 파생되는 많은 연구가 더불
어 발전하길 기원한다.

형태장과 차원

직선은 1차원, 평면은 2차원, 공간은 3차원에 해당된다. 우리가 보
는 도형들 즉, 삼각형, 사각형, 오각형, 육각형 등은 모두 선과 선이 만
들어낸 평면 공간의 모양이다. 이 평면 공간에 깊이 또는 높이를 더하
면 3차원 공간이 탄생하고, 여기에 시간을 더하면 4차원이 된다. 우리
가 눈으로 볼 수 있는 형태는 3차원의 형태이며, 4차원 이상이 되면 눈
에 보이지 않는 차원으로 들어간다. 즉 공간에 시간이 더해지면서 시간
에 따라 눈앞에 나타나기도 하고 사라지기도 한다. 물론 사물이 한 공
간에 정지한 채 머물러 있다면 관찰자의 눈에는 계속 보이겠지만, 사물
이 공간을 이동하면 관찰자의 눈에서는 사라져 버린다.

우리가 눈으로 보는 별들은 구형의 모습을 하고 있다. 구형의 모습은
기본 3차원 도형이 회전이라는 시간이 더해져서 구형으로 보이게 되는
것이다. 행성들이 그 자리에서 자전만 한다면 한 곳에 정박해있는 별들
로 보이겠지만, 공전을 하면서 자리를 이동하기 때문에 특정 시간에만
우리 눈으로 볼 수 있는 것이다. 멀리 있는 별일수록 움직임이 적게 보
이고, 가까이 있는 별일수록 움직임이 크게 보인다. 그렇다면 생명체를
이루고 있는 물질의 기본 형태는 어떤 모습일까? 생명체를 품고 있는

지구는 물이 70%이다. 이 물은 지구 생명체의 기본을 이루고 있다. 따라서 물의 형태장이 물질의 기본 형태장임을 알 수 있다. 공기 중의 수증기가 얼어 땅으로 떨어지면 눈 결정체가 된다. 눈의 결정체를 살펴보면 6각 모양의 다양한 형태로 나타난다. 육각은 삼각과 삼각을 겹쳤을 때 생기는 별 모양체로, 각 꼭짓점을 연결하면 육각형이 나타난다. 삼각형 모양을 네 방향의 공간에 배치시키면 피라미드 형태가 되고, 정피라미드와 역피라미드를 겹치면 별 모양체가 만들어진다. 이 별 모양체가 회전을 하면 구형의 모습을 띠게 된다. 회전하는 물체는 모두 구형의 모습으로 보이게 되어있다. 정피라미드와 역피라미드가 결합하면서 중심점이 겹쳐진다. 이렇게 겹쳐진 중심점에는 중력이 형성되고, 중력이 생기기 때문에 회전을 하여도 물체가 회전력에 의해 분산되지 않고 형태를 유지할 수 있는 것이다.

형태장의 패턴

형태장의 기본은 삼각형으로부터 시작된다. 삼각형과 삼각형을 겹쳐 육각별을 만들고, 이 형태가 회전을 하면 원형의 모양이 된다. 모든 살아있는 생명 입자는 회전을 한다. 회전을 한다는 것은 움직임이 있다는 뜻이다. 가장 작은 원자와 전자도 회전을 하고, 가장 큰 별과 행성도 회전을 한다. 움직임의 상태는 살아있는 상태이고, 정지 상태는 죽어있는 상태이다. 따라서 살아있는 형태장은 원형으로 표현할 수 있다.

내가 형태장의 기본패턴을 찾은 것은 천부경과 카발라를 통해서이다. 천부경은 형태장을 나타내는 근본설계도이고, 카발라는 형태장이 어떻게 움직이는지에 대한 원리가 담겨있는 구조도이다. 이 두 가지가 만나야 전체의 모습을 찾을 수 있다. 형태장은 도형과 숫자로 표현할 수 있으며, 기본 패턴은 겹쳐진 원형으로 나타난다. 형태장의 기본 패턴은 다음과 같다.

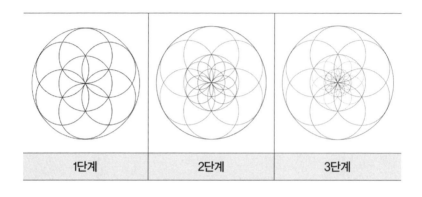

| 1단계 | 2단계 | 3단계 |

  형태장의 기본패턴은 원 안에 겹쳐진 7개의 원으로 시작된다. 이 지구는 7시스템으로 굴러간다. 빨주노초파남보 일곱 색깔 무지개가 눈에 보이는 것처럼, 도레미파솔라시 7개의 음계가 있듯, 7의 수에 다다르면 물질화가 이루어진다. 사람 몸의 물도 70%, 지구의 물도 70%이다. 완전의 수 6이 꽉 차오르면 7의 에너지가 임한다.

  위 그림 1단계에서 보면, 7개의 원이 겹쳐지면서 꽃 모양의 형태를 만들고 이러한 패턴이 무한대로 반복되는 형식이다. 중심원이 볼텍스가 되고, 그 둘레에 6개의 꽃잎이 반복되어 그려진다. 중심에는 중심축이 있고 그 중심축을 기준으로 반으로 접으면 형태가 거울처럼 반사된다.

2단계는 1단계의 기본 패턴이 7개의 원 안에 똑같은 방식으로 복제되고, 3단계는 다시 작은 원 안에 또 복제되는 방식으로 무한소, 무한대로 반복된다.

원 안에 원이 그려지는 방법 또한 무작위로 원을 그리는 것이 아니다. 그리는 방법은 여러 가지 방법이 있는데 다음의 두 가지 방법을 설명하려 한다. 아래에서 자세하게 설명할 것이기 때문에 여기에서는 간략하게 설명한다.

첫째, 하나의 기본 원을 그리고, 그 원과 동일한 지름의 원을 위와 아래에 겹쳐 그린다. 이때 중심점은 직선으로 연결되어야 한다. 이렇게 겹쳐진 3개의 원들을 60도씩 회전하여 겹치는 방식이다.

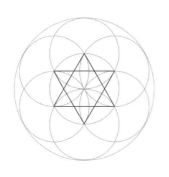

둘째, 원 안에 정삼각형을 그려 넣고 그 꼭짓점을 중심점으로 각각의 원을 그린다. 이후 그 반대되는 역삼각형을 그리고 그 꼭짓점을 중심으로 각각의 원을 그린다. 이런 식으로 원을 그리면 큰 원 안에 겹쳐진 7개의 원을 그릴 수가 있다. 겹쳐진 원들의 중심점을 연결하면 정삼각형과 역삼각형이 겹쳐진 육각별 모양이 생성된다.

이런 6각형의 패턴은 만물 형태장의 기본패턴이 되며, 대자연 속에서 우리가 자주 찾아볼 수 있는 것들이 있다. 물 결정, 눈, 벌집 등이 있다. 6각형의 패턴은 움직이지 않는 단일한 고정된 패턴이지만, 이 6각형의 패턴이 회전하면 원의 형태로 보이게 된다. 그래서 태풍, 태양계, 회오리바람 등이 태극형태의 모습을 취하고 있는 이유이다. 특히 물은 이 형태장의 고유 단일 패턴으로 이루어져 있고, 이 물이 생명체의 가장 기본이 된다.

물은 우주 형태장이 물질화되어 나타난 것이다. 우주 형태장도 물결 처럼 파장이 퍼져나간다. 우주 에너지 형태장을 보려면 물의 형태장을 보면 되고, 물의 형태장이 퍼지는 것처럼 우주 에너지 형태장도 파동형 태로 움직인다. 우리 인체는 이런 형태장의 조합으로 이루어져 있으며, 인체 속에 포함된 물 에너지로 다차원 간 상호 교류를 할 수 있다. 즉 물은 다차원으로 통하는 포털이고, 마찬가지로 지구 형태장을 만든다.

모든 중심 에너지를 만드는 것은 결합에 의해서이다. 정삼각형과 역삼각형이 육각별을 만들고, 차가운 기운과 따뜻한 기운이 만나 태풍이라는 볼텍스를 형성하듯, 서로 다른 성질의 에너지가 만나 결합을 하면 거대한 에너지가 생성된다. 이 물질우주는 서로 다른 성질의 물질이 만나, 하나의 거대한 힘의 원천을 만들어낸 것이다.

형태장을 그리는 방법

형태장을 그릴 수 있는 방법에는 여러 가지 방법들이 있다. 그중에서 하나의 방식을 설명하자면 다음과 같다.

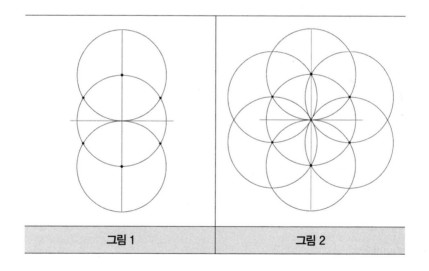

| 그림 1 | 그림 2 |

종이 중앙에 십자가를 표시하고 중심점을 기준으로 원을 하나 그린다. 그 원의 상단 중심에 같은 지름의 원을 그리고, 하단 중심에도 같은 지름의 원을 그린다. 이렇게 일직선의 겹쳐진 상중하 세 개의 원을 그리고 난 뒤, 위아래 겹쳐지는 네 부분을 중심점으로 놓고, 같은 지름의 원 4개를 더 그린다. 이렇게 겹쳐진 원을 그리면 그림2처럼 중앙원을 중심으로 6개의 꽃모양이 그려진다. 이것이 형태장의 1단계 패턴이자 기본 패턴이며, 물의 단일구조 형태장이다.

그렇다면 인간의 형태장은 어떻게 그릴까? 인간의 형태장은 34571구조를 따른다. 34571은 천부경에 나오는 숫자코드이다. (*천부경은 뒤에서 다시 다루기로 한다.) 인간의 형태장도 단일구조 형태장과 마찬가지로 겹쳐진 3개의 원이 기본바탕이 된다. 인간의 형태도 상중하 세 등분으로 나눌 수 있듯, 형태장도 크게 3등분으로 구분할 수 있다.

인간의 형태장을 그려보면, 큰 원 세 개를 수직으로 겹쳐 그려놓고, 그 안에 그림3처럼 4개의 원을 그려 넣는다. 그 다음 원과 원이 만나는 부분에 겹쳐지는 원을 그린다. 이렇게 겹쳐진 원을 그리면 그림4처럼 총 7개의 원이 세로로 겹쳐져 들어가게 된다. 물론 각각의 원 안에는 위에 단일 기본 형태장이 들어가 있으므로, 각각의 큰 원 3개 안에는 7개의 겹쳐진 원이 들어가 있다. 이것이 777 형태장 구조이다. 이렇게 만들어진 형태장이 그림5이다. 3개의 원 안에 7개의 작은 원을 겹쳐 넣으면, 겹쳐진 부분에 5개의 꽃이 피게 된다.

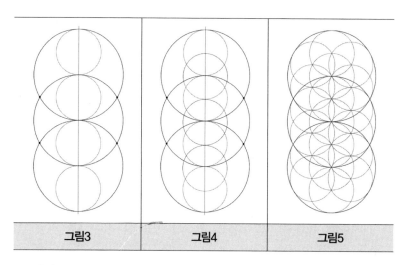

| 그림3 | 그림4 | 그림5 |

3개의 원은 다시 큰 하나의 원을 이룬다. 〈그림6〉 그림2의 기본 형태장을 사방으로 반복·확장시켜나가면 그림7의 패턴 형태가 만들어진다. 그림7은 동일한 크기의 원으로 이루어진 형태장의 기본패턴이다.

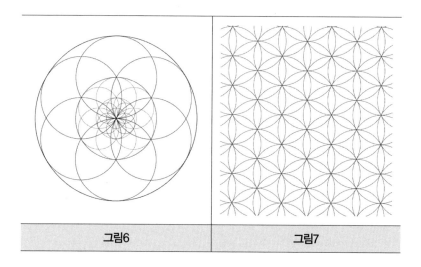

| 그림6 | 그림7 |

위의 형태장 패턴은 천부경에 나오는 34571코드를 나만의 방식으로 풀어놓은 것이다.

3개의 원 안에 4개의 작은 원을 일직선으로 그려 넣고, 그 위에 3개의 작은 원을 겹쳐 넣으면 총 7개의 세로원이 그려지고, 겹쳐진 곳에는 5개의 꽃이 핀다. 이 겹쳐진 원들이 또다시 큰 하나의 원을 이룬다.

인간의 형태장은 37코드를 가지고 있다. 37코드는 7이 3개 있는 777코드와 동일하다. 세 부분(머리, 가슴, 배)으로 나눠진 인체는 7개의 차크라가 있으며, 3차원 육체와 7차원 영체가 결합한 존재이다.

03 천부경 속에 담긴 형태장

一始無始一 (일시무시일)

析三極無盡本 (석삼극무진본)

天一一 地一二 人一三 (천일일 지일이 인일삼)

一積十鉅無匱化三 (일적십거무궤화삼)

天二三 地二三 人二三 (천이삼 지이삼 인이삼)

大三合六生七八九運 (대삼합육생칠팔구운)

三四成環五七一妙衍 (삼사성환오칠일묘연)

萬往萬來用變不動本 (만왕만래용변부동본)

本心本太陽昂明 (본심본태양앙명)

人中天地一 (인중천지일)

一終無終一 (일종무종일)

천부경은 천신 하느님인 환인의 뜻에 따라 환웅이 천부인을 가지고 지상에 강림하여 홍익인간 이념을 펼칠 때 사용하였다는 천서(天書)이다. 우주창조 운행원리와 대자연의 이치를 담은 81자의 글이다. 오랜 옛날 구전되어오다 비석에 새긴 글자를 최치원[2]이 한문으로 번역하였

---

2 9세기 통일신라 말기의 학자이다. 당나라 유학을 하였으며, 유교, 불교, 도교 등을 아울러 깊은 이해를 지녔던 학자이자 문장가이다. 그러나 높은 신분제 벽에 가로막혀 자신의 뜻을 크게 펼치진 못했다.

다. 훗날 암벽에 새겨진 81자의 글자를 묘향산에서 수도하던 계연수[3]가 찾아내었고, 비로소 세상에 알려지게 되었다. 천부경은 우리나라의 유일한 민족경전으로 알려져 있다.

천부경의 설명은 많은 연구가들이 이미 설명을 해 놓았기 때문에 여기 지면에 자세한 풀이는 생략하고, 그림으로 대신 설명하려 한다. 복잡한 설명보다 그림으로 보면 금방 이해가 될 것이다.

천부경 구조도

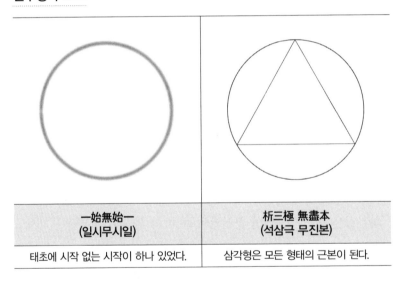

一始無始一 (일시무시일)	析三極 無盡本 (석삼극 무진본)
태초에 시작 없는 시작이 하나 있었다.	삼각형은 모든 형태의 근본이 된다.

---

3 (미상~1920년) 종교가이자 사학자이다. 단군사상 연구와 역사의식 회복을 위해 창설된 단학회의 2대 회장을 지낸 뒤, 1911년에 단군조선을 대통일 민족국가로 서술한《환단고기》30권을 편찬하였다.

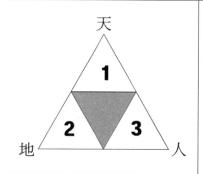
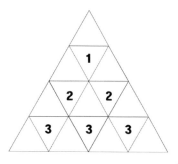

天一一 地一二 人一三
(천일일 지일이 인일삼)

천(天) 하나를 1이라 하고, 지(地) 하나를 2라 하고, 인(人) 하나를 3이라 한다.
혹은 천(天)이 1개요, 지(地)가 2개요, 인(人)이 3개이다.

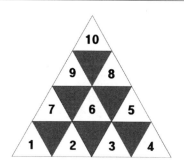

一積十鉅無匱化三
일적십거 무궤화삼

1부터 10까지 10개의 삼각형을 쌓아 가두면 큰 삼각형이 된다.

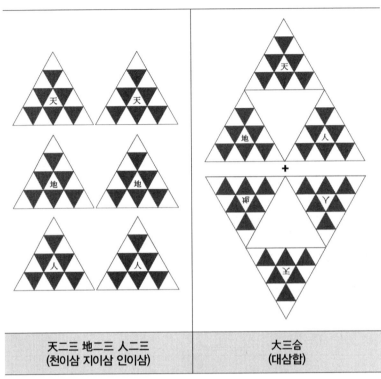

天二三 地二三 人二三 (천이삼 지이삼 인이삼)	大三合 (대삼합)

천(天)이라는 삼각형이 2개요, 지(地)라는 삼각형이 2개요, 인(人)이라는
삼각형이 2개가 있다. 이것으로 큰 삼각형을 만들어 서로 합한다.

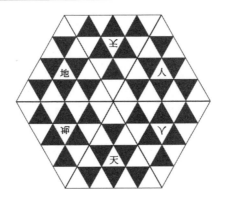

六生 (육생)

삼각형 두 개가 겹쳐지면 육각형이 생긴다.

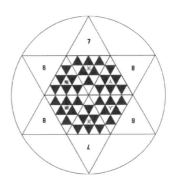

七八九運 (칠팔구운)

육(6)이 생기면 7, 8, 9가 자라나 운행되기 시작한다.
: 마치 도마뱀 꼬리가 자라듯, 부족한 결핍은 보완하려는 속성이 있다.

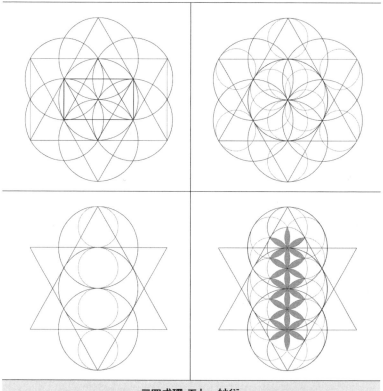

三四成環 五七一妙衍
(삼사성환 오칠일묘연)

3과 4가 원을 만들면, 5와 7이 오묘하게 넘쳐흐른다.

: 삼각형(3)과 사각형(4)이 어우러져 7개의 원을 만들어간다.

: 3개의 원 안에 들어간 4개의 작은 원이 회전하면서 7개의 원을 만들어간다.

: 세로로 겹쳐진 3개의 원 안에 작은 원 4개가 들어가고, 작은 원 위에 겹쳐지는 원 3
개를 그려 넣으면 세로로 총7개의 원이 생기고, 5개의 꽃잎(수직방향의 회색부분)이
생겨난다. 이렇게 3과 4의 고리가 엮여 5와 7이 계속 회전하면서 복제된다.

萬往萬來用變不動本 (만왕만래용변부동본)
수만 가지 모양이 오고 가며 쓰임에 따라 수시로 변한다.

本心本太陽昻明 (본심본태양앙명)	人中天地一 (인중천지일)
수없이 복제된 형태장의 중심에 본 태양이 생겨난다.	인간 안에서 천지가 하나 되었다. 내 안에 우주가 존재한다.

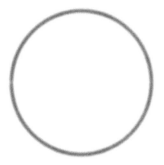

一終無終一
(일종무종일)

마지막은 끝이 없는 하나가 된다.

04 형태장과 볼텍스

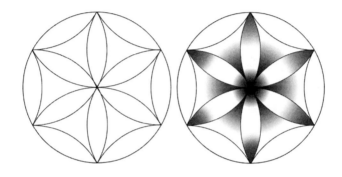

볼텍스와 중력장

모든 만물은 회전한다. 지구도 스스로 자전을 하면서 태양을 공전하고, 태양계는 더 큰 성단을 공전하고, 우리 은하계 전체도 회전한다. 그래서 별들 전체의 모습은 마치 디스크판처럼 원형의 형태를 갖는다. 회전한다는 것은 움직인다는 뜻이고, 또 생명체가 살아있다는 뜻이다. 회전하는 물체는 멀리서 볼 때 구형 또는 원형의 모습을 띤다. 만약 회전하는 물체가 잠시 속도를 줄였을 때 잠시 그 형태가 보일 뿐, 별의 형태를 띠는 회전체들은 모두 구형으로 보이게 된다. 형태장도 회전을 한다. 이 형태장이 회전을 하기 때문에 구형으로 표현하는 것이다.

지구에도 N극과 S극이 있듯, 형태장도 N극과 S극이 존재한다. 지구는 지구를 둘러싼 자기장이 북극과 남극을 축으로 들어오고 나간다. 마찬가지로 형태장에도 에너지 축이 있고 그 축을 중심으로 볼텍스(소용돌이) 에너지장이 형성되어 주변의 형태를 끌어당기는 힘이 발생한다. 마치 구멍 속으로 빨려 들어가듯, 중심부는 빨아들이는 블랙홀이 형성된다.

앞 페이지에 그려놓은 형태장의 단일패턴을 보면 중심을 기준으로 6개의 꽃잎이 펼쳐져 있는데, 중심은 블랙홀이 형성되는 지점이다. 블랙홀은 회전하면서 빨아들인다. 회전하기 때문에 소용돌이가 발생하는데, 이 소용돌이 형태를 볼텍스라고 한다. 꼭짓점이 여러 개가 중첩되어 중심력이 형성되는, 즉 회전이 생기는 지점을 볼텍스라 한다. 빨아들이는 부분은 블랙홀이 되고, 배출되는 부분은 화이트홀이 형성된다. 평면으로 그려진 형태장의 중심부분은 블랙홀과 화이트홀이 형성되는 볼텍스 지점이다. 형태장은 위에서 바라본 모습이기도 하며 측면의 모습이기도 하다.

꽃잎의 여섯 끝부분은 또 다른 형태장과 연결되는 지점으로, 이 부분에도 또 다른 볼텍스가 형성되면서 주변의 형태를 구부리게 만든다. 즉 볼텍스가 형성되는 부분은 주변의 물질을 끌어당기면서 공간이 휘어지는 작용을 한다. 특히 볼텍스가 여러 겹 겹쳐지는 부분은 움푹 패이면서 휘어진다. 그래서 꽃의 중심을 보면 움푹 패인 곳에서 꽃술이 나오는 것이다.

지구상의 모든 물질은 회전한다. 회전한다는 것은 생명력이 있다는 뜻이며, 생명력이 있다는 것은 곧 정보를 받고 배출하고 있다는 뜻이다. 죽은 생명은 정보를 더 이상 받아들이지도 내보내지도 않는다. 따라서 이 지구상의 모든 생명체는 회전하고 있다는 뜻이며, 회전의 기본 바탕은 형태장이다.

위의 그림은 형태장의 기본 모형을 평면 위에 패턴화시켜 놓은 일러스트다. 꽃잎 6개가 겹쳐지는 중앙에는 볼텍스가 형성되어 움푹 패인 모습을 하고 있다.

그 밑에 그림은 이 형태장을 측면에서 바라본 모습이다. 측면의 모습은 마치 파도처럼 일렁이는 파동의 모습으로 표현된다.

이러한 형태장이 우주 공간 속에 거시적으로, 미시적으로, 가득 차 있다고 상상해보라!

형태장의 평면은 물 결정 입자들이 촘촘히 연결되어있는 망 형태의 패턴이고, 형태장의 측면은 파동형태이다. 파동은 움직임을 일으키고 움직임을 전달한다. 이 파동은 물결처럼 퍼져나가는데 거시적일수록 장파장으로, 미시적일수록 단파장으로 움직인다.

우리 우주 중심에서 퍼지는 가장 거시적인 파장은 우리 우주 끝까지 다다른다. 즉 우주의 중심에서 퍼지는 파장의 진동이 닿는 곳까지가 우리 우주 크기를 정하는 기준이 될 수 있다.

우리 지구는 태양계의 영향권에 들어가 있고, 태양계는 우리 은하의 영향권에 들어가 있다. 우리 은하 중심에서 퍼지는 파동은 우리 지구에까지 영향을 미친다. 우리가 듣고 있는 라디오 전파나 전자파 등은 우주 중심에서 나오는 전파의 파동원리를 활용한 예이다. 우주 중심에서 나오는 진동파는 사수자리와 전갈자리 사이의 방향으로부터 나온다.

05 형태장과 세포분열

지구를 지배하는 대자연의 속성

가장 큰 것과 가장 작은 것은 비슷하다. 원자가 전자를 만나 원소를 이루듯, 태양이 행성을 만나 태양계를 이루듯, 가장 큰 것도 가장 작은 것도 만들어지는 원리는 동일하다. 큰 것이라고 복잡할 것 없고, 작은 것이라고 단순할 것 없다. 하나의 원리가 우주 만물에 통용되고 있다는 사실은 불변의 진리이다. 세포가 분리되고 결합되듯, 인간도 분리되고 결합된다.

인간 몸을 이루고 있는 세포는 기본 형태장을 닮았고, 정보를 전달하는 뉴런은 카발라 모형(카발라는 Chapter2에서 설명할 것이다)을 닮았다. 세포분열의 원리도 이 형태장의 원리에 따라 만들어졌다.

세포분열은 체세포 분열과 생식세포 분열로 나눌 수 있다. 체세포 분열은 세포가 자라고 성장하는 과정이고, 생식세포 분열은 새로운 생명체가 탄생하는 과정이다.

체세포 분열이 계속 확장하는 분열이라면, 생식세포 분열은 나누어진 반쪽과 반쪽이 만나 완전한 창조물을 만드는 행위이다. 하나를 반으로 쪼개서 각각을 떨어뜨려 놓았기에 서로의 짝을 찾아 다시 하나로 돌아가려는 속성이 나오는 것이다. 이것은 물질지구를 지배하는 대자연의 속성이다.

지구에 물질 옷을 입는 이상, 우리는 음양으로 나누어져 들어온다. 남자라는 양, 여자라는 음, 낮이라는 양, 밤이라는 음, 태양이라는 양, 달이라는 음, 동물도 음양으로 나뉘고, 식물도 음양으로 나뉜다. 지구상에 살아있는 생명체는 모두 음양으로 나뉘었다. 음과 양으로 나뉘었다는 것은 결핍을 만들어놓았다는 뜻이다.

원래 하나였던 것을 두 개로 나누었기에 다시 합해서 더 나은 제3을 만드는 것, 이런 방식으로 인류는 진화해왔다. 그러고 보면 우리 물질지구는 결핍의 행성이고, 결핍을 충족하려는 힘이 움직임을 촉발시키고 있는 것이다.

인간의 의식도 부족한 부분을 채우기 위해 움직인다. 인간 의식의 부족한 부분은 한(恨)이라는 감정으로 남는다. 돈에 한이 진 사람이 돈의 결핍을 채우려 하는 법이다. 배고프기 때문에 먹을 것을 찾듯, 생존본능이라는 것 자체가 생명을 유지하기 위함이다. 대를 잇는다는 것 또한 인간의 생존본능에서 이어진 관습이다. 식물이 꽃을 피우고 씨를 맺듯, 인간은 남녀가 만나 제3의 생명체를 만든다. 이것은 인간의 동물적 습성의 기본이 된다.

창조자가 이 지구에 생명체를 일일이 창조하지 않고, 스스로 생명을 이어갈 수 있는 자가발전시스템을 만들어놓았는데, 그것의 핵심은 결국 하나를 둘로 나누어 결핍을 생성해 놓았다는 점이다. 개체수가 많은 것은 이 개체수를 줄이기 위한 생명체를 만들어놓은, 즉 약육강식의 세계가 이 지구의 기본 룰이다. 이 약육강식의 최상위에 인간을 만들어놓았고, 인간으로 하여금 이 대자연을 다스리도록 해놓은 것이다.

그렇다면 이원성은 어디서부터 시작될까? 바로 세포단계에서부터 시작이 된다.

DNA 속에 저장된 기억

인간의 육신을 이루고 있는 기본 단위는 세포이다. 이 세포들이 모여 하나의 인체 기관들을 만들고, 이런 기관들이 모여 인간 형체를 만든다. 육체라는 형태 틀에 각종 장기들이 담기고, 일정 룰에 의해 인체가 움직인다. 인간의 DNA 속에는 인간이 어떻게 성장하는지에 대한 기억이 담겨있다. 즉 DNA의 주 기능은 세대를 이은 장기간에 걸친 정보저장이다. 이 DNA 속에 인간인지, 동물인지, 어떤 질병이 있는지, 어떤 모습으로 성장하는지에 대한 모든 정보가 담겨있다. DNA는 두 개의 나선이 꼬인 실타래처럼 회전하면서, 두 실타래가 사다리처럼 연결되어 있는 모양을 띠고 있다. DNA는 세포의 핵 속에 들어있는데, 그것의 생김새는 카발라 생명나무 세피로트를 닮았다. 이중나선이 사다리로 연결되어있는 모습은 서로 다른 음양이 상호교류하면서 연결되어있는 모습이다. 따지고 보면, 이 DNA 모습 속에 이원성의 지구가 담겨있는 것이다.

여성의 DNA 속에 육신의 정보가 담겨있고, 남성의 DNA 속에 영적인 정보가 담겨있다. 지구 생명체가 지구 물질원소로 이루어졌듯, 새로 태어나는 아이는 엄마의 세포들로 구성된다. 즉 아버지의 DNA가 어머니의 몸속에 들어와 엄마 몸속에서 필요한 세포들을 끌어당기는 것이다.

가장 작은 배아상태는 동물과 인간이 다를 바 없어 보이지만 그 안에 담긴 DNA정보는 하늘과 땅 차이로 다르게 구성되어있다. 남녀의 생식세포가 결합되어 인간배아가 형성된 세포는 체세포 분열하면서 성장한다.

체세포 분열과 생식세포의 분열

세포가 생성되기 위해서는 분열의 과정을 거쳐야 한다. 분열의 과정은 체세포분열과 생식세포 분열로 구분할 수 있다. 세포는 복제하면서 성장한다.

체세포 분열은 생장, 재생, 결손에 대한 보충 등 세포가 증가하는 형태이며, 생식세포는 새로운 창조물을 창조할 수 있는 기본 바탕이 되는 세포이다. 원래 세포와 세포가 합체를 하면 염색체수는 두 배가 되지만, 생식세포는 이미 염색체수가 반감하는 분열이 생겼기 때문에 일정한 염색체수가 유지되는 것이다. 그래서 부모 자식 간에 똑같은 수의 염색체를 가질 수 있는 것이다.

여성의 몸에 생식세포가 생길 때, 이미 결핍의 상태를 만들어놓았기 때문에 새로운 것을 받아들일 수 있는 에너지 바탕이 되는 것이다. 체세포 염색체 수는 46개이고, 생식세포 염색체 수는 그 절반인 23개이다. 여자 몸의 23개와 남자 몸의 23개가 만나 46개인 한 쌍을 만들어내는 것이다.

생식세포분열은 감수분열이며 결핍을 만드는 과정이다. 완전한 하나를 둘로 갈라놓으면 갈라진 둘은 기필코 다시 만나 하나가 되려 한다. 이것이 창조주가 지구에 만든 만물 자가복제시스템의 기본원리이기도 하다.

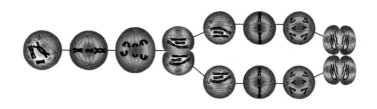

감수분열과정

세포분열 과정을 보면, 단일한 세포가 두 배가량 점점 커지고 안에 핵이 생긴다. 계란처럼 노른자와 흰자가 생성되고, 핵에서는 복잡 다양한 방법으로 염색체가 복제된다. 염색체가 복제되면 방추사가 형성되고, 핵막이 사라지면서 염색체가 적도면에 늘어선 뒤, 이 방추사에 끌려 염색체가 반반씩 갈라지면서 두 개의 체세포로 나뉜다. 그렇게 만들어진 두 개의 딸세포는 처음 모세포의 염색체수와 동일해진다. 여기까지가 체세포 분열이다.

그러나 생식세포분열은 염색체가 다시 복제되기도 전에 바로 2차 분열을 하면서 딸세포 4개가 형성된다. 2개로 나뉜 세포가 다시 4개로 나뉜 것이다. 분열의 숫자배열은 2, 4, 8, 16, 32, 64, 128… 숫자배열로 나아간다. 여기까지 설명한 후 형태장으로 세포분열을 설명하려 한다.

형태장은 아주 작은 기본 원자부터 거대한 은하계까지 모든 대자연에 적용되는 원리이다. 가장 작은 세포부터 인간까지 모든 형태들을 만드는 기본 패턴이다. 아래의 그림은 형태장 속에서 세포분열이 이루어지는 단계를 그려보았다.

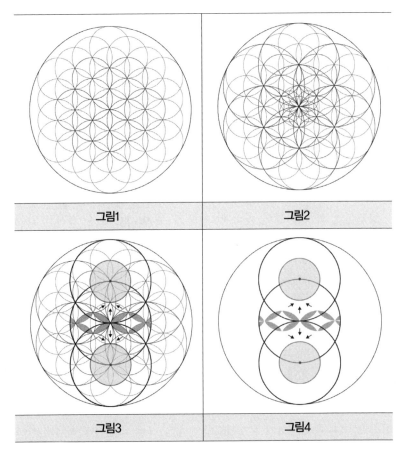

| 그림1 | 그림2 |

| 그림3 | 그림4 |

그림1은 형태장의 기본패턴이다. 이 기본패턴의 중심에 그림2처럼 똑

같은 패턴이 작게 반복되는 형태로 에너지 중심이 형성된다. 조악한 물질 안을 미세한 것으로 채우듯, 질량을 계속해서 채워 넣는 것이다. 이 질량이 충분히 채워지면 물질화가 되는 순간이 있다.

그림3을 보면 중심에너지장이 형성되고 난 뒤, 중심원의 위와 아래에 볼텍스가 형성되는데, 과학용어로 방추사가 형성되었다고 표현한다. 방추사가 형성되었다는 것은 그 볼텍스를 중심으로 또 다른 형태의 원이 형성된다는 뜻이다. 또 다른 볼텍스가 양극에 형성되면, 중앙의 꽃모양 염색체가 반쪽씩 갈라져 양극으로 당겨진다. 볼텍스가 형성되는 지점에는 중력장이 형성된다. 꽃모양의 염색체가 중력장이 형성된 볼텍스 쪽으로 끌어당겨지면, 그 볼텍스를 중심으로 또 다른 원이 형성된다. 중심에너지장이 형성되면 독자적인 원형을 유지하려는 현상 때문에 세포는 두 개로 갈라지게 된다. 이렇게 두 개의 세포로 나뉘는 것이 체세포 분열이다.

이렇게 나눠진 세포가 염색체를 복제할 틈도 없이 다시 분열을 시작한다. 이번에는 원과 원이 겹치는 곳에 볼텍스가 생기고 두 개의 원은 다시 4개로 분화된다. 이때 염색체는 또다시 반으로 나뉜다. 이렇게 생식세포는 염색체수를 절반으로 줄인다. 46개에서 23개로 절반을 줄이고, 자신의 짝을 기다린다. 이 결핍이 바로 상대를 끌어당기는 원리가 된다. 여성은 자신의 부족한 부분 때문에 남성을 끌어당기고, 남성은 여성을 끌어당긴다. 즉 서로 결핍을 보완하기 위한 합체이다. 즉 인간이 사랑이라 착각하는 그 마음은 사실 결핍을 보완하려는 육체의 신호인 셈이다. 사랑이라는 마음은 상대의 모든 것을 받아들이고 허용하게 만든다. 즉 내가 육체적으로, 마음적으로, 열린 상태가 되는 것이다.

아래 그림은 세포분열과정을 형태장으로 단순화시켜서 그려본 그림이다. 기본 형태장을 그리는 방법과 마찬가지로 세포분열은 이러한 과정을 거치면서 형성된다. 두 개의 딸세포가 생성되는 것은 체세포분열이고, 4개의 딸세포가 생성되는 것은 생식세포분열이다.

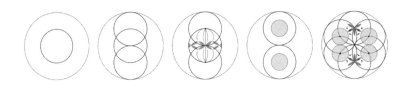

세포분열의 과정에서 처음 한 개가 두 개로 갈라지는 체세포 분열과정은 삼각형 원리에 적용된다. 삼각형은 꼭지점을 중심으로 무한대로 확장되어 나간다. 반면에 처음 한 개에서 4개가 형성되는 생식세포 분열은 사각형의 원리이다. 4각형의 원리는 면이 삼각형처럼 확장되지 않고 기둥처럼 대를 이어 존속되어가는 형태이다. 최초 삼각형에서 어느 정도 확장되고 나면 양쪽 두 개의 기둥으로 에너지가 내려오고, 맨 마지막엔 다시 역삼각형으로 통합이 된다. 이 원리가 창조의 기본 패턴이다.

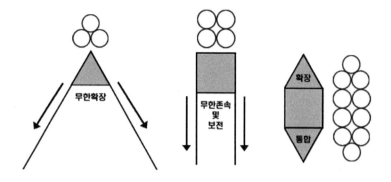

　삼각형은 무한확장, 사각형은 무한존속 및 보전이다. 삼각형만 있으면 형태가 잡히지 않고 무한 확장되지만, 사각형이 있기 때문에 무한 확장되지 않고 나무처럼 길게 뻗어 나가는 것이며, 마지막에 통합의 삼각형이 형태를 마무리해주어야 특정 형태가 생성될 수 있다.

　이 물질우주는 천부경의 34성환(成環)으로 이루어져 있고, 그중에서 우리 인간은 571의 형태로 이루어져 있다. 머리, 양손, 양발로 갈라지는 5개 몸체와 손 5개, 발가락 5개로 이루어져 있다. 여기에 에너지 차크라는 7개로 이루어져 있다. 이것이 다시 하나의 원을 이루는 것, 바로 '34성환571'이다.

06 형태장과 인체

인간의 형태

· 인간의 손가락과 발가락은 왜 5개일까?

인간의 손가락과 발가락을 식물로 비유하자면 꽃잎에 해당된다. 즉 인간의 손과 발에 5개의 꽃잎이 피어난 것이다. 그렇다면 왜 5개일까?

단일 형태장은 6각형을 취하고 있고, 6개의 꽃잎으로 펼쳐져 있다. 꽃잎이 5개인 식물은 줄기가 제6의 꽃잎에 해당되듯, 손과 발은 손바닥과 발바닥을 중심으로 5개 꽃이 피어있는 가운데 팔과 다리라는 줄기로 연결되어있다. 즉 손바닥을 중심으로 손가락과 팔이 사방으로 펼쳐져 있는 꼴을 취하고 있다. 즉 손바닥과 이어진 팔이 제6의 꽃잎에 해당되는 것이다. 마찬가지로 발바닥도 발바닥을 중심으로 5개의 발가락과 발이 원형으로 펼쳐져 있다.

우리 인간의 몸체는 머리, 양팔, 양다리 이렇게 5개의 꽃모양으로 펼쳐져 있는데 심장을 중심으로 5개의 꽃잎이 펼쳐져 있다. 그렇다면 제 6의 꽃잎은 어디일까? 바로 생식기이다. 남자는 밖으로 표출되고 여자는 안으로 숨겨져 있다. 손바닥, 발바닥, 심장은 각각 형태장의 중심점을 형성하고 있는 볼텍스이다.

볼텍스의 중심점은 안으로 움푹하게 패이거나 튀어나와 있다. 만약 에너지를 받는 기능이 강하면 안으로 움푹 들어가고, 에너지를 내어주는 기능이 강하면 밖으로 튀어나온다. 그래서 손바닥 발바닥은 안으로 움푹 들어가는 꼴을 취하고 있는 것이다. 손바닥은 사물의 정보를 받아들이고, 발바닥은 땅의 정보를 받아들인다.

인간의 여섯 번째 꽃잎은 태어날 때 배꼽으로 줄기가 연결되어 있다가 사춘기가 지나면서 배꼽으로 연결된 문이 닫히고, 형태장 에너지는 성기로 확장된다. 이때부터 부모간의 에너지 줄이 단절되고, 외부로 향하는 에너지 문이 열리는 것이다. 여기까지는 동물과 인간이 유사하다.

그렇다면 인간이 동물과 다른 점은 무엇일까? 바로 제7의 꽃잎이 보이지 않는 줄기로 연결되어있다는 점이다. 바로 영혼과 연결된 줄이다. 6의 수가 물질형성의 수라면, 7의 수는 영혼형성의 수이다.

• 직립보행은 천기를 받기 위해서다

지구상의 동물 중에 인간만이 직립보행을 한다. 즉 하늘과 땅을 일직선으로 유지한다. 유인원은 직립이 아닌 굽혀진 형태를 취하고 있다. 동물의 경우 6의 형태장으로 움직이나 인간은 6의 형태장에 직립을 하면서, 제7의 에너지인 천기를 받는다.

두 발은 땅을 딛고, 머리는 하늘을 향해 있으며, 하늘과 땅을 일직선으로 연결한다. 즉 하늘 에너지를 받으려면 직립보행을 해야 하며, 인간의 몸체는 신이 내려앉기에 좋은 모양새를 취하고 있다. 한마디로 표현하면, 인간의 육체는 신이 타는 자동차와 같다. 그래서 자세가 바르게 서야 신이 임할 수 있다. 유인원에서 인간으로 뛰어넘는 과정은 허리를 곧추서면서부터이다.

지구상의 인간은 3, 5, 7의 형태를 취하고 있다. 크게는 머리, 가슴, 배로 구분하고, 전체적인 형상은 머리, 양손, 양발 이렇게 5개의 꽃잎 형태를 취하고 있으며, 다시 손가락과 발가락은 각각 5개의 꽃잎 형태를 취하고 있다. 그리고 인체의 에너지 차크라는 7의 차크라 형태를 취하고 있다. '차크라'라는 뜻이 '바퀴'라는 뜻인데, 소용돌이라는 볼텍스(Vortex)라고 표현을 할 수 있다. 인체의 볼텍스는 크게 7개로 나눌 수 있지만, 더 깊이 세분화해서 들어가면 수만 개의 볼텍스로 표시할 수 있다. 7개의 기본 볼텍스 중에서 인체 내에 있는 볼텍스는 5개이고, 나머지 2개의 볼텍스는 머리와 성기에 있는데 각각 하늘과 땅으로 연결되어있다.

형태장으로 표현하면, 세로로 7개의 원이 겹쳐지고 5개의 꽃이 피는 형상을 취하고 있다. 옆의 그림을 보면, 일직선으로 큰 원이 3개가 있고 그 안에 작은 원 7개가 일직선으로 늘어서면, 안쪽으로 5개의 겹쳐진 꽃모양 원이 만들어진다.

첫 번째 큰 원의 중심에는 머리가 위치하고, 두 번째 큰 원의 중심에는 심장이 위치하며, 세 번째 큰 원의 중심에는 단전이 위치한다. 이것은 인체를 머리, 가슴, 배로 나누는 기준이 된다. 인체 내에 5개의 차크라가 있고, 하늘과 땅으로 연결된 2개의 차크라를 합해, 총 7개의 대표 차크라를 가지고 있다.

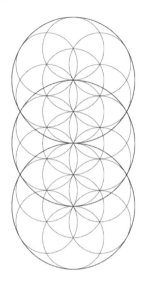

인간은 5개의 손가락과 7개의 차크라를 가지고 있다. 만약 손가락이 3개인 외계인의 경우는 총 5개의 차크라를 가지고 있을 것이다. (위의 형태장으로 보면, 기본 3개의 원이 아니라 2개의 원으로 이루어진다.) 키도 인간의 2/3 정도에 해당될 것이며 성기는 없을 것이다. 지구 남성 키와 대비해보면, 손가락 3개를 가진 생명체의 키는 대략 120cm가량이 나온다. 인간은 머리, 가슴, 배, 삼등분으로 나누지만, 이들은 머리, 가슴, 이등분으로 나눈다. 하위 원이 없기 때문에 단전과 성 차크라가 없을 것이고, 입은 퇴화되고 성기가 없는 무성생식체가 될 것이다. 입이 없기 때문에 필요한 에너지는 피부로 흡수하고 인간처럼 소화기관을 통해 먹고 배변하는 행위는 없을 것이다. 만약 입이 있는 생명체라면 손가락이 4개가 될 것이고, 소화기관이 있어서 음식을 흡수해야 할 것이다. 입이 없는 손가락 3개의 생명체의 경우는 송과체 차크라가 고도로 발달했기 때문에 텔레파시로 정보를 교환할 것이며, 머리도 크게 형성되었을 것이다. 또한 이들은 땅과 연결된 뿌리 차크라가 없기 때문에 시공간을 넘나들기 쉬운 몸체를 가지고 있을 것이다.

인체 차크라

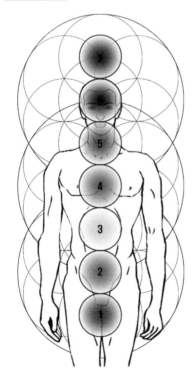

(책 뒷면 컬러페이지 참조)

차크라(chakra)란, 정신적 힘을 가지고 있는 중심점이라고 정의한다. 차크라란 뜻이 원래 바퀴 또는 원반이라는 뜻인데, 내가 설명하는 차크라는 형태장 볼텍스이다. 인간의 형태장은 앞에서 설명했듯이, 큰 원 3개, 중간 원 7개로 이루어져 있다. 큰 원은 크게 머리, 가슴, 배를 나눈다. 그리고 중간 원 7개의 중심 볼텍스가 바로 차크라 영역이다. 이곳은 회전하는 에너지 중심부로, 에너지를 받고 전달하는 주요 지점이다. 각 차크라의 이름은 다음과 같다.

성기 부분의 제1 **물라다라 차크라**(muladhara-chakra)는 성 차크라라고 한다.

단전과 자궁의 제2 **스와디스타나 차크라**(svadhishthana-chakra)는 단전 차크라라 한다.

배에 위치한 제3 **마니푸라 차크라**(manipura-chakra)는 태양총 차크라라 한다.

가슴에 위치한 제4 **아나하타 차크라**(anahata-chakra)는 가슴 차크라라 한다.

목 부근에 위치한 제5 **비슈다 차크라**(vishuddha-chakra)는 목 차크라라 한다.

양 눈 사이 미간에 위치한 제6 **아즈나 차크라**(ajna-chakra)는 송과체 차크라라 한다.

머리 꼭대기 부근에 위치한 제7 **사하스라라 차크라**(sahasrara-chakra)는 왕관 차크라라 한다.

5개의 차크라가 인체 안쪽에 위치하고 있으며, 제7 사하스라라 차크라(왕관 차크라)는 하늘과 연결되어있고, 제1 물라다라 차크라(성 차크라)는 땅과 연결되어있다. 물라다라 차크라를 뿌리 차크라라고도 한다. 이 두 개의 차크라는 인체 외부와 걸쳐서 연결되어있다. 성 차크라는 지구 에너지와 연결되어있고, 여자는 안쪽, 남자는 바깥쪽에 위치한다. 그 중심은 척추바닥의 회음이다.

왕관 차크라는 머리 위에 위치하며, 하늘과 연결되어있고 신이 들어오는 통로이다. 즉 신(神)은 위로부터 들어오고, 귀(鬼)는 아래로부터 들어온다. 신은 하늘 영역이고, 귀는 땅의 영역이다.

차크라는 약 8만 개의 차크라가 있을 것으로 추정하는데, 에너지 혈자리가 바로 차크라이다. 이 차크라는 형태장으로 세분화해서 모두 나타낼 수 있다.

머리 위 차크라부터 살펴보면, 왕관 차크라(7번)는 신이 내려오는 자리로, 천기가 들어오는 입구는 머리 정수리 부근의 가마이다. 가마부분의 볼텍스는 회전체로 천기가 들어오는 문에 해당된다. 천기의 기운은 이 왕관 차크라를 통해 들어온다.

송과체 차크라(6번)는 염력, 텔레파시 등을 할 수 있는 차크라이며, 외부의 기운을 감지하는 곳이다. 눈으로 보고, 귀로 듣고, 코로 냄새를 맡는, 이러한 정보를 모두 통합하여 느낌이나 이미지로 변형시켜 나타내는 곳이 바로 송과체 차크라이다.

목 차크라(5번)는 외부의 물질에너지가 들어오는 통로이다. 이 통로를 통해 음식물이 들어오고, 코를 통해 마신 숨이 들어오며, 송과체에서 통합한 정보가 목소리를 통해 나온다.

가슴 차크라(4번)는 숨을 내쉬고 마시며 피를 순환시킨다. 즉 가슴 차크라에 위치한 심장은 인체 중심의 볼텍스 역할을 하며, 인체 내에 피를 골고루 공급하는 엔진이다.

태양총 차크라(3번)는 장기가 위치하는 곳으로, 이곳에서 각종 영양소가 오가며 인체에 필요한 것은 흡수하고 쓸모없는 것은 배출하는 역할을 한다.

단전 차크라(2번)는 쓸모없는 물질을 배출해내는 곳이기도 하지만, 창조가 이루어지는 곳이기도 하다. 마치 블랙홀처럼 각종 물질을 빨아들이기도 하지만, 화이트홀처럼 창조도 이뤄지는 곳이다. 즉 생명체를 품을 수 있는 자리이다.

성 차크라(1번)는 이성과 에너지를 교환하는 곳으로, 대를 잇는 씨를 내보내고 받는 곳이다. 남성은 위로부터 받은 모든 에너지를 모아 여성에게 전달하고, 여성은 받은 에너지를 머리 위로 올린다. 이렇게 올린 에너지는 지혜로 변환되어 다시 남성에게 전달되면서 태극형태를 만든다. 물질적인 사람일수록 성 차크라가 발달하였고, 정신적인 사람일수록 왕관 차크라가 발달하였다.

앞선 인체 차크라 그림에서 보면, 2번 단전, 4번 가슴, 6번 머리는 큰 원과 작은 원이 겹쳐지는 중심 볼텍스 지역이다. 이 부분은 가장 중요한 혈자리에 해당된다. 2번 단전은 외부 성 에너지를 받아들여 창조가 이뤄지는 곳이고, 4번 가슴은 외부의 감정에너지를 받아들이고, 6번 머리는 외부 정보(시각, 청각, 후각, 미각, 촉각의 5감 정보)를 모아 통합하는 곳이다.

얼굴 차크라

인체에 차크라가 있듯, 얼굴에도 차크라가 세분화되어 있다. 얼굴을 형태장으로 그려보면, 각각의 볼텍스를 찾아낼 수 있다. 특히 굴곡이 생기는 부분과 움푹 들어간 곳은 모두 볼텍스 부분으로 보면 된다. 양 눈 사이 움푹 패인 곳, 눈썹 사이 미간, 코 바로 아래, 입술 아래, 관자놀이 등 굴곡이 져서 들어가는 곳은 볼텍스 에너지장이 형성되어있는 곳이다. 즉 볼텍스 중심부위로 중력장이 형성되면서 주변의 물질을 끌어당기는 곳이 된다. 눈썹 사이 미간 부분 송과체는 인체를 구성하는 큰 차크라이자 세부 차크라에 해당된다.

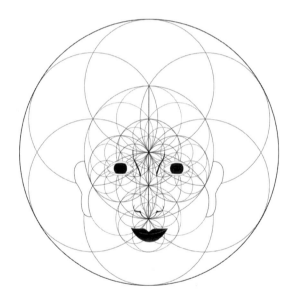

얼굴에는 두 개의 눈과 두 개의 귀 그리고 코와 입이 있다. 눈의 시각, 귀의 청각, 코의 후각, 입의 미각, 피부의 촉각에서 받아들이는 정

보는 뇌 중심으로 들어가 분석된다. 입과 코는 형태장이 목과 겹쳐져 있는 부분으로 코로 들이마신 숨과 음식물은 목 차크라로 넘어간다.

기본적으로 얼굴의 볼텍스는 미간, 오른쪽 눈, 왼쪽 눈, 코, 입 이렇게 5개 볼텍스가 얼굴 안쪽으로 위치하고 있고, 양 귀는 외부와 걸쳐져서 총 7개의 중요 볼텍스로 나눌 수 있다.

미간은 제3의 눈이라 부르는데, 다음 페이지 우측 그림에서 보면, 제1원, 제2원, 제3원, 제4원이 겹쳐지는 부분으로 아즈나 차크라가 위치하는 곳이다. 이곳은 볼텍스가 강하게 형성되어 있고, 또 시각, 청각, 후각, 미각, 촉각의 감각 정보가 모이는 곳이다. 텔레파시, 염력 등 무형의 이미지를 보고 느낄 수 있는 곳이기 때문에 제3의 눈이라 불리는 것이다. 이곳을 통해서 에너지 진동이 발산되고 흡수된다. 즉 영적인 정보를 주고받는 곳이 된다. 이 미간 부근을 '송과체'라고도 하는데, 송과체는 미간 안쪽을 관통하여 뇌 중심에 위치한다. 송과체는 솔방울 모양을 닮아서 솔방울 샘이라고도 한다. 송과체는 뇌의 중심부 영역(시상)에 위치하고 있다.

미간부분은 형태장 중심에 위치하고 있으며, 에너지 진동을 흡수하고 발산하는 문(門)에 해당된다. 송과체를 포함하고 있는 시상은 뇌의 중심부에 위치하며, 이곳에서 감각의 정보를 받아들이고 내보내는 역할을 한다. 뇌의 중심부에 위치하는 간뇌(뇌와 뇌 사이의 뇌) 안에는 시상이 위치하고, 간뇌 뒷부분에는 송과선이 위치하며, 간뇌의 크기는 아래 우측 그림의 제4원의 크기에 해당된다. 간뇌는 많은 핵들로 구성되어 있고, 대뇌와 중뇌를 연결하는 중심매개체이자 감각정보가 모이는 곳이다.

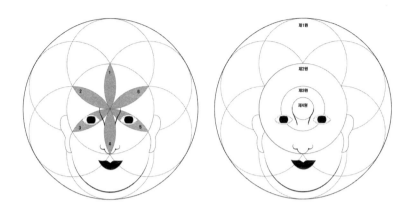

얼굴의 형태장을 세분화해서 살펴보자.

얼굴 형태장의 중심은 미간에 해당된다. 이 미간을 중심으로 6개의 꽃잎이 펼쳐져 있다. 그림의 좌측 얼굴 형태장을 보면, 미간을 중심으로 머리 가마로 연결된 첫 번째 꽃잎, 시계 반대방향으로 오른쪽 뇌가 두 번째 꽃잎, 오른쪽 눈과 오른쪽 귀 쪽이 세 번째 꽃잎, 코와 입 쪽이 네 번째 꽃잎, 왼쪽 눈과 왼쪽 귀가 다섯 번째 꽃잎, 왼쪽 뇌가 여섯 번째 꽃잎에 해당된다. 즉 미간을 중심으로 6개의 꽃잎이 펼쳐져 있다. 뇌 중심에 있는 간뇌는 6개의 꽃잎을 통해 정보를 흡수하고 또 분석하여 내보낸다.

눈은 얼굴의 정면을 관통하고, 귀는 얼굴의 측면을 관통하며, 코는 얼굴의 수직을 관통한다. 즉 정면, 측면, 위아래 전 방위에서 정보를 습득하고 이 정보는 뇌 중심으로 모여든다. 뇌 중심에서 분석한 정보는 다시 퍼져나가 몸으로 전달되고, 육체는 이에 따라 반응하고 움직이며 행동하고, 그렇게 생각을 말로 표현하게 된다.

얼굴의 보조개가 생기는 부분은 형태장과 형태장이 겹쳐지는 부분에 빈 공간이 형성되면서 생기는 부분이다. 마찬가지로 점이나 사마귀 등도 형태장과 형태장이 정확히 겹쳐지지 않는 어긋난 곳에 점이나 사마귀가 발생하는 것이다.

07 인체와 비례

얼굴의 형태장

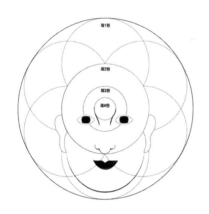

얼굴의 형태장을 이루는 크기를 알아보려면, 두 손을 들어 둥글게 원형을 만들면 그 원이 얼굴을 둘러싼 제1원의 형태장이 된다. 뇌를 포함한 상부 얼굴이 위치하는 제2원은 제1원의 반지름 크기에 해당된다.

성인(聖人)들의 머리 위에 생기는 빛의 광구는 제1원의 크기만큼 생긴다. 이 광구는 미간에서 발산하는 진동의 빛으로 퍼져나간다. 크게는 몸 전체를 감싼다.

제2원 안에 전체 뇌가 위치하고, 그 중심점인 제4원 안에 간뇌가 위치한다. 제2원을 중심으로 위의 원과 아래의 원이 겹쳐져 있다. 얼굴은 정수리 부분부터 코까지 하나의 원을 이루고, 눈부터 턱까지 두 개의 원이 겹쳐서 만들어진다. 위의 원은 미간이 중심이고, 아래의 원은 인중이 중심이다. 코와 입이 위치하는 아래 원은 숨을 코로 들이마셔

산소를 폐로 보내고, 음식물을 입으로 들여보낸다. 미간과 눈은 정신영역으로 연결되고, 코와 입은 육체영역으로 연결된다.

정수리를 중심으로 양쪽 두 개의 원은 뇌를 둘로 가르고, 양 귀를 중심으로 하는 원은 코에서 겹쳐지며 콧구멍을 둘로 가른다. 그래서 뇌도 두 개로 나뉘고 양 뇌와 연결된 눈도 두 개이며, 양 귀도 두 개고 콧구멍도 두 개인 이유이다.

- **눈의 형태장**

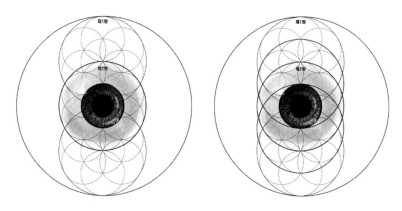

눈의 형태장은 위의 그림과 같다. 제2원이 흰자 눈에 해당되고, 제3원이 검은 눈동자에 해당되며, 제4원이 동공에 해당된다. 동공의 크기는 홍채가 가장 커졌을 때의 크기이다. 우측의 그림은 제2원이 수직으로 5개가 겹쳐지면서 눈 모양 형태가 잡힌다. 눈 모양의 형태는 인종이나 형질에 따라 크게, 작게, 쌍꺼풀이 있게, 없게 등 다양하게 나타난다.

눈썹의 방향도 이 형태장의 모양에 영향을 받는다. 눈썹이 자라나는 방향은 형태장의 볼텍스가 어떻게 형성되었는지를 보여주는 좋은 데이터이다.

인체의 형태장

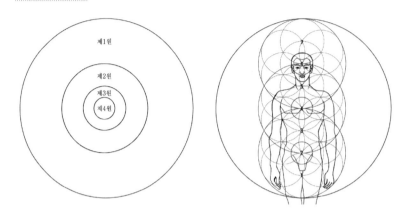

　몸의 형태장을 그리는 방법도 얼굴 형태장과 같다. 몸의 형태장은 다음과 같다. 위의 그림처럼, 제1원 안에 제2원 크기(제1원의 반지름이 지름인 원)의 원이 세로로 3개가 겹쳐진다. 각각의 제2원 안에도 제3원을 각각 3개씩 그려 넣는다. 이렇게 그리면 제1원 안에는 제3원이 7개가 겹쳐진다. 각각의 제3원의 중심에 제4원을 그려 넣으면 이것이 인체의 일곱 차크라가 된다.

　위의 우측그림을 보면, 제2원 3개는 인체를 머리, 가슴, 배 부분으로 나눈다. 제2원의 중심에 제3원을 그리면 더 정확히 머리, 가슴, 배를 포함한다. 다시 제4원을 그리면 머리, 심장, 단전이 포함된다. 인체의 가장 중요한 부분이 바로 머리, 심장, 단전이다. 머리는 인체를 움직이게 명령하는 컴퓨터이고, 심장은 인체를 살아가게끔 유지하는 엔진이며, 단전은 창조가 이루어지는 센터이다. 머리는 하늘과 연결되고, 가슴은 인간과 연결되며, 단전은 땅과 연결된다.

인체를 더 세분화해서 들어가면, 제2원 안에 제3원을 3개씩 그려 넣으면, 첫 번째 머리 부분의 원은 이마를 포함한 머리 윗부분, 중앙의 얼굴, 아래 원은 목 부분으로 나눈다. 두 번째 가슴 부분의 원은 목, 가슴, 윗배 부분으로 나눈다. 세 번째 배 부분의 원은 윗배, 아랫배(단전), 성기 부분으로 나눈다. 양팔을 올리거나 벌리면 제1원의 크기를 벗어나지 않는다.

여성인체의 형태장

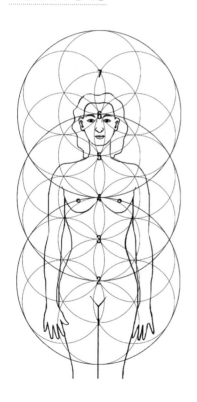

여성의 가슴은 형태장이 갈라지는 부분의 양쪽에 형성되어있다. 이렇게 형태장이 갈라지는 부위에 생기는 원형은 가슴과 엉덩이를 만든다. 이런 경우 양쪽으로 갈라진 원형의 모양을 취한다. 머리에서는 뇌가 갈라지고, 중앙에서는 가슴이 갈라지며, 아래로는 엉덩이가 갈라진다. 인체 안쪽으로는 폐, 콩팥이 양쪽 두 개씩 위치한다.

식도-위-십이지장-소장-대장으로 이어지는 소화기관은 하나의 길을 형성하며, 좌측 그림에서 숫자가 쓰여 있는 중심의 줄기 부분을 형성한다.

가운데 원 중심부터 살펴보면, 4번 가슴 차크라의 중심에는 6개의 꽃잎이 펼쳐져 있다. 위쪽으로는 식도와 연결되고, 아래쪽은 위로 연결되며, 양쪽 폐가 두 개의 꽃잎을 만들고, 왼쪽 심장이 한 개, 오른쪽 간이 한 개, 총 여섯 개의 꽃이 사방으로 펼쳐져 있다.

3번 태양총 차크라는 위로는 위와 연결되고, 아래로는 십이지장으로 연결되며, 췌장과 비장이 각각 꽃잎을 만들고, 신장(콩팥)이 두 개의 꽃잎을 만들어 총 6개의 꽃잎으로 연결된다.

2번 단전 볼텍스는 방광이 두 개의 꽃잎을 만들고, 소장, 대장, 직장, 맹장이 6개의 꽃잎을 만든다.

1번 회음부 볼텍스는 양쪽 나팔관이 두 개의 꽃잎을 이루고, 다리가 두 개의 꽃잎을 만들며, 항문이 하나의 꽃잎을, 성기가 하나의 꽃잎을 만든다. 여자의 성기는 안쪽으로 들어가 있는 형태이고, 남자의 성기는 나와 있는 형태이며, 남자의 경우 나팔관 대신 고환이 두 개의 꽃잎을 만든다.

형태장은 평면모양으로 그려놓았지만, 이 형태장은 회전하는 형태이다. 형태장 자체가 회전을 하고 있기 때문에 천기가 머리로 들어올 때 머리 가마가 회전체로 생기는 것이며, 목으로 내려오면서 신경이 좌우로 바뀌는 현상이 나타나는 것이다. 즉 왼쪽 뇌는 오른쪽 몸을 다스리고, 오른쪽 뇌는 왼쪽 몸을 다스리는 것은 이 형태장이 회전하면서 내려오기 때문이다.

08 형태장과 자연

  대자연은 입자와 파동으로 이루어진 형태장이다. 입자 모양도 원으로부터 시작되고, 파동의 움직임도 원으로부터 시작된다. 모든 생명체의 기본은 원으로부터 시작된다. 원은 이 만물을 이루는 가장 원초적 입자이면서도 가장 완성된 모습이다. 가장 큰 것도 가장 작은 것도 모두 원으로부터 시작된다. 처음 시작의 모습과 끝의 완성된 모습은 모두 원으로 표현되며, 살아서 성장하는 모든 생명체들은 회전하는 모양체를 가지고 있다. 대자연 속 식물과 동물의 모양 속에는 이러한 회전체의 움직임이 고스란히 담겨있다.

  어린 고사리순도 처음엔 원형의 모양을 유지하다가 점점 자라면서 회전체의 모양이 펼쳐지고, 달팽이의 집도 자라면서 원형의 회전체 껍질을 두르게 되며, 해바라기 씨도 꽃이 피면서 회전체 모양으로 배열된다. 나무도 자라면서 회전의 나이테를 두르고, 식물의 새순도 회전하면서 자라나며, 인간의 배아도 회전하면서 자란다. 이밖에도 대자연 속에는 원형의 회전체가 수없이 존재한다. 아니 모든 생명체는 이러한 패턴을 따르고 있다고 하는 것이 맞을 것이다. 기본 모나드⁴를 형성하고 있는 원형의 형태장이 성장을 하면 회전하는 원형의 모습을 띠게 된다. 성장을 한다는 것은 시간이 지남을 뜻한다. 즉 원형의 형태입자가 시간이라는 파동을 만나면서 회전체의 모양을 만들어간다. 이렇게 시간이라는 것은 직선으로 흐르는 것이 아니라 원형의 회전체 모양으로 흐른다. 예를 들어 거대한 원주의 모양도 부분적으로 보면 직선으로 보이지만, 전체 모습을 보면 원형의 모습을 가지고 있는 것과 같다.

봄, 여름, 가을, 겨울이 지나고 다시 봄이 반복되듯, 시간은 원의 시작점으로 회귀하면서 한 단계 올라간, 즉 원뿔형 모양으로 나아간다. 한 번 돌아온 것은 원의 시작점에 꼭 맞아떨어지는 것이 아니라, 원의 시작점에서 한 단계 위로 올라가면서 진화 발전한다. 계절이 한 바퀴 돌아서 다시 봄이 올 때, 그 봄은 똑같은 봄이 아니라 한 단계 더 진화한 봄이 되는 것이다. 이렇게 시간이라는 것은 회전하는 원뿔형으로 진행한다.

다음은 대자연에 존재하는 형태장에 대해 자세히 알아보도록 하자.

---

4 무엇으로도 나눌 수 없는 궁극적인 실체

태극형태장

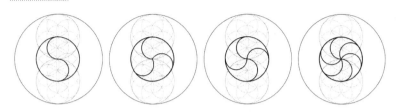

　자연 속 에너지 움직임 형태를 가장 잘 나타낸 것이 바로 태극이다. 태풍, 회오리바람, 토네이도(용오름), 은하계 등을 통해서 만물 에너지 움직임의 형태를 볼 수 있다. 태극의 형태장이 생기는 것은 형태장이 회전하기 때문에 생기는 현상이다. 에너지 형태의 입자가 회전 운동을 할 때 생기는 모양이다. 위의 그림은 형태장으로 그린 태극, 삼태극, 사태극, 육태극의 형태장이다.

　태극의 모양이 형성되는 이유는 서로 다른 성질의 에너지가 하나로 합쳐져 길을 만들어 나갈 때 태극모양의 형태가 나타난다. 다르게 표현하면, 서로 다른 기질 차이로 인해 불안정한 에너지 상태를 안정된 상태로 돌리기 위한 운동이다. 차가운 공기와 따뜻한 공기가 만나 태풍을 형성하고, 남과 여가 만나 태극을 형성한다. 태극은 중앙에 구멍(태풍의 눈)을 만드는데, 이 구멍이 진공 공간과 같은 블랙홀을 형성한다.

　태극이 형성된다는 것은 회전을 하고 있다는 뜻이고, 회전을 한다는 것은 성장하고 있다는 뜻이다. 모든 살아있는 생명체는 회전한다. 전자는 원자 주위를 회전하고, 지구는 태양 주위를 공전하며, 우리 은하도 회전하고 있다. 회전하는 회전체는 모두 태극모양을 띠고 있다. 마찬가지로 우리의 시간도 회전한다. 봄, 여름, 가을, 겨울이 지나 또다시 봄, 여름, 가을, 겨울 순환의 주기가 형성된다. 1년이라는 시간의 패턴은 똑

같이 반복되지만, 우리 인간도 지구상의 생명들도 한 해가 지날수록 성장한다. 어제의 나와 오늘의 내가 다르듯, 1년 전 나의 모습과 1년 후의 나의 모습은 다르다. 그만큼 시간이 흐르면서 우리는 성장하고 진화해 나가기 때문이다.

태양이 가만히 있는 것처럼 보여도 태양은 우리 태양계의 행성들을 이끌고 빠른 속도로 달려가고 있다. 어딘가로 달려가는 듯 보이는 태양도 사실은 더 큰 성단을 공전하고 있는 중이다. 달려가는 모양은 마치 회오리바람처럼, 혹은 태극모양처럼 회전하는 모양체를 형성한다.

태극 모양이 변형된 상징 중 가장 잘 알려진 것이 불교의 만(卍)자이다. 이 만자를 산스크리트어로 스바스티카(Svastika)라고 한다. 일반적으로 오른쪽으로 돌아가는 형상을 스바스티카(Svastika)라고 하고, 왼쪽으로 돌아가는 형상을 사우와스티카(Sauwastika)라고 한다. 이 만자를 독일에서는 각진 십자가라는 뜻의 '하켄크로이츠(Hakenkreuz)'라 부르고, 그리스에서는 네 개의 감마(Γ)로 만들어졌다고 '감마디온(Gammadion)'이라 한다. 이 만자 모양은 인류 역사상 가장 오래된 상징

중 하나로, 원시종교의 시작이 되는 상징이라고 봐도 무방하다.

우리나라 국기는 태극을 중심에 두고 있다. 태극의 상징처럼 북한과 남한이 태극의 형태를 이루고 있다. 즉 서로 다른 이념과 이념이 대치되는 상징으로 나타나 있다. 저기압과 고기압이 만나 전선을 형성하듯, 공산주의와 민주주의가 만나 이념의 전선을 형성하고 있는 형태이다.

나무의 형태장

인간은 발을 통해 지기를 흡수하고, 머리를 통해 천기를 흡수한다. 마찬가지로 나무는 잎과 꽃을 통해 태양의 빛을 받아들이고, 뿌리로는 땅의 양분을 흡수한다. 나무의 형태장도 인간의 형태장과 유사하다. 나무와 인간을 매칭시켜보면, 인간의 두 다리는 나무의 뿌리에 해당되고, 줄기는 몸통, 팔과 머리는 나뭇가지에 해당된다. 뿌리는 땅속에 박혀 땅의 기운을 흡수하고, 가지와 잎은 하늘을 향해 있으며, 줄기는 하늘과 땅을 연결하는 매개체가 된다. 인간이 두 팔과 두 다리를 크게 벌리면 원형의 형태를 취하듯, 나무의 가지도 원형의 형태를 취한다.

나무의 형태장은 크게 3등분으로 나눌 수 있다. 가지와 잎이 위치하는 상단의 원, 나무 몸통을 만드는 중간의 원, 나무뿌리를 만드는 하단의 원으로 구분할 수 있다. 수직으로 겹쳐진 3개의 원을 기본으로 하여, 그 안에 작은 원들은 나무의 가지와 잎 그리고 꽃을 형성한다.

나무의 몸통을 자세히 살펴보면, 뿌리에서 흡수한 물과 양분을 나뭇잎까지 끌어올릴 때 직선으로 끌어올리는 것이 아니라 회전을 하면서 올라간다. 따라서 나뭇결을 보면 회전형태의 결을 띠고 있다. 이 회전형태의 결은 물결과 같은 파동형태이다.

나뭇잎은 인간의 손바닥에 해당된다. 나뭇잎을 통해 광합성을 하고, 이산화탄소를 흡수하며 배출하는 역할을 한다. 나무 각질이 형성되는 부분도 형태장의 모양에 따라 각질이 갈라지는 모양이 결정된다. 나무의 형태장도 인간의 형태장과 마찬가지로 회전하는 원통형이라 보면 된다.

· 삼투압

식물이 물을 상단의 끝까지 끌어올릴 수 있는 원리 중에 삼투압 원리가 있다. 즉 나무뿌리는 땅 속에 들어있는 수분을 삼투압 원리로 끌어당긴다.

삼투압이란, 농도가 작은 쪽이 농도가 진한 쪽으로 끌려 들어오는 현상이다. 삼투압으로 끌려 들어온 수분은 나무의 모세관을 따라 상승한다. 모세관을 따라 상승하는 물 분자들은 물기둥을 형성하면서 위로 끌어올려진다. 이때 물을 끌어올릴 수 있는 힘은 형태장 중심에 형성되는 중력 때문이다. 형태장이 겹쳐지는 부분에는 볼텍스가 형성되면서 강하게 끌어당기는 중력장을 형성한다. 따라서 나무의 물도 나무 중심에 형성된 형태장의 중력장에 의해 끌어당겨지는 것이다.

여기에서 삼투압 원리를 인간관계 속에 적용시켜보면, 에너지 질량이 높은, 혹은 농도가 진한 사람일수록 끌어당기는 힘이 강하다는 것이다. 내면이든, 외면이든 에너지 질량이 높고 농도가 진할수록, 카르마가 셀수록, 기운이 셀수록, 사람들을 끌어당기는 힘은 커진다. 이 원리가 원소에도, 별에도 적용된다.

꽃의 형태장

꽃은 다양한 형태장을 볼 수 있는 좋은 재료가 된다. 아래 그림1을 통해 꽃의 형태장을 살펴보면, 꽃잎은 기본적으로 5개가 달려있고, 줄기가 제6의 꽃잎에 해당된다. 사람 손도 손바닥을 중심으로 5개의 손가락이 펼쳐져 있고, 손목이 6번째 꽃잎을 형성한다. 마찬가지로 꽃잎도 5개의 꽃잎과 줄기를 포함하여 6개의 꽃잎을 가지고 있다. 벚꽃, 배꽃, 사과꽃 등은 나무에 피는 꽃으로, 줄기에 꽃이 매달려있다. 꽃잎은 5개이며, 꽃의 중앙 볼텍스에는 몇 가닥의 술이 피어있다. 또한 그림2처럼 꽃잎의 방향이 사선으로 누운 형태를 취하고 있다. 반면에 해바라기, 국화, 코스모스와 같이 꽃잎이 여러 개가 달려 있는 꽃들은 중앙에 원형의 태양이 떠있고 가운데 술이 촘촘히 박혀있다. 그림3의 형태를 하고 있다. 꽃잎은 경우에 따라서 4개, 5개, 6개 이상으로 형성된다.

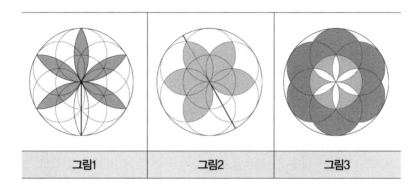

| 그림1 | 그림2 | 그림3 |

꽃잎이 모이는 중앙은 볼텍스가 형성되는 곳으로 에너지가 들어오고 나가는 문에 해당된다. 모든 문들은 볼텍스에 해당된다. 들어오고 나 감의 통로가 되는 것이다. 벌이나 곤충은 다른 꽃에 묻은 술을 가져와 교배를 시키는 중간자이다.

꽃잎이 피는 과정은 그림1을 참고하면 된다. 그림1은 꽃의 정면이자 측면으로 볼 수 있다. 꽃의 측면으로 보자면, 중심 원을 기준으로 위쪽 으로 향하는 원 안에 꽃봉오리가 맺혀 있다가 꽃잎이 피면 둥근 사발 형태가 되고, 더 피면 뒤집힌 접시형태가 된다.

과일의 형태장

과일은 나무가 창조한 우주이며, 나무가 들인 공의 결정체이다. 인간이 자신의 자녀에게 공을 들이는 것처럼, 나무도 자신의 종(種)을 이어가기 위한 씨를 만들기 위해 공을 들인다. 지구는 이제껏 종을 이어가기 위한 씨앗보존소 역할을 해왔다. 다양한 종이 서로 어울려 존재하고 있는 자연 갤러리가 바로 지구이다.

뿌리로부터 끌어올린 영양분은 줄기를 타고 올라오게 되고, 화이트홀에 해당되는 꽃부리에서 꽃이 핀다. 꽃은 바람과 곤충과 벌이라는 중개자를 통해 암술과 수술이 결합되고, 과일이라는 새로운 형태의 우주를 창조한다. 나무가 들인 공은 꽃과 열매로 피어난다.

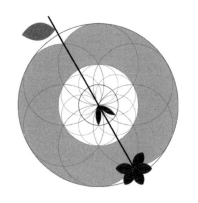

좌측 그림은 과일의 형태장 모양이다. 위쪽 나뭇잎이 달린 줄기가 연결된 쪽이 블랙홀에 해당되고, 아래 꽃이 피는 쪽이 화이트홀에 해당된다.

볼텍스가 형성되는 곳은 오목하게 패였다고 앞에서 설명하였듯이, 물과 양분이 들어오는 줄기 입구 부분은 오목하게 패였고, 마찬가지로 꽃이 달리는 부분도 오목하게 패였다. 그렇지만 줄기와 연결된 부분이 더 오목하게 패이고 구체가 더 크고 둥글다. 사과의 모양을 생각해보면 된다.

위 형태장 그림을 보면, 큰 원 안에 중간원이 계란 노른자를 형성하고, 그다음 작은 원 안에 6개의 꽃잎 모양의 공간이 펼쳐진다. 그 안에 씨가 맺히게 된다. 과일은 이 씨를 보호하는 에너지 막과 같다.

모든 만물은 이 형태장이 반복된 형태로 존재하고 있다. 꽃의 형태장이 형태장의 단면을 엿볼 수 있는 것이라면, 과일의 형태장은 형태장의 입체적인 모양과 전체 모양을 볼 수 있는 좋은 예에 해당된다. 꽃의 형태장은 기본적으로 줄기 포함 5개의 꽃잎이 달려있는데, 과일의 단면을 가로로 자르면 오각형의 모양으로 나타난다. 또한 과일의 형태장 모양과 지구자기장의 모양은 유사하다. 북극은 블랙홀에 해당되고 남극은 화이트홀에 해당된다.

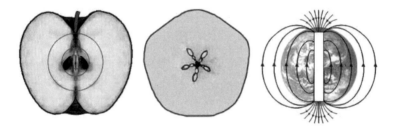

좌측 사과의 세로 단면, 가운데 사과의 가로 단면, 우측 지구자기장 형성 모양

동물 형태장

• 나비의 형태장

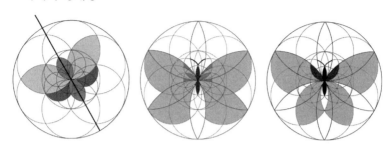

　나비, 나방, 벌, 개미 등 곤충의 형태장도 형태장의 패턴 안에서 형태가 만들어진다. 위 그림의 중간 부분에 있는 나비의 형태장을 살펴보면, 중간 원인 제2원 안에 머리와 몸통이 할당되며, 날개는 좌우에 있는 제2원이 겹쳐진 부분에 할당된다.

　나비의 움직임 또한 제1원의 구체 안에서 움직이며, 더듬이 역시 형태장의 굴곡에 따라 형성된다. 몸통은 3등분으로 나뉘고, 날개는 4등분으로 구분된다. 제1원이 나비가 펼칠 수 있는 최대 반경이다.

• 사슴 뿔 형태장

　사슴뿔이 자라나는 형태를 보면 형태장이 어떻게 뻗어나가는지를 살펴볼 수 있다. 사슴뿔이 자라나는 형태는 나뭇가지가 자라나는 형태와 비슷하다.

사슴 머리의 정수리 부분에서 자라난 뿔은 전체적으로 둥근 원형 형태로 자라나며, 뿔의 가지가 나오는 부분은 형태장의 라인에 따라 모양을 형성해 나간다. 마치 머리에 구 모양의 하늘을 이고 있는 듯, 사슴의 뿔은 원형의 가지 형태로 자라난다.

위 그림을 보면, 수직으로 겹쳐진 3개의 원 중, 상단 원의 영역 전체에 걸쳐 사슴뿔이 형성되며, 가운데 중심원의 중앙에는 사슴의 코가 위치하게 된다. 즉 사슴의 코 부분이 전체 원의 중심 부분을 차지하게 된다. 따라서 균형의 중심점이 코가 된다.

• 양 뿔 형태장

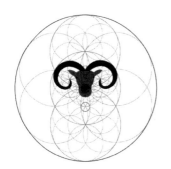

사슴뿔과 다르게 양 뿔은 상단 원으로 펼쳐진 것이 아니라 양쪽의 뿔이 얼굴을 감싸는 형태를 취하고 있다. 양 뿔은 머리 상단 중심에서 나와 중앙의 원으로 펼쳐지다가 중심 볼텍스를 향해 회전하면서 말려들어가는 형태를 취하고 있다. 사슴과 마찬가지로 중심은 코 부분이다.

뿔이 형성되는 형태는 각 동물이 가지고 있는 기질이나 성질에 따라 그 뿔 형태도 다르게 표현된다. 사슴처럼 뿔이 머리 상단 위로 자라나는 경우는 머리 위쪽으로의 감각과 촉이 발달된 형태이며, 양처럼 양 귀 쪽을 향해 뿔이 말려들어가는 경우는 좌우 쪽으로 감각과 촉이 발달된 형태이다. 기타 소 뿔, 염소 뿔 등도 동물이 가지고 있는 기질과 성질에 따라 뿔이 자라나는 방향이 제각각 다 다르다. 좌우로 길게 뻗어있는 소뿔을 가진 소의 경우는 뿔의 용도가 공격보다는 전면 방어의 용도가 더 크게 디자인되어 있다.

• 게의 형태장

게의 형태장은 큰 원 안에 겹쳐진 3개의 원을 볼 수 있는 형태이다. 몸통이 중앙원을 형성하고 있고, 앞 집게발이 상단 원을 형성하며, 뒷다리가 하단 원을 형성한다. 게의 다리가 굽어지는 방향 또한 형태장의 모양에 따른 방향으로 굽어진다. 모든 생명체의 중심 볼텍스는 중심원 안에 있다. 이 중심원에 형성된 중력장이 형태를 잡아주는 역할을 한다.

• 달걀의 형태장

달걀의 형태장을 살펴보면 다음과 같다. 아래 그림1을 보면, 제1원 안에는 제2원이 3개가 수직으로 겹쳐진 가운데, 제3원은 7개가 수직으로 겹쳐진다. 7개의 겹쳐진 원 안에는 5개의 꽃잎이 핀다. 달걀의 형태장은 이 5개의 꽃잎(제3원이 5개가 겹쳐진 곳)을 온전히 포함하고 있는 크기에 해당된다.

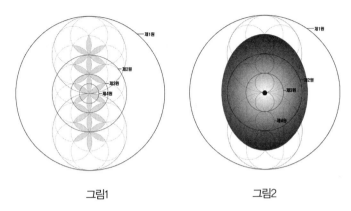

그림1   그림2

그림2를 보면, 달걀의 형태장은 제2원 하나를 온전히 담고 있는 가운데, 제2의 위와 아래 원을 70%씩 포함시키고 있다. 또한 제3원은 5개가 겹쳐진 가운데, 그 안으로 제4원이 6개가 일렬로 늘어설 수 있다.

달걀의 비율을 살펴보면, 세로와 가로 비율이 약 4:3이다. 타원형 속에 동일한 크기를 가진 원들을 세로로 4개를 배치할 수 있다면, 가로로는 3개를 배치할 수 있다. 또는 세로로는 겹쳐진 원 7개가 들어가고, 가로로는 겹쳐진 원 5개가 들어간다. 자연계에 존재하는 씨앗 형태는 대체로 달걀과 비슷한 모형을 갖고 있으며, 인간의 배아도 달걀과 비슷한 비율의 형태를 가지고 있다.

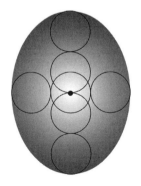 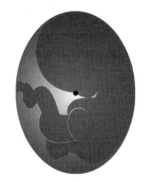

형태장과 진화발전

생명체의 형태를 결정짓는 형태장은 생명체의 기능과 역할에 따라 각기 다른 형태를 갖도록 유전자 정보에 저장된다. 저마다 지구에서 맡고 있는 역할과 정보 습득 방식에 따라, 특정 부분이 과도하게 발달되는 형태를 가지고 있다.

동물은 네 발로 땅을 딛고 있고, 인간은 두 발로 땅을 딛고 있다. 네 발로 땅을 딛는다는 것은 그만큼 땅과 가깝다는 뜻이며, 하늘과 가까운 생명체는 두 발을 지니고 있다. 하늘을 나는 새도 인간과 마찬가지로 두 발을 지니고 있다. 동물의 앞발에 해당되는 것이 인간의 양팔과 새의 날개이다. 새는 날아야 하기 때문에 양팔이 날개가 되었고, 인간은 손을 쓰면서 두 발로 걷게 되었다.

손을 쓴다는 것은 무언가를 창조할 수 있다는 뜻이다. 오랜 시간 인간은 손을 사용하면서 진화 발전하였고, 이제 정보를 흡수하는 데 머리와 눈을 과도하게 사용하고 있다. 이런 추세라면 몇 만 년이 흐른 미래에는 손보다는 머리와 눈을 쓰면서, 머리가 커지고 눈이 점점 커지는 형태로 진화 발전해 갈 것이다. 어떤 기능으로 어떻게 살아가느냐에 따라 모든 생명체는 그에 맞추어 진화 발전한다. 즉 주어진 환경에 맞게 진화 발전하는 것이다. 물속에 사는 물고기는 물에 사는 환경에 맞게 진화하고, 땅에 사는 동물은 땅에 사는 환경에 맞게 진화한다. 인간은 끊임없이 무언가를 창조하고 발전시켜나간다. 건물을 높이 세우고 차로 이동하고 비행기로 날아다닌다. 이 또한 자연의 일부분이 되고, 인간은 이러한 환경에 맞게 진화 발전해 나갈 것이다.

형태장의 기본 패턴은 원형이다. 또한 움직이는 모든 것들은 회전하는 원형의 형태를 갖는다. 이것은 모든 형태장의 기본 패턴이다. 인간이 양팔을 벌려도 원형의 형태를 이루고, 손을 오그려도 원형 형태를 갖으며, 허리를 구부려도 원형의 형태를 취한다. 공을 던져도 원형을 그리면서 떨어진다. 공이 원형을 그리면서 떨어지는 이유는 중력이라는 힘 때문이라고 하지만, 자세히 들여다보면 중력 또한 형태장의 원리에서 만들어진다. 지구 자체도 커다란 하나의 형태장을 띠고 있고, 그 중심에는 수많은 볼텍스가 형성되어있으며, 지구상 모든 만물들은 지구 중심 볼텍스를 향해 움직이는 것이다. 나는 이 형태장이 중력의 비밀이라고 생각한다.

인간의 형태를 만들고, 동식물의 형태를 만드는 데 있어서 무한 반복되는 형태장의 볼텍스는 강한 인력을 형성하고 공간을 휘게 만든다. 따라서 우리의 우주 공간은 휘어진 공간들의 연속이다. 작은 형태장은 더 큰 형태장 속에 포함되고, 더 큰 형태장은 더욱더 큰 형태장 속에 포함된다. 즉 이 우주 자체는 커다란 하나의 형태장 속에서 움직이는 작은 형태장들의 향연이다. 가장 작은 것부터 가장 큰 것까지 형태장의 패턴은 동일하며, 우리는 자기보다 더 큰 형태장의 움직임에 영향을 받으며 살아간다.

신은 가장 작은 것에도,

가장 큰 것에도,

어디에나 존재하는, 존재 그 자체이며,

우리 모두는 신의 몸을 이루고 있는 빛의 파편이다.

Chapter 2

카발라

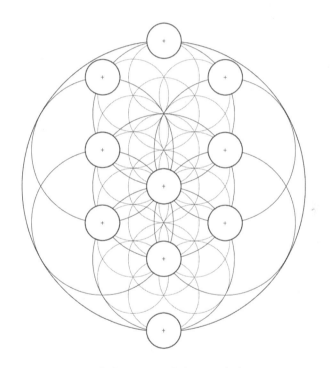

극대와 극소는 하나로 통한다.

신은 우주를 품고 있을 만큼 거대하기도 하지만,

반대로 우주를 촘촘히 가득 메울 만큼의 미세함도 가지고 있다.

01 카발라 역사

Exoteric과 Esoteric

서양철학은 크게 두 가지 맥락으로 나눌 수 있다. 대중이 아는 종교적인 것과, 소수만 아는 비전적인 것, 즉 표면적인 것과 내면적인 것으로 나눌 수 있다. 전자를 엑소테릭(Exoteric)이라 하고, 후자를 에서테릭(Esoteric)이라 한다. 종교가 대중들을 상대로 포교하면서 뿌린 사상을 엑소테릭이라 한다면, 에서테릭은 신비주의 단체들을 통해 전승되어왔다. 엑소테릭은 피지배계급을 위한 사상이고, 에서테릭은 지배계급을 위한 사상이다. 따라서 엑소테릭은 아주 쉬운 개념으로 전달하였고, 에서테릭은 어려운 개념으로 전달된다. 즉 에서테릭은 피지배계급이 알아서는 안 되는 지배계급의 비전 같은 것으로, 지배계급의 사상과 피지배계급의 사상은 전혀 다르다. 지금의 시대는 공평의 시대로 흘러가고 있기에 누구나 조금만 관심을 둔다면 에서테릭 사상을 접할 수 있는 세상이 되었다.

엑소테릭과 에서테릭 두 가지 방식으로 발달해온 서양철학은 종교적인 사상과 신비주의 사상 양대 산맥으로 발전해 왔다. 즉 표면 아래에

서양 신비주의가 있다면, 표면 위에는 서양 종교 즉 기독교가 존재한다. 내가 다루는 사상은 에서테릭의 서양 신비주의 사상이다. 서양 신비주의의 기본 바탕을 이루는 것들에는 점성학, 카발라, 연금술, 마법 등이 있다.

Chapter2에서 우리가 다루고자 하는 영역은 카발라이다. 점성학은 『태라의 점성학1·2권』에서 이미 다루었고, 이번에는 카발라이다.

서양 종교의 해석은 모두 에서테릭(esoteric)적인 부분에서 그 답을 찾아야만 퍼즐을 맞출 수 있다. 그중에서 카발라는 종교 해석의 기초를 형성하고 있으며, 우주와 인간 그리고 존재하는 모든 것들의 본질과 목적에 대한 답을 얻으려 노력한 결과물이다. 또한 이러한 개념을 이해하고 영적 실현을 달성하는 방법 또한 함께 제시하고 있는 실천적 학문이기도 하다.

카발라는 우리가 어디에서 와서 어디로 가는지, 신은 어떤 모습을 하고 있는지에 대한 물음으로부터 출발하며, 수많은 지혜가 수천 년의 시간을 거치면서 전승되어온 서양 철학의 기초영역이다.

이 전승을 수천 년간 이어온 민족이 유대인이기 때문에 유대 카발라라는 명칭이 붙어있는 것이다. 우리 민족과 유대 민족은 각각의 사명을 지니고 있는데, 우리 민족이 명맥을 지키는 뿌리와 같다면, 유대 민족은 사상을 전달하는 물과 같은 민족이다. 우리 민족에게 천부경이 주어졌다면, 유대 민족에게는 카발라가 주어졌다. 물론 이 두 가지가 통합이 되어야 우주와 인간에 대해 좀 더 본질에 가까운 이해를 할 수 있게 된다. 따라서 이 책은 서양 철학과 동양 철학의 만남이며, 동과 서의 사상을 통합하는 과정이라고 할 수 있다.

카발라란?

천부경과 카발라는 일맥상통하는 하나의 맥락을 가지고 있다. 이 두 가지를 통합할 때 우리는 좀 더 우주와 인간에게 접근할 수 있는 도구를 마련했다고 표현할 수 있을 것이다. 이 두 가지를 통합하여 이해할 수 있는 개념이 바로 Chapter1에서 설명한 형태장이다. 천부경은 형태장을 찾게 되는 근본개념이 되어주었고, 카발라는 형태장의 움직임을 이해하는 도구가 되어주었다.

천부경은 한민족을 통해 전승되어왔고, 카발라는 유대인을 통해 전승되어왔다. 그래서 카발라란 뜻은 '전승(傳承)'이라는 뜻을 가지고 있다. 고대로부터 전해 내려오는 깨달음의 지혜에 대한 전승이 바로 카발라이다. 천부경 또한 대자연의 원리와 지혜의 가르침이 담겨있다.

카발라란 말은 히브리어로 קבלה[5]라고 쓴다. 발음표기에 따른 영문으로는 여러 가지 표현들이 있는데 다음과 같다. Cabala, Cabalah, Cabbalah, Kabala, Kabalah, Kabbala, Kaballah, Kabbalah 등등. 이 책 『카발라 형태장』에서는 Kabbalah라고 통칭해서 쓰겠다.

카발라는 밀교, 오컬트, 신비주의 자료 등에 주로 등장하며, 소수 특

---

5 앞서 설명하였듯이, 히브리어는 오른쪽에서 왼쪽으로 읽는다.

권층에게만 전수되어 내려오는 지혜의 가르침으로 통한다. 서양 신비주의 단체의 교재로 사용되었으며, 점성학과 카발라 그리고 연금술은 마법의 기초 도구로 통한다. 카발라에는 이 우주 대자연의 원리가 담겨있고, 점성학은 수천 년 연구결과를 바탕으로 별들이 인간 운명에 미치는 영향력을 패턴화시켜 놓은 것이며, 연금술은 물질 원리를 통해 깨달음에 이르는 과정을 상징화시켜놓은 것이다.

점성학이 극대세계(Macro)의 학문이라면, 연금술은 극소세계(Micro)의 학문이다. 극대와 극소는 하나로 통한다. 신은 우주를 품고 있을 만큼 거대하기도 하지만, 반대로 우주를 촘촘히 가득 메울 만큼의 미세함도 가지고 있다. 수많은 세월, 우리 인간은 신의 흔적을 찾아, 신의 발자취를 찾아, 신을 알고자 하는 마음이 신을 닮아가면서 점점 신으로 진화하고 있다.

카발라, 점성학, 연금술과 같은 마법 도구는 모두 인간이 신에 이르고자 하는 염원으로부터 출발하여 발전한 사상들이다. 물론 신은 인간을 통해 현현한다. 이 마법 도구 중에서 특히 카발라는 신이 인간으로 현현하는 과정을 담고 있다.

카발라가 유대인의 전승이라서 유대인이 주로 사용한 듯 보이지만, 좀 더 보편화된 형태로 알려지기 시작한 것은 서양 신비주의를 통해서였다.

유대 카발라가 유럽에 처음 출현한 것은 12세기 남부 프랑스와 스페인에서이다. 유대 카발라가 유럽에 전달될 수 있었던 것은 그 당시 십자군 운동의 성당기사단을 통해서 밀교형태로 비밀리에 들어오게 된다. 이때 알려진 카발라가 가장 일반적 형태의 카발라이다. 다른 형태의 카발라로는 메르카바(Merkabah)[6] 카발라가 있고, 13세기 초 아슈케나지(Ashkenazi)[7] 하시딤(Hasidim)[8]에서 나온 카발라가 있다. 아슈케나지 사상가들은 카발라 사상을 통해 국가 체계 시스템의 근본적인 청사진을 만들었으며, 세계종교를 통합하려는 목적을 가지고 있다. 엘리트주의가 강한 이들 사상은 훗날 프리메이슨 사상으로 연결된다. 프리메이슨 사상은 에서테릭 사상을 기반으로 한, 이집트 헤르메스 마법, 유대 카발라, 그리고 프톨레마이오스 점성학 및 그리스 철학까지 광범위한 신비주의 사상이 그 토대를 형성하고 있다.

점성학, 카발라, 연금술, 마법 등의 서양 신비주의 사상은 후대에 이르러 과학과 연결되면서 천문학, 화학, 공학, 물리학, 의학, 약학 등 현대과학의 기본 토대가 되었다.

---

6 메르카바(Merkabah) 신비주의는 Chariot 신비주의라고도 하며, 초기 유대 신비주의 가르침이다. 처음 출현은 BC100년경으로 추정되며, 에스겔서에 등장하는 천상의 궁전과 하나님의 보좌에 관한 이야기로 전해진다. 메르카바(Merkabah)란 뜻은 신의 전차란 뜻이다.

7 아슈케나지는 유럽(특히 독일 알자스부터 라인란트까지)에 거주하던 유대인 그룹으로, 세파라딤 유대인과 구별된다. 아슈케나지란 말은 히브리 문자 그대로 독일이란 뜻이다. 아슈케나지의 기원에 관해서는 〈치우천왕의 부활〉에서 이미 다루었다.

8 12세기와 13세기 동안 아슈케나지 유대인들이 행한 고행운동이다. 이 운동은 엄격한 금욕주의, 종교적 준수, 신비주의 교리로 유명하다. 또한 하시딤 공동체는 엘리트주의가 강한 것으로 알려져 있다.

서양 카발라

카발라는 유대인들에 의해 구전되어 오는 영적인 가르침이다. 그러나 유대교로부터 기원하긴 하지만 밀교형태인 유대신비주의에 해당되고, 폭넓게 설명하자면, 서양 기독교 신앙 속에 숨겨져 전승된 밀교이다.

카발라는 유대인을 통해 오랜 전통을 이어왔고, 르네상스를 거치면서 고대 신비주의 문서들이 번역되기 시작하면서 여러 가지 형태로 나타나게 되었다. 유대교의 전통에 기독교 신앙이 접목되었고, 마법과 오컬트가 덧붙여지면서 새로운 유형의 카발라가 탄생하게 되었다.

카발라는 유대교에서 사용하던 체계를 쓰기 때문에 유대 카발라라는 표현을 쓰는 것이다. 구전으로 전승되던 카발라 전통이 르네상스를 거치면서 텍스트화가 되었고, 유대교를 비롯한 고대 신비주의 밀교들은 서양의 영성문화의 바탕을 형성해 나갔다.

서양의 영성에 커다란 영향력을 끼친 사상을 들자면, 이집트 헤르메스 마법과 유대 카발라 그리고 그리스 자연철학이다. 이 사상들이 기독교와 융합되면서 서양의 신비주의 사상을 만들어나갔다.

18~19세기에는 마법과 카발라 그리고 오컬트 등이 결합된 여러 단체들이 생겨나기 시작했고, 유럽에서는 장미십자회[9], 황금새벽회[10], 신

---

9   17세기 초 독일에서 《Confessio Fraternitatis》라는 책과 대자보를 통해 처음 세상에 나타났다. 상징으로 십자가와 장미 문양을 사용하였기에 장미십자회로 알려져 있다. 창립자로 알려진 인물은 크리스천 로젠크로이츠(Christian Rosenkreutz)이다. 그는 동방에 가서 아랍인들의 지혜와 의술을 배우고 고향에 돌아와 마법과 연금술 등을 가르쳤다고 한다.

10   황금새벽회(Golden Dawn)는 19세기 후반, 유럽에서 생겨난 신비주의 단체다. 창립자인 윌리암 R. 우드먼, 윌리암 W. 웨스트코트, 새뮤얼 L. 메더스 세 명이며, 이들은 프리메이슨 멤버로도 알려져 있다. 황금새벽회에서는 헤르메스 마법, 카발라, 점성술 그리고 타로에 대한 기본지식을 바탕으로 한 철학사상을 가르쳤으며, 장미십자회의 가르침을 따르고 있다. 잘 알려진 인물로는 다이안 포춘, 알레스터 크로울리, 예이츠 등이 있다.

지학회¹¹ 등이 교세를 확장해 나가기 시작했다. 다이온 포춘과 알레스터 크로울리¹²가 소속되어있던 황금새벽회의 경우, 장미십자회를 잇는 단체라는 명성을 가지고 활동을 하였으며, 이 단체의 회원으로는 많은 유명한 인물들이 대거 포함되어 있었다. 반면에 신지학회는 활동영역을 유럽에서 벗어나 동양으로 눈을 돌렸고, 인도로 들어가 힌두밀교와 접목을 하기 시작했다.

　서구 유럽이 꽃을 피우기 시작한 때는 르네상스부터이다. 그전까지는 기독교라는 종교로 강하게 의식을 묶어두었다가 르네상스라는 시대적 때를 만나 꽃을 피우게 되었다. 르네상스라는 시대적 꽃을 피우게 된 것은 십자군 운동이 그 바탕에 있었다. 그전까지 중세 유럽은 기독교 사상의 지배를 받으면서 다른 사상에 대한 박해가 무척 심했다. 오히려 아랍에서 다양한 사상이 연구 발전되어오고 있었기에, 십자군 운동은 아랍에 기독교를 전파한다기보다는 역으로 아랍의 문명을 유럽에 들여오는 계기가 되었다.
　십자군 운동을 통해 아랍에서 몰래 들여온 문서들이 번역되기 시작하였고, 여기저기에서 가져온 문서들을 번역하면서 유럽은 르네상스 시

11　신지학회는 1875년 미국에서 설립된 신비주의 단체이다. 러시아 출신 헬레나 P. 블라바츠키(Helena Petrovna Blavatsky) 여사와 헨리 스틸 올콧(Henry Steel Olcott) 대령과 함께 설립하였으며, 모든 종교의 융합과 통일을 목표로 신지학회를 창설하였다. 이후 인도 신지학회의 애니 베전트가 그 사상을 이어받았고, 크리슈나무르티(Krishnamurti)를 스승으로 내세워 교세를 국제적으로 확장하였다.

12　Aleister Crowley(1875~1947), 영국의 신비주의자이자 마법사이다. 황금새벽회의 비밀적인 가르침을 수많은 저서를 통해 세상에 드러낸 인물이다. 기인적인 행동과 파격적인 행보로 인해 사탄주의자라는 비난을 받았으며, 그에 대한 평가로는 오컬트의 어두운 측면을 드러낸 인물, 가장 악명 높은 오컬티스트, 의식연구의 개척자라는 평가가 있다. 또한 락 음악 사상의 정신적 지주로 여겨지기도 한다.

대를 맞이하게 된다. (그 당시 아랍은 그리스 이집트 문서들을 아랍어로 번역하여 가지고 있었다.)

르네상스 시절, 아랍으로부터 들여온 많은 문서를 비롯하여 이집트, 그리스 등 고대 문헌들이 본격적으로 번역되기 시작하였다. 이 시기에 그리스의 플라톤 사상, 이집트 헤르메스 사상 등 새로운 사상들이 봇물처럼 쏟아져 나오기 시작했다.

중세 유럽이 암흑 속에 잠자고 있을 당시, 아랍은 수많은 지식과 지혜가 전수되는 사상의 중심지였다. 이러한 사상들은 십자군 운동을 하면서 거의 대부분 서구 유럽으로 이동하게 되었다. 그 당시 문명의 보고이자 지식의 중심지였던 이라크의 바그다드, 시리아의 다마스쿠스, 이집트의 알렉산드리아가 있었다. 물론 이곳의 모든 자료들은 서구 유럽으로 이동하였다고 해도 과언은 아니다. 아랍이 지금의 아랍이 된 것은 오스만 제국의 멸망 후[13] 이슬람 종교가 강화되면서 종교의식으로 전체의식을 묶어두었기 때문이다. 공산주의가 사상으로 의식을 묶어놓았듯, 이슬람도 종교로서 의식을 묶어두는 역할을 했다. 의식을 묶어둔다는 것은 성장을 멈춘다는 뜻이다. 중국과 러시아 그리고 아랍은 성장을 멈추었고, 유럽과 미국은 물질문명을 태동시키면서 발전하게 된다. 즉 유럽과 미국을 통해서 물질문명의 꽃이 피게 된 것이다. 중국, 러시아, 아랍의 성장이 멈춘 것은 서구 유럽과 미국에서 물질문명의 꽃을 피우기 위해서였다. 즉 물질문명의 기반을 만들어서 키우는 사명이

13　오스만 제국(1299~1922)은 13세기 말, 소아시아(아나톨리아)를 중심으로 형성된 국가이다. 다민족, 다종교를 형성하고 있었다. 17세기 오스만 제국의 영토는 절정에 달하였는데, 오스트리아 빈 근처에서 이란 국경 너머까지, 그리고 아라비아 반도 일부와 모로코를 제외한 북아프리카 전체가 오스만 제국의 영토였다.

주어진 서구 유럽과 미국이 다 성장할 때까지 중앙기둥을 형성하고 있는 아랍과 중국 그리고 러시아가 잠시 소강상태를 보이고 있는 것이다.

문명은 돌고 돈다. 마치 나무가 성장하듯, 맡겨진 역할과 사명에 따라 어느 때는 이 나라에, 또 어느 때는 저 나라에 힘이 실리는 것이다. 힘이 실린다는 것은 신이 활동한다는 뜻이기도 하다.

신은 한곳에 머무르지 않는다. 마치 나무에 물이 전달되듯, 신은 끊임없이 움직인다. 인간의 운명도 비슷하다. 누군가는 일찍 발복하여 꽃을 피우고, 누군가는 늦게 발복하여 꽃을 피운다. 저마다 꽃을 피우는 시기가 다를 뿐이다. 얼마만큼 어떻게 성장했느냐에 따라 꽃을 크게 피우기도 하고 작게 피우기도 한다.

유대 카발라

카발라를 알려면 유대인들에 대한 문화와 역사를 알아두면 좋다. 서양의 종교는 유대교로부터 기원하고, 동양의 종교는 힌두교로부터 기원한다. 유대교로부터 기독교, 가톨릭, 이슬람 등이 가지를 쳤고, 유대 역사를 담은 성경은 서양문명의 정신을 이끄는 중요사상이 되었다.

유대인들은 디아스포라 역사를 가지고 있다. 유대인들은 자신들이 끌려 들어갔던 지역의 문명을 고스란히 흡수하여 새로운 사상으로 다져 나갔다. 바빌론 문명 – 이집트 문명 – 페르시아 문명을 거치면서 이집트 사제와 교류하고, 페르시아 마기와 접촉하며, 유대인들은 각 지역의 정보를 통합·흡수하면서 자신들만의 새로운 사상으로 발전해 나갔다.

유대인들에게는 3가지 경전이 있다. 토라(구약성서 중 모세오경-창세기, 출애굽기, 레위기, 민수기, 신명기)와 탈무드 그리고 카발라이다. 율법과 예언의 책이라는 토라가 기본 바탕이 되고, 토라를 학문적으로 해석해놓은 탈무드가 있으며, 예언에 대한 비의적 해석을 해놓은 카발라가 있다. 탈무드가 지식적 측면에서 해석한 것이라면, 카발라는 지혜적 측면에서 해석해놓은 것이다. 탈무드가 생활 율법의 지식을 가르쳐주고 있다면, 카발라는 신의 영역과 정신적인 부분을 다루고 있다.

유대교에는 3가지 교파가 있었다. 예수가 활동하던 시절에 유대인에는 바리새파, 사두개파, 에세네파가 있었다. 바리새파는 율법과 경전을 연구하는 랍비나 연구진들이 포진해 있고, 사두개파는 귀족이나 제사장 집단이다. 반면에 에세네파는 예수와 세례요한이 포함되어있던, 지금으로 이야기하자면 급진적 진보주의자들이다. 지하로 숨어 들어간 에세네파는 후에 그노시스의 모태가 된다.

유대 카발라가 꽃을 피웠던 시기는 예수 사후부터 성경이 채택되기 전까지의 시대인 초기기독교시대였다. 이 시기는 아직 로마에 의해 성경이 채택되지 않았던 시대로, 예수 사후 예수를 아는 사람들이 예수 말씀을 적으면서 탄생된 수많은 문서들에 대한 주석서들이 봇물처럼 쏟아져 나오던 시대였다. 또한 근동지역에 퍼져있던 신비주의 문서들이 각 교파의 교재로 사용되었고, 이때 영지주의(그노시스) 사상이 광범위하게 퍼져나가게 되었다. 이집트 헤르메스 사상, 그리스 플라톤 사상에 덧붙여 예수 사상까지 모든 사상들이 광범위하게 퍼져나가던 시기였다. 여러 가지 사상과 정보들이 광범위하게 흩어져 있던 시기에 서로 정통성을 주장하면서 종교전쟁이 벌어졌다. 이후 로마의 콘스탄티누스 대제[14]가 집권하면서 기독교를 채택하게 될 때, 광범위하게 흩어져있던 자료들 중 통치에 필요한 부분들을 발췌하여 성경 66권을 엮는다. 그리고 나머지 텍스트들은 사장(死藏)시키기 시작했다. 이것이 지금의 성경이다.

1945년 이집트 나그함마디라는 지방의 동굴 항아리에서 초기 기독교 영지주의 복음서가 발견되었다. 발견된 문서에는 성경외전들이 대거 들어있었다. 이 문서들에는 영지주의 문서 52편(도마복음, 마리아복음 등)과 헤르메스 관련 문헌(헤르메티카)과 플라톤의 국가론의 번역본이 함께 포함되어 있었다. 이 문서들 속에는 유대 카발라 관련 단서들이 많이 발견되었다.

카발라는 신(神)과 영(靈)에 관한 비전이다. 카발라를 토라의 영적 해설서라고 보기보다는 신과 영에 대한 영적 해석에 초점을 두는 편이 이해를 돕는 데 더 나을 것이다.

---

14 로마의 황제인 콘스탄티누스 1세(274~337). 313년 '밀라노 칙령'을 선포하고 기독교를 로마의 공인 종교로 발표하였다. 콘스탄티누스 1세는 밀라노 칙령을 계기로 자신의 정치적 정당성을 확보하고 기반을 넓히기 위해 그리스도교를 최대한 장려하였다. 교회와 성직자들에게 각종 특권을 주었고, 각지의 교회 설립을 지원하였다. 그리고 325년에는 니케아공의회(Councils of Nicaea)를 열어 교리를 체계화하였다.

유대교와 유대신비주의는 뿌리는 같으나 그 줄기는 다르다. 유대교가 드러난 종교라면, 유대신비주의는 드러나지 않은 비밀종교이다. 유대신비주의는 그노시스와 연관이 있으며, 이후 서양의 영성발전에 큰 영향을 끼치게 된다.

내가 설명하는 카발라는 서양 카발라도, 유대 카발라도 아닌, 새로운 카발라에 해당될 것이다. 이름을 붙이자면 '카발라 형태장'에 해당된다. 기본 형태는 Chapter1에서 설명한 형태장을 기본으로 하고, 명칭은 유대 카발라의 명칭을 따왔으며, 설명과 해설은 서양 신비주의 카발라에 기초하여 설명할 것이다.

육각별과 헤겔의 변증법

카발라 사상의 기본 바탕에는 삼각형이 있다. 삼각형도 정삼각형과 역삼각형이 있는데, 정삼각형은 중심점에서 좌우로 나뉘고, 역삼각형은 좌우에서 중심으로 통합된다. 정삼각형과 역삼각형을 합친 육각별은 카발라 사상의 핵심을 이끌어가는 기본 사상이다. 최초의 하나에서 둘로 나뉜 양극이 종국에는 하나로 통합된다는 사상이다. 또한 육각별은 이스라엘의 상징이기도 하다.

이 카발라 사상을 이용한 논리 중에 정반합(正反合)의 논리가 있다. 정반합의 논리는 카발라 기본 논리에서 출발했지만, 카발라의 논리에서 나왔다는 것을 사람들은 잘 모른다.

정반합(正反合) 논리란, 헤겔[15]의 변증법적 사상을 도식화한 사상인데, 후대에 헤겔의 사상을 논하면서 그의 논리학에 붙여진 용어이다. 즉 헤겔의 전체 사상을 아우르는 그 기본 바탕에 이 카발라 논리가 있었음을 알 수 있는 대목이기도 하다.

정반합 논리의 구조는 정(These)과 그것의 반대되는 반(Antithese)과의 갈등을 통해 정과 반 어느 한쪽이 승기를 잡는 것이 아니라, 이 둘 모두를 통합한 합(Synthese)으로 결론을 도출해 낸다는 사상이다.

정이 있는 그대로 모순을 지닌 상태라면, 반은 이 모순을 털어버리는 과정에서 또 다른 모순을 창출한다. 그리하여 정과 반 두 과정을 모두 지켜본 합에서는 버릴 것은 버리고 취할 것은 취하여, 새로운 창조 상태인 합으로 나아간다는 사상이다. 합 또한 모순적 한계를 가지기 때문에 시간이 흐르면 합은 다시 정인 상태에 이른다. 이런 과정을 계속 반복하다 보면 결국 모순을 극복해 나가면서 진리에 가까워질 수 있다고 하는 사상이 정반합 사상이다.

이 사상의 기초 토대는 카발라 사상이다. 뒤에서 자세히 설명하겠지만, 카발라 세피로트의 세피라를 이루는 케테르, 호크마, 비나 상위 삼각형에서 만들어진 에너지가 헤세드로 내려오고 시간이 지나면서 헤세드에 쌓인 모순을 털어내기 위해 게부라가 등장한다. 게부라의 검 또한 또 다른 모순을 창조해내기 때문에 결국 헤세드와 게부라를 통합한 티페레트가 등장하면서 새로운 태양이 떠오르는 것이 카발라의 기본 사상 토대이다. 카발라 세피로트는 정반합 삼각형의 원리로 반복되면서 에너지가 하강하게 된다. 즉 신의 힘은 좌우를 거치면서 티페레트로 통

15 헤겔(1770~1831)은 독일의 철학자이다. 독일 관념론 철학을 완성시킨 형이상학자.

합되고, 중앙의 말쿠트로 차원을 낮추어 현현한다는 뜻이다.

이 카발라 사상은 근대 철학 사상의 기본 바탕이 되었고, 이에 영향을 받은 철학자로는 헤겔, 마르크스16, 엥겔스17 등이 있다. 헤겔의 변증법을 마르크스와 엥겔스가 유물론적 사고에 변증법을 대입시키면서 유물론적 변증법이 탄생하게 된다. 당대 철학자들이 만들어놓은 사상을 바탕으로, 정치가인 레닌18과 스탈린19이 이 사상들을 끌어가 자신들 입맛에 맞는 새로운 사상으로 변형시켰고, 그 결과 공산주의 사상이 태동하게 된 것이다.

17~18세기 귀족주의가 극에 달하자 그에 대한 반발력으로 노동자를 주축으로 한 공산주의가 탄생하게 되었고, 이것은 현대에 이르러 좌파 우파 개념을 만들어내게 되었다.

순수성을 간직한 정(正)도 시간이 흐르면 모순이 쌓이게 되고, 이 모순이 극에 달하면 이를 극복할 새로운 반(反)이 등장한다. 이 반(反)도 일정 시간이 지나면 모순이 쌓이게 되고, 결국 정과 반의 모순을 모두 관찰한 합(合)이 등장한다. 합은 버릴 것은 버리고 얻을 것은 얻어내어 새로운 합의 형태로 진화 발전한다. 이러한 정반합 사상은 자연법의 기

---

16 마르크스(1818~1883)는 독일계 유대인으로, 철학자이자 국제 노동자 계급의 지도자였다. 공산주의 이념의 창시자이며, 변증법적 및 사적 유물론을 창시하였다.

17 엥겔스(1820~1895)는 독일 철학자이다. 마르크스와 함께 마르크스주의, 과학적 공산주의 이론, 변증법적 및 사적 유물론의 창시자이며, 국제 노동자 계급의 지도자였다.

18 레닌(1870~1924)은 러시아 유대인으로, 마르크스, 엥겔스의 후계자이자 정치가이며, 러시아 및 국제노동운동의 지도자였다. 러시아 공산당 및 소비에트 연방국가의 창설자이다.

19 스탈린(1879~1953)은 그루지아 출신으로 소련의 정치가이다. 러시아 및 국제노동운동의 지도자였으며, 레닌 이후 소비에트 연방국가의 지도자였다.

본 토대가 된다.

신은 좌와 우를
조율하고
위와 아래를 연결한다.

02 카발라 형태장

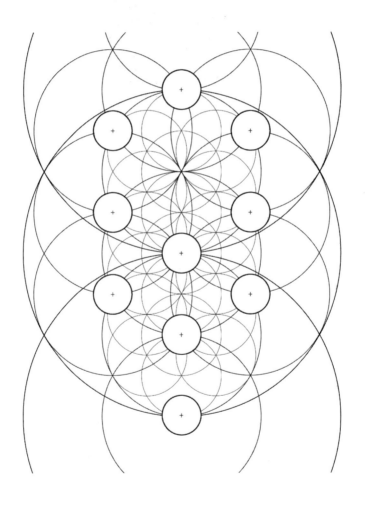

좌측에 내가 그려놓은 카발라 형태장 모형은 카발라 생명나무의 내부 설계도라고 할 수 있다. 이 형태장 모형은 기존의 카발라 생명나무가 어떻게 그려졌는지 그 원리를 연구한 것으로, 우리는 이 형태장 모형을 통해 신의 힘이 어떻게 내려오는지를 이해하게 될 것이다.

천부경이 형태장의 생성원리에 대한 힌트를 주었다면, 카발라는 형태장의 운영원리를 보여준다. 형태장이 원형의 모습을 취하고 있듯, 카발라도 원래는 원형의 모습을 취하고 있다. 하나의 완전체인 소우주와 대우주의 모습을 단면으로 잘라서 보여주기 때문에 원형의 모습을 그려놓지 않으면 일종의 나무 모습처럼 보이기도 한다. 그래서 카발라 생명나무라고 부른다. 물론 이 카발라 원리에는 나무의 구조와 인간의 구조를 모두 포함하고 있다.

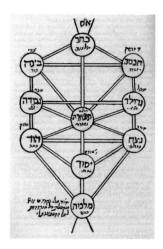

카발라 세피로트

다빈치의 인간구조도

나무가 뿌리에서 양분을 빨아들여 나무 몸통을 지나 줄기를 거쳐 꽃에 이르고 열매까지 맺는 과정을 보여주듯, 카발라 생명나무는 거꾸로 선 나무의 뿌리에서 영혼의 양분이 들어와 우리 인간을 운영한다. 카발라는 신의 몸체이기도 하지만 인간의 몸체 구조이기도 하다. 나무에서는 지구 양분을 빨아들이지만, 인간에게 적용하면 지구 양분 대신 신의 양분이 인간의 영 에너지에 어떻게 전달되는지를 보여주고 있다.

신의 에너지는 빛의 세기가 너무 강해서 인간의 몸체로 들어올 때는 전압을 낮추어 서서히 들어와야만 타버리지 않는다. 그래서 카발라 생명나무는 신(神) 에너지의 전압계와 같은 역할을 한다.

천부경이 10개의 숫자로 이루어져 있듯, 카발라 세피로트도 10개의 세피라로 이루어져 있다. 세피라는 빛을 담는 그릇에 해당된다. 각각의 세피라에 빛이 담기면 그 신의 빛은 각각의 특성을 띄게 된다. 담기는 그릇의 성질에 따라 신의 모습은 이런 모습으로도 표현되기도 하고, 저런 모습으로도 표현되기도 한다. 이렇게 10개의 세피라를 거쳐 인간 속으로 들어온 빛은 신의 전체 모습을 담고 있는 소우주가 된다.

카발라 세피로트의 구조는 형태장과 동일한 모양을 띄고 있다. 다만 빛을 담는 그릇인 세피라를 작은 원으로 표시한 것이 카발라 세피로트이다. 각각의 작은 원(세피라) 안에는 또다시 작은 생명나무(세피로트)들이 무한 반복되고 있다. 그래서 가장 큰 것과 가장 작은 것은 동일한 원리로 작동되는 것이다.

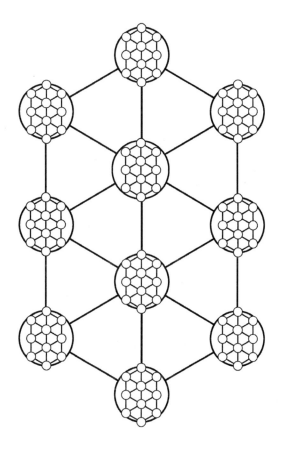

위에서와 같이 아래에서도,
안에서와 같이 밖에서도,
가장 큰 것과 같이 가장 작은 것에도
신은 무한대와 무한소, 어디에든 존재한다.

03 카발라 모형

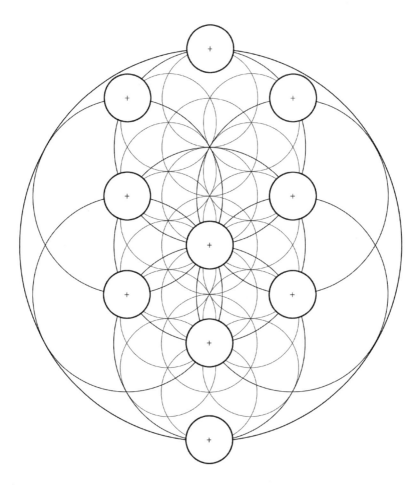

카발라 모형도

앞선 그림은 카발라 형태장 모형도이다. 완전체의 큰 원을 하나 그리고, 완전체 원의 반지름 크기의 원 7개를 그 안에 그려 넣는다. 6개의 원이 돌아가면서 겹쳐지고 중심에 1개의 원이 온다. 원들이 반복해서 겹쳐지는 지점은 회전하는 볼텍스가 생기고, 볼텍스가 생기는 지점이 세피라가 위치하는 지점이다.

완전체 원 안에는 총 13개의 볼텍스가 위치한다. 즉 겹쳐지는 지점이 총 13개라는 뜻이다. 이 13개의 점 중에서 3개의 점이 이동하면서 총 10개의 볼텍스가 형성된다.

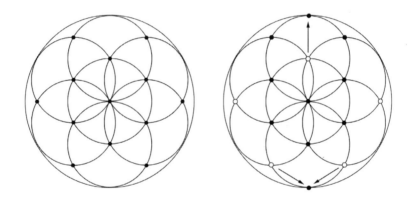

위 그림을 보면, 이동하는 점 중 첫 번째는 상단의 원 중앙에 있는 점이 맨 위로 당겨져 상위 에너지를 받을 수 있는 자리로 이동한다. 그리고 그 빈자리는 신의 감추어진 눈에 해당된다. 두 번째는 양쪽에 있는 점이 양 귀처럼 측면으로 넘어가 감춰진다. 세 번째는 맨 아래 원의 두 지점이 통합되어 맨 아래로 떨어진다. 이렇게 상하좌우로 볼텍스가 당겨지고 조정이 되면서 10개의 볼텍스가 자기 위치를 차지하게 된다.

이렇게 조정된 10개의 볼텍스가 하나의 생명나무 모습을 갖추게 된다. 위로 당겨지고, 아래로 당겨지고, 좌우로 당겨지는 모습이 마치 십자가의 형태를 만든다. 꽃잎 모양 위에 그려진 십자가처럼 카발라 생명나무 세피로트는 하나의 상징 이미지를 만든다.

이 카발라 모형도는 인간 몸체에도 적용되고, 나무에도 적용되며, 모든 완전체에 적용된다. 내가 만든 카발라 모형도는 맨 위와 같은 모습이나 실제 카발라의 모습은 아래와 같은 형태를 갖는다.

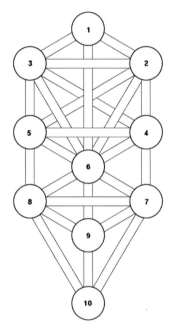

위와 같은 형태의 상징을 '카발라 세피로트' 혹은 '카발라 생명나무'라고 부르며, 각 원형의 빛의 구를 '세피라'라고 한다. 이 세피라들이 모여 하나의 생명나무를 이룬다. 이것을 '세피로트'라 부른다. 다음은 생명나무 세피로트에 대해 자세히 알아보자.

04 생명나무 세피로트

세피로트란?

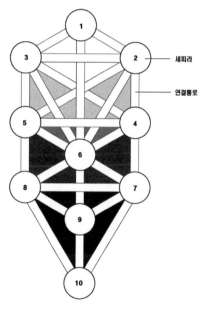

세피라

연결통로

카발라 형태장 모형도에서 형태장의 중심 볼텍스만 표시해 놓고, 뒤 배경을 제거하면 위의 그림 형태가 나온다. 볼텍스 부분은 원형의 구체를 하고 있고, 각각의 구체는 기둥으로 연결되어 있다. 마치 전선을 연결하듯 신의 에너지는 전선을 따라 내려온다. 이 카발라의 모형에서 각각의 단일 구체를 '세피라(Sephirah)'라고 한다. 이 세피라가 여러 개 모여 있는 형태 즉, 세피라의 복수형일 때 이를 '세피로트(Sephirot)'라고 한다. 한마디로 표현하면, 빛의 구체 전체 모형을 세피로트(Sephirot)라고 하는 것이다.

기본 카발라 형태는 10개의 세피라와 22개의 통로로 연결된다. 이 모두를 합하면 32개의 길이 나온다. 상위차원에서 내려온 신의 빛은 1번 세피라부터 시작하여 스물두 개의 통로를 따라 총 10개의 세피라를 거쳐 10번 세피라에 도달한다. 아래로 내려갈수록 물질화되고 빛의 힘이 약해져 간다. 물질화가 된다는 것은 에너지가 무겁고 탁해진다는 뜻이다.

카발라 생명나무는 천상의 에너지가 물질 지구로 내려오는 에너지 메커니즘을 잘 설명해주고 있다. 마치 거꾸로 된 나무처럼 신의 에너지가 인간 세계로 현현하여 마지막 10번에서 꽃이 핀다. 인간육체는 물질화되어 10번에 와 있고, 반대로 인간 의식은 각 세피라의 깨달음을 얻어 1번왕국에 도달하려 한다. 마치 태양 빛이 나무를 통과하여 땅으로 흡수되고, 땅에서 물을 끌어당겨 나무 끝까지 빨아 당기듯, 위는 아래로 내려오고, 아래는 위로 올라가며 에너지 교환을 한다. 신은 차원을 낮추어 인간영역에 도달하고, 인간은 차원을 높여 신의 영역에 도달한다. 에너지는 위에서 아래로 내려오면서 물질화가 되고, 물질은 위로 올라갈수록 영적인 것으로 변한다. 한마디로 생명나무 세피로트는 빛 에너지의 방사로 인해 생겨난 에너지 구조도이다. 이렇듯 카발라 생명나무는 신의 창조 에너지 메커니즘을 설명하기에 아주 좋은 도구이다. 신의 속성을 설명하고 신의 에너지가 어떻게 인간에게 임하는지를 보여주는 구조도에 해당된다.

앞 페이지의 그림을 보면, 카발라 생명나무가 세 개의 큰 수직 기둥으로 이뤄졌음을 볼 수 있다. 좌측기둥과 우측기둥 그리고 중앙의 기둥이 중심 뼈대를 형성한다. 신의 속성은 좌와 우 그리고 이 둘을 조율하는 균형점으로 형성되어있다. 맨 위와 맨 아래는 삼각구도를 띠고 있으며, 맨 아래는 맨 위를 복제하여 탄생된다. 즉, 위와 아래가 같은 메커니즘으로 형성된다는 뜻이다.

세피로트는 무형의 빛 에너지 방사로 드러나는, 하느님의 열 가지 특성이다. 세피라는 각각의 신이라기보다는 신(神)이 자신을 드러내는 10가지 속성의 모습으로 이해하면 된다.

생명나무와 크리스마스 트리

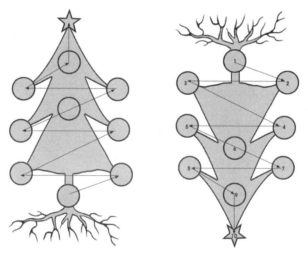

좌 : 크리스마스 트리, 우: 생명나무 트리

보이지 않는 세계는 보이는 세계를 거꾸로 뒤집어 놓은 것과 같다. 마치 거울을 보듯, 이 세계와 저 세계는 서로 반대인 채로 닮아있다.

우리가 볼 수 있는 나무는 하늘을 향해 서 있지만, 우리가 볼 수 없는 생명나무는 땅을 향해 있다. 지구에 뿌리를 내리고 있는 나무는 땅으로부터 생명수를 당겨오지만, 하늘에 뿌리를 내리고 있는 생명나무는 하늘로부터 생명의 정수를 당겨온다.

생명나무는 거꾸로 선 나무이다. 이 생명나무 세피로트를 쉽게 이해할 수 있는 도구가 있는데, 그것은 바로 '크리스마스 트리'이다. 서양의 가장 큰 명절인 크리스마스에는 많은 상징들이 숨겨져 있다.

서양에서는 12월25일 예수 탄생일에 맞춰 크리스마스 행사를 한다. 크리스마스 전날(24일)에는 크리스마스 트리(Tree)를 장식한다. 트리를 장식할 때는 전나무에 별과 달을 장식한 뒤 나무의 맨 꼭대기에 불을 밝혀놓는다. 그러면 새벽에 붉은 옷을 입은 산타가 코가 빨간 루돌프 사슴을 끌고, 각 집의 굴뚝을 타고 내려와 전나무 아래에 크리스마스 선물을 남기고 간다.

전나무 가지 끝에 빛의 구(球)를 다는 것은 생명나무 세피로트를 나타내는 상징이다. 전나무의 펼쳐진 가지 끝에는 빛의 방울을 달고, 맨 꼭대기에는 별모양을 단다. 빛은 아래로부터 타고 올라가 별모양에 빛을 밝힌다. 꼭대기의 별모양 구체에 불이 켜지면 그 불빛은 주변을 환히 비춘다. 이렇게 완성된 전나무 트리를 만들면 빛을 전달하는 산타는 어둠의 통로인 굴뚝을 지나 불빛을 보고 방에 도착하여 생명나무를 제대로 잘 세웠는지 살펴보고 선물을 주고 간다.

크리스마스는 고대로부터 내려온 빛의 부활 행사이다. 12월 25일은 동지(12월21일 또는 22일)가 끝나고 새해의 빛이 떠오르기 직전, 어둠의 3일간을 보낸 후 태양의 빛이 점점 길어지는 시작점이다. 이때를 서양은 새해의 시작으로 보았다. 12월25일은 점성학적으로 태양이 염소자리 시작점에 들어서는 때이다. 천궁도 맨 꼭대기 천정점(동지점)에 염소자리 시작점이 위치한다. 이때부터 태양의 빛이 증가하여 춘분점이 되면 낮의 길이와 밤의 길이가 같아진다.

크리스마스는 어둠 속에 광명이 떠오르는 것을 상징하는 전승드라마이다. 빛을 상징하는 예수 그리스도가 십자가에 못 박혀 죽은 지 3일만에 부활하였다고 하듯이, 밤이 가장 긴 어둠의 시간 동지를 지나 태양 빛이 처음으로 길어지는 태양의 부활행사가 바로 크리스마스이다.

24일 밤에서 25일로 넘어갈 때, 각 집은 전나무 꼭대기의 별 구체에 불을 켜고, 빛을 전달하는 산타는 각 집에 선물을 내려준다. 각 집의 꼭대기에 위치한 굴뚝을 통과하여 잔뜩 재가 묻은 채로 내려와 선물을 나무 아래 놓고 간다. 이것은 말쿠트가 지상에 현현하여 물질화되는 모습을 상징적으로 나타낸 것이다. 산타라는 빛의 사자가 물질세상의 아래로 내려올수록 어둠을 뒤집어쓰고 내려올 수밖에 없는 구조를 나타낸 것이다. 크리스마스 행사의 모티브는 신의 빛이 각 세피라를 거치면서 말쿠트에 도달했을 때 비로소 물질화가 이루어진다는 카발라적 상징의미를 보여주는 행사이다. 예수의 생일은 그날 실제로 탄생해서가 아니라 오랜 전승을 통해 그날(12월25일)이 채택된 것이다. 크리스마스 이벤트는 점성학적 시간과 카발라 사상이 결합된 신비주의 사상의 결정체이다.

크리스마스 트리가 똑바로 서 있는 나무라면, 생명나무 세피로트는 거꾸로 선 나무이다. 이승과 저승은 서로 상반되듯, 생명나무 세피로트와 지구의 나무는 서로 반대의 방향으로 자란다. 지구의 나무가 땅에서 물을 흡수하여 하늘 높이 끌어올리듯, 생명나무 세피로트는 인간을 통해 하늘 영양분을 끌어당겨 지구에서 꽃피는 것이다.

크리스마스트리의 맨 꼭대기는 빛이 현현하는 자리이다. 반대로 생명나무는 맨 아래 10번 말쿠트 자리에서 빛이 물질화된다. 행위에 대한 결과가 말쿠트에서 이뤄지고, 크리스마스트리 아래 놓여있는 선물이 바로 말쿠트의 현현을 상징한 것이다.

우주 에너지를 뿌리로 흡수하여 각 세피라를 거치면서 전압을 낮추고, 그 빛을 온전히 10번까지 전달하여 말쿠트라는 빛을 지상에서 밝힌다.

우주목과 거꾸로 선 나무

"The Ash Yggdrasil"(1886)
by Friedrich Wilhelm Heine

나무와 세계, 나무와 우주를 연결하는 상징코드는 많이 있다. 나무의 상징 속에는 우주의 모습이 담겨져 있고, 깨달음의 정수가 나무라는 상징 속에 들어가 있다. 우주 전체를 상징하는 의미의 우주목(宇宙木), 우주수(宇宙樹), 세계수, 생명나무, 거꾸로 선 나무 등의 이름으로 우리에게 알려져 있다.

오래전부터 인류는 나무를 숭배하고 나무를 신성시 여겼다. 우리나라의 서낭당에는 오래된 나무가 있었고, 아담과 이브가 살던 에덴동산에는 생명나무가 있었으며, 하나님의 아들 환웅은 태백산 신단수 아래 내려와 신시를 열었다. 석가모니는 보리수 아래에서 깨달음을 얻었고, 고대의 사람들은 나무를 천상세계와 지하세계를 연결하는 통로라고 생각했다. 이렇듯 나무는 많은 신화와 이야기를 탄생시키는 모티브가 되었으며, 자연 순환원리를 담고 있는 교과서와 같다.

카발라 생명나무는 우주의 모습을 담아놓은 상징적인 나무이다. 우파니샤드[20]에서는 이 우주를 하늘에 뿌리를 박고 거꾸로 선 나무라고

---

20 고대 인도의 철학 경전

표현하였다. 하늘로 연결되어있는 뿌리에서 우주 생명에너지가 들어오고, 그 에너지를 흡수하여 나무가 자라듯 물질창조가 이루어지는 것이다. 우파니샤드는 인도 브라만교의 경전으로, 대우주 본체인 브라만과 개인의 본질인 아트만이 하나라고 하는 범아일여(梵我一如) 사상을 담고 있다. 천부경의 인중천지일(人中天地一)처럼, 인간 속에 우주가 존재함을 이야기하고 있다.

브라만은 카발라에서 1번 케테르에 해당되고, 아트만은 10번 말쿠트에 해당된다. 아트만은 물질화된 브라만이고, 차원 하강한 브라만이다. 마찬가지로 말쿠트는 물질차원으로 하강하여 현현한 케테르이다. 브라만과 아트만의 본질이 동일하듯, 케테르와 말쿠트 또한 그것의 본질은 동일하다.

나무는 음양을 상징하기도 한다. 나무는 남성을 상징하는 양이고, 나무가 심어진 땅은 여성을 상징하는 음이다. 따라서 나무가 심어져 있다는 것은 양과 음이 하나로 연결된, 즉 음양합일이 이루어진 장소라는 뜻이다. 그래서 우리 조상들은 음기가 센 땅에는 큰 나무를 심어 음기를 상쇄시키기도 하였다.

05 세피로트 설계도

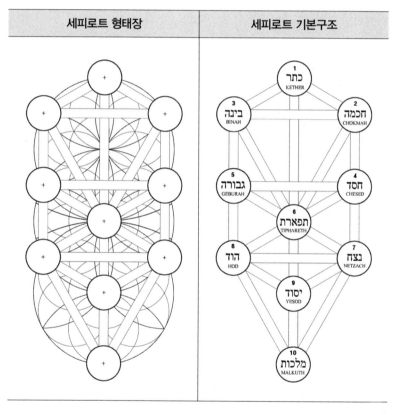

세피로트 형태장	세피로트 기본구조

대부분의 카발라 저서들에는 카발라 세피로트의 이미지가 어떻게 형성되었는지에 대한 해석은 없다. Chapter1 형태장에서 설명하였듯이,

카발라 세피로트의 형태는 형태장으로부터 시작한다. 앞 페이지 좌측의 그림은 내가 만든 카발라 형태장의 모형도이고, 우측은 기본 카발라 형태이다. 카발라 모형도의 이해가 있어야 제대로 된 비율의 카발라 형태를 그릴 수가 있다.

카발라 모형도에서 중요 볼텍스 부분을 구체(세피라)로 표시한 것이 기본적인 카발라 세피로트의 형태이다. 세피로트의 기본 구조는 10개의 세피라로 이루어졌으며, 각각의 세피라를 22개의 기둥으로 연결한다. 10개의 세피라와 22개의 기둥을 합쳐 총 32개의 빛의 특성을 나타낼 수 있다. 빛 에너지를 받아들이고 내보내는, 즉 블랙홀과 화이트홀이 공존하는 볼텍스 10개가 각각의 세피라를 만들고, 빛이 흘러가는 길이 22개의 경로를 만든다. 10개의 세피라와 22개 경로를 합하여 32개의 빛의 길이 하나의 구체가 되는 세피로트를 만든다. 이것이 신의 기본적인 모나드이다.

어둠 속에 잠식되어있던 빛은 음의 3겹 베일을 뚫고 1번 세피라에서 현현한다. 1번 세피라에서 켜진 불빛은 점점 차원을 낮추면서 아래로 흘러들어간다. 순번은 빛이 내려오는 순서이며 하강할수록 빛의 양은 줄어들고 전압이 낮아진다. 전선을 타고 전기가 들어오듯, 10번 세피라에서 물질화가 이루어진다. 10번 세피라는 총 10개의 세피라와 22개 경로를 거치면서 새롭게 재탄생된다. 각각의 세피라마다 성격, 특징, 역할이 다르기 때문에 각각의 세피라에는 저마다의 이름이 주어진다. 그 이름은 신의 색깔이자 신의 특성을 나타내준다. 그래서 각각의 세피라는 개성을 가진 신의 이름을 붙인다. 이 이름들은 모두 히브리어로 지어졌다. 카발라라는 도구가 고대로부터 유대인에 의해 전승되어왔기 때문에 히브리어 명칭을 쓴다. 각각의 세피라 특징에 관해서는 다음 장에서 설명하기로 하고, 다음 그림은 빛을 담는 에너지 크기에 관한 카발라 모형도를 그려봤다.

000. Ayin (Nothing; אין)

00. Ein Sof (Limitlessness; אין סוף)

0. Ohr Ein Sof (Endless Light; אור אין סוף)

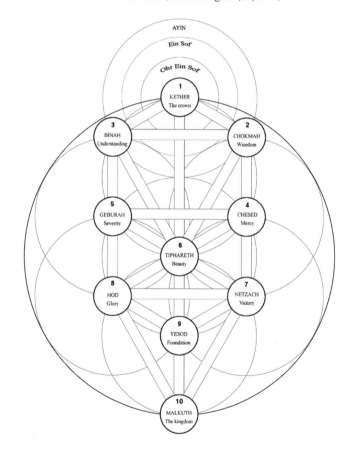

그림을 보면, 카발라 전체의 구조가 한눈에 들어올 것이다. 우리 우주를 커다란 하나의 원으로 볼 때, 어둠이 깊게 겹쳐진 음의 3겹 베일인 아인(Ayin 또는 Ein), 아인 소프(Ein Sof), 오르 아인 소프(ohr Ein sof) 속에서 질량을 계속 쌓은 빛의 씨앗이 싹을 틔우듯, 양수가 터지고 아기가 태어나듯, 혹은 암흑 속에 불이 켜지듯, 음의 베일을 찢고 1번 세피라로 빛이 터져 나온다. 우리 우주도 아기가 태어나듯, 음의 뱃속에 잉태되어 태어난 아기우주와 같다. 음의 3겹 베일은 우주의 자궁에 해당된다.

1번 케테르를 잉태한 자궁인 음의 3겹 베일은 아인(Ayin 또는 Ein), 아인 소프 (Ein Sof), 오르 아인 소프(Ohr Ein Sof)라고 부른다. 음의 3겹 베일을 상징함에 있어서 세 명의 여신으로 상징화해서 나타내기도 한다.

(세 명의 여신을 상징하는 삼신 형태로 헤카테가 있는데, 헤카테는 세 개의 얼굴을 가지고 있는 여신으로 나타난다. 소녀와 부인 그리고 할머니 얼굴을 한 헤카테는 달의 여신, 대지의 여신, 저승의 여신을 나타낸다.)

아인은 '아무것도 없음, 무(無, Nothing)'라는 뜻이고,
아인 소프는 '한계가 없음 또는 무한대(Limitlessness)'라는 뜻이며,
오르 아인 소프는 '끝없는 빛 또는 영원한 빛(Endless Light)'이라는 뜻이다.

아무것도 없는 줄 알았으나 경계를 규정지을 수 없는 상태였고, 오르 아인 소프에 이르러서야 비로소 빛으로 가득 찬 상태라는 것을 인지하

게 된 것이다. 예를 들어 우리가 마시고 있는 공기는 눈에 보이지 않는다. 그래서 공간 속에 아무것도 없다고 믿지만 실제로는 공간 속을 가득 메운 공기가 있다는 것을 안다. 이 공기를 물질화시켜야만 비로소 눈으로 볼 수 있게 된다. 마찬가지로 아인, 아인 소프, 오르 아인 소프는 우주를 가득 메우고 있는 그 무언가이다.

아인, 아인 소프, 오르 아인 소프는 태초 빅뱅이 일어나기 전 상태를 말한다. 우주를 가득 채우고 있는 그 자체이자, 아무것도 창조되지 않은 그 자체를 나타낸다. 아무것도 없는 공허함이자 경계를 지을 수 없는 무한한 빛으로 가득 차 있는 존재의 상태이다. 이 상태는 깊은 어둠이자 무한한 빛을 품고 있는 상태이다. 마치 자궁 속에 아기를 잉태하고 있듯, 음의 베일은 빛을 품고 있는 존재 그 자체이다. 처녀가 잉태하듯, 남녀가 만나 잉태가 이루어진 것이 아니라 순수성 속에 만들어진 빛이요, 창조 그 자체이다. 그래서 예수를 동정녀 마리아에게서 나왔다고 하는 것이다. 원인이 있어서 발생한 결과가 아니라 태초 원인이 되는 그 상태를 말한다.

고대 카발라 저서인 『조하르』[21]에는 다음과 같은 표현이 있다.

"그분이 세상에 어떤 모습을 드러내기 전에, 그분이 어떤 형태를 만드시기 전에, 그분은 형태가 없고, 아무 것도 닮지 않은, 홀로 그 자체였습니다. 어떻게

---

21 조하르는 유대교 신비주의 카발라의 근본경전으로, 정확하게는 『세퍼 하 조하르(Sepher ha-zohar)』라고 한다. 13세기의 스페인에서 활약한 모세스 드 레온(Moses de Leon, 1250~1305)이 편찬하였으며, 조하르란 뜻은 〈빛을 뿜음〉이라는 뜻이다. 중세 아람어와 중세 히브리어로 쓰였다.

누군가가 창조 이전의 그분을 이해할 수 있겠습니까? 그러므로 그를 신성한 이름으로 부른다 하더라도, 또는 한 글자나 한 점으로 그분을 나타낸다 하더라도, 그 어떤 형태나 비슷한 무언가로 그분을 대체하는 것들이 금지되었습니다. 그러나 그분은 하늘에 계신 인간의 형상을 창조하신 후에 하강할 전차로 그를 사용하셨습니다. 그리고 야훼라는 신성한 이름을 쓰는 그의 형상에 따라 불리기를 바랐습니다."

위의 내용에서는 창조 이전의 상태와 창조 이후 상태를 언급하고 있다. 창조 이전 그분은 감히 이해할 수도 언급할 수도 없는 존재로 표현하였으며, 인간 형상을 따라 창조한 후 신이 하강할 전차라고 묘사하였다. 이 하강할 전차란, 바로 카발라 세피로트를 말한다. 카발라 세피로트는 인간 형상을 한 신의 탈 것이라는 뜻이다. 신의 에너지가 내려오기 위한 하나의 기관이자, 신의 전차에 해당되는 것이 바로 카발라 세피로트이다.

신의 에너지는 다음과 같은 순서로 내려온다.

어둠 속 겹겹이 둘러쳐진 아인, 아인 소프, 오르 아인 소프의 3겹 망을 뚫고 나온 1번 세피라는 그 빛을 아래로 흘려보낸다. 1번, 2번, 3번 순으로 빛이 흘러들어간다. 1번, 2번, 3번은 밖의 원과 겹쳐지는 교집합 부위이고, 위의 원(다른 차원)에서 내려오는 빛을 담는 그릇에 해당된다. 1번, 2번, 3번이 외부 원으로부터 새로운 에너지를 받아들이는 그릇이라면, 그 그릇에 담긴 에너지는 4번 세피라에 도달해서야 비로소 인지가 되는 것이다. 이때는 무한 에너지를 내려주기 때문에 마치 자비의 빛 형태를 받는 것처럼 느껴진다. 그래서 4번 세피라가 자비를 상징하는 것이다. 이렇게 외부에서 들어오는 무한대의 빛을 1번, 2번, 3번 세피라가 앞치마처럼 받아내면, 4번 세피라는 그 빛을 무한대로 받아들인다. 그러다가 일정 선을 넘어가면 5번 세피라가 발동하게 된다. 즉 4번 세피라의 자비를 거쳐 5번 세피라에 가면 무조건 받아들이는 에너지를 거르려 하는 성향이 생겨나게 된다. 이때 외부로부터 들어오는 불순물을 차단하고 막는 역할을 하는 것이 5번 세피라이다. 여기에서 신의 모습은 무자비하게 잘라내는 비정한 모습으로 드러난다. 이 또한 신의 모습이다.

5번 세피라에서 걸러낸 나머지 빛을 모아 자신만의 빛을 형성하게 된다. 즉 이때부터 세피로트의 성격이 형성되는 것이다. 이렇게 내려보낸 빛이 모여 원형의 중심 볼텍스가 형성되면, 비로소 6번 세피라 태양이 떠오르는 것이다. 이것이 우리 우주의 중심 볼텍스를 형성한다. 여기에서 신의 빛은 사방으로 방사가 된다. 그래서 이곳이 신이 정좌하는 곳이고, 빛을 상하좌우 사방으로 퍼뜨리는 태양의 자리가 되는 것이다.

6번 세피라의 빛이 7번과 8번 세피라로 전달되면, 이곳에서는 신의 명령을 하달받는다. 즉 천사와 신들이 움직이는 자리가 바로 7번과 8번 세피라가 된다. 빛은 이곳에서 다시 만들어지고 조정되며 다듬어진다. 이렇게 에너지 작용을 마친 온전한 에너지는 9번 세피라에서 대기하다가 일정 부분 에너지가 차서 시와 때가 맞으면 10번 세피라로 방출한다. 이렇게 10번 세피라에서 물질화가 되어 나타난다.

카발라 세피로트는 신의 탈 것, 즉 신의 전차에 해당된다. 신이 임하는 과정을 보여주는 설계도와 같은 것이다. 신의 빛이 어떻게 내려와 어떻게 물질화되는지의 과정을 잘 보여주고 있다.

06 세피로트 순서

א	Aleph	1	A
ב	Beth	2	B
ג	Gimel	3	G
ד	Daleth	4	D
ה	Heh	5	H
ו	Vav	6	V, W
ז	Zain	7	Z
ח	Cheth	8	CH
ט	Teth	9	T
י	Yod	10	T, Y, J
כ	Kaph	20	K
ל	Lamed	30	L
ם מ	Mem	40	M
ן נ	Nun	50	N
ס	Samekh	60	S
ע	Ayin	70	A'a
ף פ	Peh	80	P, PH
ץ צ	Tzaddi	90	TZ
ק	Qoph	100	Q
ר	Resh	200	R
ש	Shin	300	SH
ת	Tav	400	T, TH

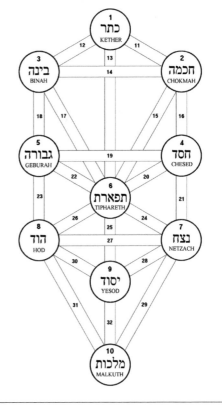

카발라는 유대인에게 주어진 우주원리이다. 그래서 카발라는 히브리어로 세피라의 이름을 표기한다. 한자가 우측에서 좌측으로 읽듯, 히브리문자도 우측에서 좌측으로 읽는다. 그리고 히브리어는 자음기반으로 이루어져 있다. 좌측 그림은 히브리어 22자와 그 발음 그리고 그에 할당된 숫자를 나타낸 것이다. 우측 그림은 각 세피라에 할당된 숫자와 그 명칭을 담고 있으며, 각 기둥에는 빛이 하강하는 순번을 적어놓았다.

1번 세피라는 כתר라고 쓰고, 케테르(KETHER)[22]라고 읽는다.

2번 세피라는 חכמה라고 쓰고, 호크마(CHOKMAH)라고 읽는다.

3번 세피라는 בינה라고 쓰고, 비나(BINAH)라고 읽는다.

4번 세피라는 חסד라고 쓰고, 헤세드(CHESED)라고 읽는다.

5번 세피라는 גבורה라고 쓰고, 게부라(GEBURAH)라고 읽는다.

6번 세피라는 תפארת라고 쓰고, 티페레트(TIPHARETH)라고 읽는다.

7번 세피라는 נצח라고 쓰고, 네짜흐(NETZACH)라고 읽는다.

8번 세피라는 הוד라고 쓰고, 호드(HOD)라고 읽는다.

9번 세피라는 יסוד라고 쓰고, 예소드(YESOD)라고 읽는다.

10번 세피라는 מלכות라고 쓰고, 말쿠트(MALKUTH)라고 읽는다.

세피라는 1번부터 10번에 할당되고, 세피라가 흘러내려가는 경로는 11번부터 32번까지 할당된다.

---

22 케테르의 히브리어는 (카프 כ), (타브 ת), (레쉬 ר)로 이루어져 있으며, 영문으로는 Keter, Kether라고 쓰는데, 여기에서는 Kether로 통일하였다.

11번 경로부터는 히브리 문자가 순서대로 배치된다. 11번 א(알레프),
12번 ב(베트), 13번 ג(김멜), 14번 ד(달레트), 15번 ה(헤), 16번 ו(바브), 17
번 ז(자인), 18번 ח(헤트), 19번 ט(테트), 20번 י(요드), 21번 כ(카프), 22
번 ל(라메드), 23번 מ(멤), 24번 נ(눈), 25번 ס(사메크), 26번 ע(아인), 27번
פ(페), 28번 צ(차디), 29번 ק(코프), 30번 ר(레쉬), 31번 ש(쉰), 32번 ת(타브)
이다.

여러 문서 등에서는 세피로트의 히브리 문자는 대체로 동일하나,
영문 발음기호는 약간씩 달라진다. (예: CHOKMAH ==〉 CHOKMA,
BINAH ==〉 BINA) 그 이유는 히브리 발음을 영문으로 나타내면서 생
겨난 것이다. 나는 위에 쓴 영문으로 통일해서 사용하려 한다.

위 그림의 좌측 히브리 22개의 문자표를 보면, 히브리 문자마다 매겨
진 숫자가 있다. 이 숫자는 히브리 게마트리아 수비학에 사용되는 숫자
이다.

예를 들어 히브리 신성문자 יהוה (요드헤바브헤)를 살펴보면,

י ==〉 10

ה ==〉 5

ו ==〉 6

ה ==〉 5

10+5+6+5= 26이라는 숫자가 도출된다.

나의 주님이라는 אדני (아도나이)를 살펴보면,

א ==〉1

ד ==〉4

נ ==〉50

י ==〉10

1+4+50+10=65라는 숫자가 도출된다.

참고로 히브리어 22자는 다음과 같은 상징과 연결된다.

א(알레프):소, ב(베트):집, ג(김멜):낙타, ד(달레트):문, ה(헤):팔을 올린 사람, ו(바브):낚싯바늘, ז(자인):무기, ח(헤트):꼬인 타래, ט(테트):사인, י(요드):손, כ(카프):손바닥, ל(라메드):막대, מ(멤):물, נ(눈):물뱀, ס(사메크):물고기, ע(아인):눈, פ(페):입, צ(차디):화살, ק(코프):바늘귀, ר(레쉬):머리, ש(쉰):이빨, ת(타브):사인.

07 세피로트 특징

0. 음의 3겹 베일

생명나무 세피로트는 하나의 유기체를 형성한다. 빛이 방출되어 혈관을 타고 내려오면서 '세피라(Sephirah)'라는 용기에 빛이 담기면, 그 빛은 각각의 특성을 띠게 된다. 생명나무 세피로트는 인간 영혼의 구조도와 같다. 다음은 빛을 담는 각각의 그릇에 해당되는 세피라의 특성을 설명할 것이다.

우주가 현현하기 이전, 또는 빛이 생기기 이전의 상태는 다음과 같이 세 단계로 구분한다. 아무것도 없는 아인(Ayin), 무한대의 아인 소프(Ein Sof), 영원한 빛의 오르 아인 소프(Ohr Ein Sof)로 구분한다.

- Ayin (Nothing; אין) : 아무것도 없는, 무(無)
- Ein Sof (Limitlessness; אין סוף) : 무한대의, 한계가 없는
- Ohr Ein Sof (Endless Light; אור אין סוף) : 끝없는 빛, 영원한 빛

'아무것도 없는' 것이란, '아무것도 있는' 것과 같다. 아인(Ayin)이란 뜻

을 살펴보면, 'Nothing', '무(無)', '공허' 등으로 표현할 수 있다. 창조가 일어나지 않는 상태, 미동도 없고 움직임도 없는 상태는 마치 죽은 것처럼 아무것도 존재하지 않는 것처럼 보인다. 그러나 존재는 이미 존재하고 있으나 아무것도 없는 것처럼 보인다. 아인(Ayin)이란 그래서 '아무것도 없는' 이란 뜻으로 나타난다. 아인(Ayin)이 '없음(Nothing)'이라는 뜻이면, 소프(Sof)는 '한계(Limitation)'라는 뜻이다. 즉 '한계가 없음'이란 뜻이 아인 소프다. 그래서 아인 소프(Ein Sof)를 'Limitlessness', '끝나지 않음', '무한대' 라고 한다. 공허한 공간을 꽉 채워 존재하고 있는 존재는 빈 공간이 없기에 아무것도 없는 것처럼 보인다.

형태란, 빈 공간이 생길 때 비로소 형태가 인지되는 법이다. 아무것도 없는, 끝없이 공허한 공간은 허공이 아니라 무언가로 가득 찬 공간이다. 창세부터 마지막까지 영원에 이르는 에너지의 공간, 이 공간이 아인 소프(Ein Sof)이다. 이 아인 소프가 빛이라는 것을 인지했을 때 비로소 오르 아인 소프(Ohr Ein Sof)가 된다. 시작과 끝이 존재하지 않는, 시작과 끝이 동일한, 영원한 에너지가 무한대에 걸쳐 존재하고 있는, 빛으로 가득 채워진 무한 공간에 자신의 일부분을 덜어내어 빈 공간을 창조했다. 이것이 신의 첫 번째 창조이다.

어둠이라는 공간, 우주의 자궁, 아무것도 존재하지 않는 그림자와 같은 곳을 만들려 신은 자신의 빛을 철수시킨다. 이것은 곧 우주 본질의 첫 번째 희생이다. 이 빈 공간에 영원하고 무한한 빛이 쏟아져 들어왔을 때 비로소 이 빛이 광대하고 찬란하다는 것을 깨닫게 되었다. 이것이 신의 첫 번째 깨달음이었다. 스스로를 알지 못하다가 어둠 속에 등장한 한 줄기 빛으로 자신의 빛을 실감했던 것이다. 이렇게 한 줄기 빛인 케테르가 탄생하였다.

1. 케테르

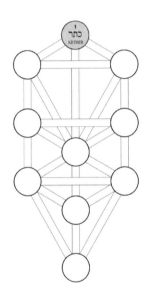

케테르(히브리어: כתר, KETHER)는 오르 아인 소프(Ohr Ein Sof)가 현현한 최초의 빛이다. 오르 아인 소프는 케테르의 뒤편에 무한대로 펼쳐져 있는 빛의 에너지원이다. 위아래가 없고 좌우도 없는, 그 어느 곳의 바깥부터 점점 중심을 향해 에너지가 모여지고 꽉 차오른 압력에 빛이 터져 나오는 빅뱅과 같은 것이 바로 케테르이다. 케테르는 세 겹 우주 자궁에서 최초로 생겨난 씨앗과 같다. 케테르가 어떤 빛일지는 아무도 모른다. 또한 어떤 힘과 어떤 특질을 가지고 있는지도 모른다. 그래서 케테르를 알 수 없는 숨겨진 힘이라고 한다. 즉 오르 아인 소프가 어떤 식으로 발현되는지 알 수 없다. 출처를 모르는 씨앗 하나가 어떻게 성장할지 알 수도 없고, 예측할 수도 없다. 그래서 케테르를 무한한 힘의 잠재력이 숨겨져 있는 곳으로 표현한다. 인간의 의지로 이 힘을 구분할 수도, 측량할 수도 없으며, 더불어 파악할 수도 없는 무형의 잠재 에너지를 품고 있는 곳이 바로 케테르이다. 신이 최초로 자기의 존재를 드러낸 것이다. 나 외에는 아무도 없다. 전부이자 전무이며, 최초이자 마지막 존재, 케테르는 바로 'I am'이다.

케테르는 신의 왕관(The crown)이다. 세피로트의 최상위에 위치하여 왕관을 쓰는 자리에 위치하고 있기 때문이다. 머리는 신체를 움직이는 명령자이다. 그래서 케테르는 가장 높은 곳에서 에너지를 내려주는 왕의 포지션에 해당된다. 케테르의 빛은 좌, 우, 중앙 이렇게 세 곳으로 에너지를 내려준다.

케테르는 상위 신과 세피로트를 연결하는 중매자이며, 신의 신성한 의지를 나타낸다. 좌측 비나와 우측 호크마의 균형을 유지하며, 아래로는 중앙통로의 티페레트와 연결되어있다. 케테르의 빛은 세 가지 경로로 방출되는데, 우측의 호크마, 좌측의 비나, 중앙의 티페레트로 전달된다.

케테르는 상위차원의 말쿠트에 해당된다. 케테르가 물질화되어 나타나는 것이 말쿠트이듯, 더 높은 상위차원의 말쿠트는 케테르로 현현된다.

케테르는 무(無)색이다. 아직 성격이나 특질이 발현되지 않은 상태, 색이 입혀지지 않은 상태에 해당되기 때문이다.

2. 호크마

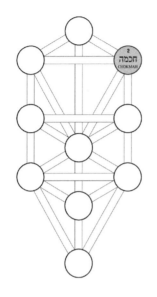

호크마(히브리어: חכמה, CHOKMAH)는 오른쪽 기둥의 최상위에 위치하며, 지혜(Wisdom)를 상징한다. 케테르에서 처음 흘러나온 빛이 호크마로 나타난다. 호크마는 케테르에서 나오는 무한의 빛을 흡수하고 받아들인다. 케테르가 잠재되어 있는 공허의 힘이라면, 호크마는 진정으로 존재하는 힘이라고 표현할 수 있다. 그러나 호크마 또한 케테르처럼 형태를 가지지 않기 때문에 이해할 수 없는 힘으로 존재한다. 케테르에서 뿜어 나오는 무한의 빛으로 나타나기 때문에 지혜가 꽉 찬 왕처럼 위엄 있고 모든 것을 다 아는 존재처럼 느껴진다.

호크마의 색상은 회색이다. 케테르의 빛이 조금 형체를 가지려고 하면서 흐릿한, 희미한, 명확함을 알 수 없는 안개와 같은 것으로 표현되는 것이다. 호크마는 케테르에서 에너지를 받고, 비나, 헤세드, 티페레트 3가지 경로로 에너지를 내려준다. 총 4개의 경로를 갖는다.

아담카드몬[23]에서 호크마는 오른쪽 뇌, 오른쪽 눈에 해당된다. 우뇌는 전체의식이며, 좌뇌는 부분의식이다. 즉 호크마의 에너지는 전체에

---

23   신의 형상대로 창조된 원형 인간

흘러들어가는 창조에너지이며 전체의식을 관(觀)하는 자리이다. 상위 정보는 호크마로 흘러들어오고 호크마는 모든 정보를 받아들여 지혜로 통합한다.

호크마는 아버지 자리에 위치하는 힘이다. 우리 영혼의 통찰과 직관을 추출하는 힘과 관련이 있다. 또한 호크마도 케테르처럼 구체적인 형체를 갖지 않기 때문에 측정할 수 없는 두려움을 내포하고 있다. 호크마는 창조계에서 지성의 의식을 만드는 첫 번째 힘에 해당된다.

3. 비나

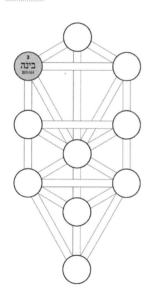

비나(히브리어: בינה, BINAH)는 왼쪽 기둥의 최상위에 위치하며, 이해(Understanding)를 상징한다. 비나는 케테르, 호크마, 게부라, 티페레트로 연결되는 4가지 경로를 가진다. 케테르와 호크마로부터 받은 에너지를 게부라와 티페레트로 전송한다.

비나는 빛을 잡아두는 첫 번째 영역에 해당된다. 어머니의 자궁과 같은 곳으로, 비나는 케테르의 빛을 담는 치마이자 그릇에 해당된다.

호크마가 아버지의 영역이라면, 비나는 어머니의 영역이다. 호크마 아버지의 빛을 받아 비나 어머니 자궁에서 형체가 만들어지기 시작한다. 케테르 – 호크마로 이어진 빛이 비나에 이르러서야 드디어 형체를 갖게 되는 것이다. 비나는 흩어지는 에너지를 붙잡아 놓으며 하나의 에너지장을 만든다. 이것은 하나의 집념이자, 집착이다. 붙들어 놓으려는 중력장을 형성한다. 쏟아져 흩어지는 우주의 에너지를 하나라도 놓치지 않고 꽉 붙들어 매려 한다. 블랙홀이 우주공간을 끌어당기듯 비나는 주변의 것들을 끌어당겨 모은다. 이곳에서 빛의 굴곡이 시작되는 것이다. 무한히 확장하려는 빛은 비나의 중력으로 당겨지고, 비나는 빛을 구부려 자신의 품 안으로 끌어당긴다. 삼각 형태로 무한 확장하는 빛을 구부려 원형의 형태로 감싸 안는다. 자신의 품 안에 빛을 받아들이듯, 빛을 품는 곳이 바로 비나이다.

호크마가 방출하는 화이트홀이라면 비나는 흡수하는 블랙홀에 해당된다. 블랙홀은 빛을 흡수하면서 빛을 구부린다. 그래서 비나는 형태를 만드는 힘이 된다. 비나에 이르러서야 비로소 세피로트가 형태를 갖으려는 의지가 생기는 것이다.

비나는 형태가 빚어지는 곳이기 때문에 형체를 볼 수 있고, 사물의 본질과 순수한 모습 또는 원초적 모습을 있는 그대로 보여주는 거울과 같은 곳이다. 그래서 비나를 '거울의 궁전'이라 부른다. 비나는 호크마라는 빛의 연료를 받아 세피로트라는 우주 창조물을 잉태한다.

블랙홀이 모든 것을 빨아들이듯, 검정색이 빛을 흡수하듯, 비나의 색상은 검정색이 된다. 또한 비나는 왼쪽 뇌, 왼쪽 눈에 해당된다. 비나는 어머니 역할을 맡고 있는 존재로 상징된다.

4. 헤세드

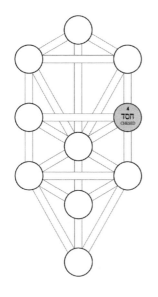

헤세드(히브리어: חסד, CHESED)는 생명나무의 네 번째 세피라에 속하며, 우측 기둥에 해당된다. 호크마, 게부라, 티페레트, 네짜흐로 연결되는 4가지 경로를 가진다. 호크마로부터 에너지를 받고, 게부라, 티페레트, 네짜흐로 방출한다. 호크마로부터 에너지를 온전히 받은 헤세드는 호크마를 닮았다. 케테르, 호크마, 비나가 지성의 삼각형을 이룬다면, 헤세드는 지성에 의한 움직임이 나타나는 첫 번째에 해당된다. 그래서 헤세드는 통합한 지성을 받아들이는 위치에 있다. 기둥으로는 우측기둥에 속하며, 선(善)에 해당되는 첫 번째 마음이다.

헤세드는 순수 본질에 가까운 빛을 방사한다. 통합된 지성의 순수 에너지체는 헤세드에서 방사되므로, 헤세드는 순수한 사랑, 순수의 빛을 내어주는 자비의 마음으로 표출된다. 그래서 헤세드를 자비(Mercy) 또는 신의 사랑이라 표현한다.

사랑이란 마음은 내어줌의 마음이다. 내가 아닌 너를 위해 순수하게 내어주는 마음이며, 나를 내어준다는 것은 나를 희생한다는 뜻이기도 하다. 헤세드는 케테르, 호크마, 비나가 만든 지성의 삼각형을 통해 받은 최초 형성된 신의 빛을 세피로트 아래로 무한 방사한다. 허용하고 받아들이고 내어주는 마음, 이 마음은 헤세드로 통한다. 헤세드의 색상은 하늘과 같은 파란색이다.

5. 게부라

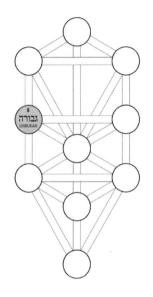

게부라(히브리어: גבורה, GEBURAH)는 생명나무 다섯 번째 세피라이다. 게부라는 왼쪽 기둥에 위치하며 헤세드의 반대편에 위치한다. 게부라는 비나, 헤세드, 티페레트, 호드로 연결되는 4가지 경로를 가진다. 비나와 헤세드로부터 에너지를 받고, 티페레트와 호드로 전달한다.

헤세드가 무한정 베풀어주는 마음이라면, 게부라는 분별하는 힘이다. 무한정 받아들인 빛을 게부라에 이르러서는 더 이상 허용하지 않는다. 받아들일 것은 받아들이고, 내보낼 것은 내보내어 에너지 경계를 만든다. 비나를 닮은 게부라 또한 형체를 만드는 세피라이다. 비나가 호크마로부터 무한정 받아들인 에너지를 끌어당겨 하나의 중력장을 형성하면서 형체를 만든다면, 게부라는 헤세드의 지성을 닮아 분별하는 힘이 높아졌다. 그래서 받아들일 것은 받아들이고 내보낼 것은 내보내면서 자신만의 에너지장을 형성한다. 예를 들어 좋아하는 것들을 모아놓으면 자신만의 정체성이 생기듯, 싫어하는 것을 밀어내도 자신만의 정체성이 생긴다. 게부라는 밀어내면서 자신만의 특성을 만들어가는 힘이다. 헤세드가 통합된 지성을 머릿속에 담고 있는 것이라면, 게부라는 통합된 지성을 온전히 습득하여 행동으로 나타내는 곳이다.

게부라에서 신의 모습은 심판자로 등장한다. 심판하는 자리는 힘과 권세가 있어야 하는 자리이다. 그래서 게부라를 힘(might)이라 부른다. 게부라는 엄격함의 기초이며, 불순물을 걸러내는 거름망에 해당된다. 이렇게 걸러진 에너지는 순수성 그 자체가 된다. 순수성을 유지하려는 과정이 어찌 보면 냉정하고, 어찌 보면 가혹해 보이겠지만, 이 또한 신의 순수성이요, 신의 사랑이다. 그래서 게부라를 가혹함(Severity)이라 부른다. 가혹함의 에너지는 질서를 만드는 과정에서 발생한다. 한편으로는 독단, 독선적으로 비춰지기도 한다. 이렇게 극단적이면서 가혹함을 이끌어내는 게부라는 어둠 또는 악처럼 비춰진다. 게부라는 에너지의 억제에 해당된다. 비나가 에너지를 가두어 억류한다면, 게부라는 좀 더 강압적으로 에너지를 차단하는 상태이다.

헤세드가 오른팔로 인연을 끌어안으면, 게부라는 왼팔로 인연을 밀쳐낸다. 헤세드가 자신의 에너지를 내어주면서 주변의 인연을 당기는 사람이라면, 게부라는 자신의 에너지를 거두어들이면서 주변의 인연을 밀어내는 사람이다.

게부라의 색상은 빨간색을 상징한다. 빨간색은 발산의 색이다. 정열적으로 타오르는 불처럼 게부라의 에너지는 불 에너지를 담고 있다.

6. 티페레트

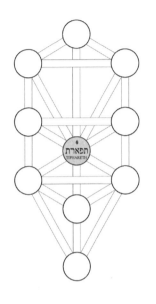

티페레트(히브리어: תפארת, TIPHARETH)는 생명나무의 중심을 차지하고 있는 6번째 세피라이다. 위로는 케테르, 호크마, 비나, 헤세드, 게부라, 아래로는 네짜흐, 호드, 예소드까지 사방팔방으로 연결되어있는 세피라가 바로 티페레트이다. 총 8개의 경로를 가지고 있다. 케테르, 호크마, 비나, 헤세드, 게부라가 모두 티페레트에게 아낌없이 빛을 부어주고 있다. 이렇게 받아들인 빛을 티페레트는 모두 통합하여 새로운 질서를 확립한 뒤, 네짜흐, 호드, 예소드로 방출한다. 티페레트는 사방팔방으로 빛나는 별처럼 보인다. 티페레트로 모여진 빛은 다시 티페레트에서 전 영역으로 빛을 방출시킨다. 마치 태양이 떠오르듯, 티페레트는 가장 완전한 빛이요, 가장 완전한 신의 모습이다. 중심에서 빛나는 태양이며, 심장이다. 한마디로 표현하면, 창조의 엔진이다. 이곳은 블랙홀과 화이트홀이 공존하고 남과 여가 하나 되며, 음과 양이 조화를 이루는 자리이다. 그래서 티페레트는 가장 아름다운 빛으로 통한다. 티페레트에게 붙여진 명칭들을 보면, 균형, 통합, 미, 기적, 영성 등으로 나타난다. 그만큼 티페레트는 가장 균형적이고 조화로운, 에너지가 가장 안정된 아름다움(Beauty)의 상태를 나타내기도 하다.

호크마와 헤세드가 위치한 우측 기둥이 팽창하는 힘(빛을 내어줌)이라면, 비나와 게부라가 위치한 왼쪽 기둥은 수축하는 힘(빛을 받음)이다. 그 가운데 중간 기둥은 균형과 조화를 맞추는 중심점이다. 티페레트는 중간 기둥의 가장 중심에 위치하여 사방으로 빛을 전달하는 연민의 마음을 내포하고 있다. 왕관의 위치에 있는 케테르로부터 직접적인 빛을 받을 수 있는, 차원을 낮춘 케테르에 해당되는 것이 티페레트다. 케테르는 차원을 낮추어 티페레트에 이르러서야 비로소 태양처럼 밝게 빛난다. 티페레트는 우리 태양계 중심인 태양이자 우리 인체의 중심인 심장에 해당된다.

티페레트는 회전이 일어나는 장소로, 아래로 내려가면서 극성이 바뀐다. 즉 에너지의 극적인 전환이 발생하는 장소이자, 세피로트의 중앙 볼텍스를 형성하는 지점이다. 극적인 전환이란, 극성의 바뀜을 뜻한다. 에너지가 한번 꼬여서 회전되는 곳이기에 보이지 않는 차원과 보이는 차원의 극성이 바뀌는 것이다. 다시 말해, 우측 호크마와 헤세드가 양의 속성이고 좌측 비나와 게부라가 음의 속성이었다면, 티페레트를 거치면서 좌측 호드는 양의 속성, 우측 네짜흐는 음의 속성으로 극성이 바뀌는 것이다.

모든 에너지의 변환은 새로운 형태가 탄생할 수 있도록 하는 희생을 담보로 한다. 그래서 티페레트는 희생의 장소이며 예수를 상징한다.

티페레트의 색상은 노란색이다. 게부라처럼 정열적이지는 않지만 온화하게 만물을 비추는 태양빛으로 나타난다. 게부라의 빛이 태우는 빛이라면, 티페레트의 빛은 만물을 생장시키는 적절한 빛이다.

중앙기둥의 케테르와 티페레트 사이에는 보이지 않는 다아트(Da'at)가 존재한다. 이 다아트는 죽음을 상징하며, 다아트라는 어둠 속에서 티페레트라는 태양이 솟아오르는 것이다. 즉 티페레트의 빛을 더욱 찬란하게 만들어주는 것이 어둠의 다아트이다. 티페레트 자리는 예수 그리스도의 자리에 해당된다. 하나님 아버지(케테르)의 아들, 독생자 예수 그리스도(티페레트)가 죽음 속(다아트)에서 부활하는 과정은 바로 카발라의 상징코드이다. (다아트는 뒤에서 다시 설명할 것이다.)

7. 네짜흐

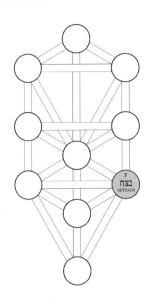

네짜흐(히브리어: נצח, NETZACH)는 우측기둥 헤세드 아래에 위치하는 7번째 세피라이다. 헤세드, 티페레트, 호드, 예소드, 말쿠트로 연결되는 5개의 경로를 가진다. 네짜흐는 헤세드와 티페레트로부터 에너지를 받고, 호드, 예소드, 말쿠트로 방출한다.

네짜흐는 헤세드의 자비와 티페레트의 생명력을 직접적으로 이어받은 대자연에 해당된다. 티페레트라는 태양빛을 받아 자연의 생명들이 자라듯, 네짜흐는 자연력의 힘을 발휘하는 곳이다. 네짜흐는 티페레트라는 왕의 명을 받드는 천사, 자연계 정령 등이 활동하는 곳이 된다. 태양빛을 받아 생명이 자라고, 대자연이 조화를 부린, 균형 잡힌 아름다움이 탄생되는 곳이다. 그래서 네짜흐를 승리(Victory), 영원으로 표현한다. 즉 창조의 행위가 왕성하게 이루어지는 곳이자, 무의식의 욕망이 생기는 곳이 바로 네짜흐이다. 또한 오랜 기다림 속에 태양의 빛을 비로소 받게 되는 자리이기에 지구력 또는 인내력이라 표현하기도 한다.

네짜흐는 자연의 생명들을 계속해서 복제하고 잉태하게 만드는 곳이기에 무의식의 욕망이 싹튼다. 천사와 정령들은 생명체들 사이에서 서로 짝을 이어주어 꽃을 피우고, 열매를 맺게 만든다. 즉 창조에 대한 욕망을 불러일으키며, 무엇이든 하고자 하는 동기를 부여한다. 이곳에는 대자연을 관리하는 신들, 이름하여 산(山)신, 강(江)신, 터신들이 활동하는 곳이 된다.

아담카드몬에서 네짜흐는 오른쪽 다리를 나타내며, 네짜흐의 색상은 대자연을 닮은 초록색이다.

8. 호드

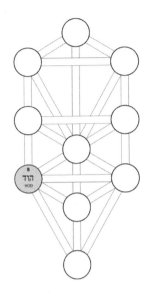

호드(히브리어: הוד, HOD)는 왼쪽기둥 게부라 아래에 위치하는 8번째 세피라 이다. 게부라, 티페레트, 네짜흐, 예소드, 말쿠트로 연결되는 5개의 경로를 가진다. 호드는 게부라, 티페레트, 네짜흐로부터 에너지를 받고, 예소드와 말쿠트로 방출한다.

호드는 티페레트의 생명력과 네짜흐의 자연력, 그리고 게부라의 분별력을 이어받아 에너지를 조율하는 마법사와 같다. 이곳이 바로 마법을 행하는 자리이다. 이곳에서 마법이 이루어진다.

신의 힘이 명령으로 내려가는 곳이기 때문에 그 힘은 빛나고, 영광스러우며, 화려함을 가지고 있다. 즉 에너지 차원에서 창조가 이루어지는 곳이다. 형태의 창조가 이루어지고, 상징적인 형태를 만들어가는 영역이다. 무형의 에너지에 형태를 부여하는 지적인 의식과 관련이 있다.

호드의 반대편에는 네짜흐가 있고 호드와 네짜흐는 음양처럼 서로 반대되는 속성을 지니고 있다. 네짜흐가 대자연의 질료라면, 호드는 질료를 이용하여 창조물을 만드는 행위자에 해당된다. 네짜흐가 감정적 욕망이라면, 호드는 이성적인 건설에 해당된다. 호드는 헤르메스, 토트, 아누비스 등 마법사와 연관이 있다.

호드의 색상은 주황색이다. 게부라의 빨간색과 티페레트의 노란색이 합해진 주황색으로 나타난다.

아담카드몬에서 네짜흐가 오른쪽 다리, 호드가 왼쪽 다리를 나타내는데, 네짜흐와 호드가 하나의 짝이 되어 행동으로 움직이고 실천하는 곳에 해당된다. 마찬가지로 게부라와 헤세드는 짝을 이루고 있으며, 게부라는 왼손, 헤세드는 오른손을 나타낸다.

9. 예소드

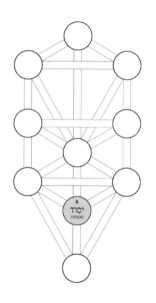

예소드(히브리어: יסוד, YESOD)는 생명나무 중앙 기둥에 위치하며 9번째 세피라이다. 예소드는 4개의 경로를 갖는다. 티페레트, 네짜흐, 호드의 에너지를 받아 말쿠트로 전달한다. 티페레트의 생명력, 네짜흐의 자연력, 호드의 창조력이 합해져 만들어진 창조물을 품고 있는, 출산을 준비하는 자궁에 해당된다. 예소드는 네짜흐와 호드의 균형을 잡아주고, 또 상위 세피라의 빛들을 받아내는 잔에 해당된다. 예소드는 창조물의 씨앗을 품고 있는 자궁이며, 이곳에서 때를 기다린다. 즉 이곳은 창조물의 기초 토대가 만들어지는 곳이다. 예소드는 영혼대기소와 같은 곳으로, 육신을 받을 영혼이 기다리는 곳이다. 이곳에서 질량이 꽉 차오르면 시와 때를 맞춰 말쿠트로 잉태한다.

예소드와 말쿠트 두 가지를 놓고 볼 때, 예소드는 상위차원의 모든 에너지를 끌어모아 말쿠트에게 방출하기 때문에 예소드를 양으로 두고, 그 에너지를 받는 말쿠트를 음으로 보기도 한다. 상위 차원의 에너지를 받는 입장에서는 음이지만 하위차원으로 에너지를 방출하는 입장에서는 양인 셈이다. 예소드를 인체 차크라에 상응시키면 스와디스타나 차크라(단전·자궁)와 상응한다. 색상은 좌측 기둥의 붉은색과 우측 기둥의 푸른색을 통합한 보라색으로 표현된다.

10. 말쿠트

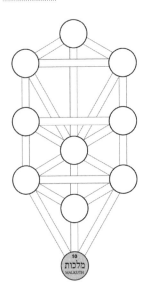

말쿠트(히브리어: מלכות, MALKUTH)는 창조물이 물질화되어 나타나는 장소로, 10번째 세피라이다. 3개의 경로를 갖는데, 네짜흐, 호드, 예소드로부터 에너지를 받는다. 모든 에너지를 받는 곳이 바로 말쿠트이다. 반면에 모든 에너지를 주는 곳은 케테르이다.

말쿠트는 하나님이 육화하여 직접 드러나는 순간이다. 예소드라는 자궁에 품고 있던 창조물이 기초를 다져 탄생하는 곳이 바로 말쿠트이다. 말쿠트로 나온 창조물은 곧 육화된 하나님이다. 그래서 말쿠트에게는 물질의 왕권이 부여된다. 케테르의 물질적 모습은 말쿠트로 드러난다. 즉 케테르가 차원을 가장 낮춰 나타날 수 있는 모습이 말쿠트이다. 케테르의 빛으로부터 가장 멀리 있지만 가장 닮은 모습을 하고 있는 곳이 바로 말쿠트이다. 그래서 말쿠트는 하위차원의 케테르가 된다. 케테르의 영광이 땅에 임하여 말쿠트의 왕국을 만든다.

세피로트의 모든 속성을 담은 말쿠트는 세피로트의 씨앗에 해당된다. 또한 모든 에너지를 받아내는 곳이기에 음으로 상징되며, 티페레트의 신부로 여겨진다. 음의 형태를 가장 잘 포함하고 있는 세피라는 비나와 말쿠트이다. 비나가 빛을 담는 그릇이라면, 말쿠트는 세피로트의 모든 행위와 결과를 담는 그릇이 된다. 따라서 비나가 상위차원의 어머니라면, 말쿠트는 하위차원의 어머니가 된다.

세피로트의 모든 에너지를 품고 있는 말쿠트의 색상은 풀색을 품은 노란색 혹은 똥색과 유사하나, 좀 더 자세히 나누자면 네 가지 색상으로 표현할 수 있다. 레몬색, 올리브색, 적갈색, 검정색으로 나타낼 수 있다.

케테르를 세피로트의 큰 얼굴(Macroprosopus)이라 한다면, 말쿠트는 세피로트의 작은 얼굴(Microprosopus)라 할 수 있다. 카발라에서는 큰 얼굴을 아리치 안핀(Arich Anpin)이라 하고, 작은 얼굴을 제르 안핀(Zeir Anpin)이라 한다. 큰 얼굴이 거시적 우주에 해당된다면, 작은 얼굴은 미시적 우주에 해당된다. 세피로트는 미시적 우주가 촘촘히 가득 채워진 하나의 거시적 우주에 해당된다.

　위 그림은 아담카드몬을 상징적으로 나타낸 카발라 상징화이다. 세
피로트의 경계선을 붉은 얼굴을 하고 있는 아담카드몬이 동심원을 그
리며 둘러싸고 있다. 아담카드몬의 머리 부근은 근원을 상징하는 할아
버지 모습 즉 큰 얼굴의 아리치 안핀이 있고, 아담카드몬의 안쪽으로
는 작은 얼굴의 제르 안핀이 존재한다. 동심원의 중심은 작은 얼굴의
아담카드몬의 성기가 위치하고 있으며, 세대에서 세대로 이어져 온, 즉
할아버지, 아버지, 아들로 이어지는 성령, 성부, 성자를 나타낸 것이기
도 하다.

08 세피로트 구조

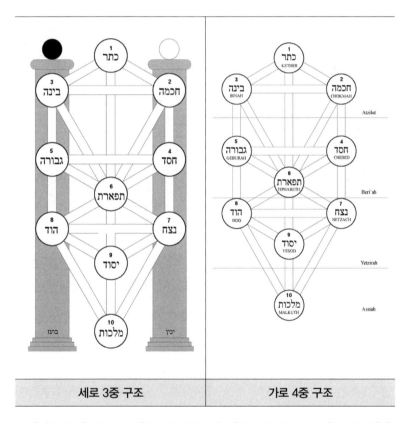

세로 3중 구조	가로 4중 구조

세피로트의 구조는 세로 3중 구조와 가로 4중 구조로 나눌 수 있다.
세로 3중 구조가 세피로트의 특성을 알 수 있는 기둥이라면, 가로 4중

구조는 세피로트의 에너지 차원을 나타낸다.

세로 3중 구조는 에너지를 내어주는 우측기둥과 에너지를 가두는 좌측기둥 그리고 중심을 지키는 중앙기둥 이렇게 3가지 기둥으로 나눌 수 있다.

가로 4중 구조는 위에서부터 아찔루트 - 방출계(Emanation), 브리아 - 창조계(Creation), 예찌라 - 형성계(Formation), 앗시아 - 물질계(Action)로 나눌 수 있다. 또한 6차원, 5차원, 4차원, 3차원으로 나눌 수도 있으며, 코잘체**24**, 멘탈체, 아스트랄체, 육체로도 나눌 수 있다.

세로 3중 구조

세피로트 3중 구조는 세피로트를 만드는 기둥 또는 뼈대에 해당된다. 빛과 어둠의 음양 기둥과 이것의 균형을 잡아주는 중앙의 균형 기둥 이렇게 3개의 기둥으로 나눌 수 있다.

우리가 속해 있는 이 우주를 물질우주라 할 때, 케테르의 빛이 물질 우주로 들어오게 되면 두 개의 속성으로 갈라진다. 하나였던 것이 두 개로 갈라지면서 삼각을 만들고 이것이 무한대로 퍼져나가듯, 케테르의 빛은 호크마와 비나로 나뉜다. 호크마가 무한정 빛을 방출하는 힘이라면, 비나는 무한정 흡수하는 힘이다. 방출하려는 힘과 흡수하려는 힘이 케테르의 빛을 물질우주로 끌어당기고 있는 것이다. 이렇게 물질 우주로 무한정 들어오는 빛들이 헤세드와 게부라에 이르면, 헤세드는

---

24   코잘체는 Causal Body라고 하며, 인과관계를 형성하는 에너지체에 해당된다.

빛을 분배하고 나누려 하고, 게부라는 빛을 제한하고 규제한다. 즉 헤세드와 게부라에 이르러서 빛의 길이 만들어지게 되는 것이다.

비나와 호크마가 서로 반대되는 속성이듯, 헤세드와 게부라도 서로 반대되는 속성을 지니고 있다. 좌측기둥의 축을 이루는 비나와 게부라가 제어하고 억제하는 힘이라면, 우측기둥의 축을 이루는 호크마와 헤세드는 방출하고 확장하는 힘이다. 비나와 게부라가 비슷한 속성을 지니고 있듯, 호크마와 헤세드도 비슷한 속성을 지니고 있다. 비나는 빛을 흡수하여 진공상태를 만들면서 형태를 만들고, 게부라는 불필요한 에너지를 밀어내면서 형태를 만든다. 그래서 비나와 게부라는 형태를 만드는 역할을 한다.

케테르의 무한정 방출되는 빛의 방출이 비나와 호크마로 내려가면, 비나는 빛을 흡수하여 빛이 없는 어둠의 진공 공간을 만들고, 호크마는 빛을 방출하며 빛의 공간을 만든다. 빛을 흡수하여 빨아들이는 비나가 있기 때문에 공간의 휘어짐이 발생하고 이렇게 조절된 빛은 헤세드로 넘어간다. 헤세드는 다시 빛을 채워 넣으며 경계 있는 우주 공간을 만든다. 헤세드라는 공간에 빛이 채워지면서 다시 무한 확장하려 할 때, 게부라가 등장하여 불필요한 에너지를 분리해 낸다. 즉 담을 것은 담고 버릴 것은 버리면서 하나의 특성이 있는 에너지 공간을 형성해 나간다.

비나는 빛을 먹어버리고, 게부라는 빛을 밀어내기 때문에 좌측 기둥은 수축시키는 속성과 어둠의 속성을 띠고 있는 것처럼 보인다. 그러나 비나와 게부라가 없다면, 이 물질우주 자체는 형성되지 않았다. 게부라가 만든 우주의 경계 속에 티페레트가 들어오면서 찬란한 태양빛이 떠오른다.

티페레트는 중앙 기둥에서 상위 차원의 빛들을 모두 받아들여 세피로트 전체로 방사시킨다. 티페레트는 블랙홀과 화이트홀을 모두 품고 있는 볼텍스이다. 상위차원의 빛들은 티페레트를 통해 하위차원으로 흘러 들어가는데 이때 회전이 발생한다. 티페레트는 상위 차원의 빛을 받는 예소드이자, 하위 차원에 빛을 내려주는 케테르가 된다.

티페레트에서 세피로트의 엔진이 만들어지는 것이다. 이 엔진이 돌아가면 티페레트의 생명의 빛을 받아 네짜흐와 호드가 만들어진다. 이 엔진에서 발생한 회전 때문에 아래로 내려가면 음양이 뒤바뀐다. 네짜흐와 호드에서는 실질적으로 일을 하는 하위 신들(천사, 정령 등)이 탄생하게 된다.

네짜흐가 대자연의 원소라면, 호드는 대자연을 운행하는 힘이 된다. 네짜흐는 자신의 원소들을 호드에게 내어주면, 호드는 대자연 원소를 가지고 마법을 부려 창조를 시작한다. 이때 대자연 속에서 쓸 원소와 버릴 원소가 정해지고, 이러한 재료들을 혼합하여 창조행위가 이뤄진다. 그래서 호드 또한 비나와 게부라처럼 형태를 만드는 세피라에 해당된다. 호드에서 만들어진 창조물은 예소드에서 대기하다가 시와 때가 맞아떨어질 때 말쿠트로 탄생한다. 드디어 창조의 결과물이 탄생한 것이다. 말쿠트는 세피로트의 모든 에너지를 담고 있는 에센스이자 세피로트의 씨앗이다.

세로 3중 구조의 기둥들을 다음과 같이 부른다.

- 우측기둥을 자비의 기둥
- 좌측기둥을 공의의 기둥
- 중앙기둥을 균형의 기둥

  우측기둥이 신의 자비로운 속성을 담고 있다면, 좌측기둥은 신의 엄격한 속성이 담겨있다. 그리고 중앙기둥은 신의 균형과 조화로운 속성을 담고 있다. 우측기둥이 빛을 내어주는 역할을 한다면, 좌측기둥은 빛을 제한하면서 형태를 만들어간다. 우측기둥은 (+)속성이고, 좌측기둥은 (−)속성이며, 중앙기둥은 (0)속성이다. 우측이 아버지 영역이라면, 좌측은 어머니 영역이 되며, 우측이 아니무스(Animus), 좌측이 아니마(Anima)[25]가 된다. 아니마와 아니무스는 무의식 속에 존재하는 음양이다. 남성의 무의식 속에 아니마가 존재하고, 여성의 무의식 속에 아니무스가 존재한다.

  우측 기둥은 무한방출하려는 힘이 강하고, 좌측 기둥은 그 힘을 제어하려는 속성이 강하다. 호크마의 빛을 제한하는 것은 비나이고, 헤세드의 빛을 제어하는 것은 게부라이며, 네짜흐의 빛을 거르는 것이 호드이다. 서로 반대되는 속성의 세피라가 한 쌍이 되어 서로를 견제하기도 하고, 보호하기도 하며, 서로를 비춰주기도 한다.

  우측기둥에는 호크마, 헤세드, 네짜흐가 위치하고, 좌측기둥에는 비나, 게부라, 호드가 위치하며, 중앙의 기둥에는 케테르, 티페레트, 예소드, 말쿠트가 위치한다.

---

25 융의 철학에서 나온 용어로, 남성의 무의식 속에 존재하는 여성성을 아니마(Anima)라하고, 여성의 무의식 속에 존재하는 남성성을 아니무스(Animus)라고 한다.

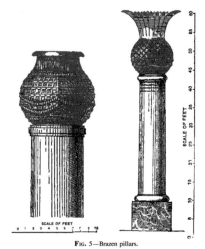

Fig. 5—Brazen pillars.

솔로몬 성전 기둥 모형도

• 야킨과 보아즈(Jakin and Boaz)

세피로트의 양쪽 기둥에는 다음과 같이 쓴다. 우측 기둥은 야킨(יכין), 좌측 기둥은 보아즈(בועז)라고 히브리어로 쓴다. 야킨과 보아즈는 솔로몬 성전 현관 앞에 세워졌던 두 개의 놋 기둥으로, 오른쪽에 위치한 기둥을 야킨(Jachin), 왼쪽에 위치한 기둥을 보아즈(Boaz)라 불렀다. 야킨은 '그분이 일으키신다'라는 뜻이고, 보아즈는 그 안에 '능력이 있다'라는 뜻이다. 이것은 오른쪽 기둥이 뜻을 세우면, 왼쪽 기둥이 능력을 발휘하는 것으로, 창조자의 권능과 위엄을 나타내는 말이다.

솔로몬 성전은 솔로몬이 즉위한 뒤 세워진 성전이다. 이 성전은 카발라 상징체계를 담은 카발라 설계도에 의한 성전이라고 볼 수 있다. 솔로몬 성전 건축에 관한 이야기는 구약성서에 자세히 기록되어 있다. 히브리인의 경전인 성경에는 카발라 상징체계가 상징적으로 들어가 있으나 대부분의 사람들은 표면적 교리만 알 뿐, 이 안에 담긴 비의적 해석은 잘 모른다.

솔로몬 성전에 있던 야킨과 보아즈의 모습은 다음과 같이 전해진다. 두 기둥 속은 모두 비었으며, 기둥머리는 공처럼 둥글고, 공 모양은 바둑판 모양으로 얽혀져 있으며 사슬 모양으로 땋은 뒤, 백합과 석류로 장식하였다.[26] 이 기둥은 예루살렘이 바벨론에 의해 함락될 때 칼데아 사람들이 무너뜨려 가져갔다고 알려져 있다.

다음 그림은 야킨(J)과 보아즈(B)가 들어간 카발라 상징화이다.

먼저 위 카발라 상징화 그림은 좌우 세피로트가 뒤바뀌어 있는데, 이는 세피로트의 반대 방향에서 바라본 모습에 해당된다. 좌측 기둥 중간에는 야킨을 나타내는 〈J〉가 쓰여 있고, 우측 기둥 중간에는 보아즈를 표시하는 〈B〉가 있다. 야킨은 해(☉)를 이고 있고, 보아즈는 달(☽)을 이고 있다. 야킨은 아버지(PATER)에 해당되고, 보아즈는 어머니(MATER)에 해당된다. 야킨의 기둥 위에는 불원소(△)의 상징이 보이고

26 구약성서 왕상 7:13-22; 대하 3:17

아래에는 공기원소(△)의 상징이 있다. 또한 보아즈의 기둥 위에는 물원소(▽)의 상징이 보이고 아래에는 흙원소(▽)의 상징이 있다. 두 개의 기둥에는 장미 넝쿨이 회전하면서 기둥을 올라타고 있다. 또한 태양과 달 사이에 위치한 다섯 개의 행성(순서대로 금성, 목성, 수성, 토성, 화성)이 수성(☿)을 통해서 원형 판으로 빛을 내려 영향을 주고 있다. 금성(♀)과 목성(♃)은 야킨 쪽에, 토성(♄)과 화성(♂)은 보아즈 쪽에 위치하며, 그 중심에는 중성인 수성(☿)이 위치하고 있다. 수성은 마법을 행하는 헤르메스로 상징되며, 물질과 정신을 연결하는 중개자에 해당된다. 그림의 상단 부분에는 조디악(12sign)의 표시가 위치하고 있는데, 야킨 쪽에는 양자리(♈)가 위치하고, 보아즈 쪽에는 물고기자리(♓)가 위치하고 있다. 양자리는 양의 속성을 지니고 있고, 물고기자리는 음의 속성을 지니고 있다.

가로 4중 구조

생명나무 세피로트는 가로 4중 구조를 갖는다. 즉 하나의 우주를 4개의 세계로 구분할 수 있다. 물질화가 이루어지는 말쿠트를 제외한 각각의 세계는 세 개의 세피라가 삼각형을 이루고 있다. 첫 번째 삼각형은 케테르, 호크마, 비나로 이루어진 정삼각형이고, 두 번째 삼각형은 헤세드, 게부라, 티페레트로 이루어진 역삼각형이다. 세 번째 삼각형도 역삼각형의 형태로 이루어져 있으며, 네짜흐, 호드, 예소드로 이루어져 있다. 네 번째는 마지막 말쿠트에 해당된다.

첫 번째 삼각형은 우주의 기본입자가 되는 삼각형으로, 방출의 세계 (아찔루트계)이다. 이곳에서 신의 빛이 무한 방출된다. 두 번째 삼각형은 창조의 세계(브리아계)이며 이곳에서 창조의 설계가 이루어진다. 세 번째 삼각형은 형성의 세계(예찌라계)이며 이곳에서 창조의 입자들이 형성된다. 네 번째 세계(앗시아계)는 창조물의 움직임이 일어나는 움직임의 세계가 된다.

1. 방출(Emanation)의 세계는 아찔루트계라고 불리며, 신이 주관하는 세계이다.
2. 창조(Creation)의 세계는 브리아계라고 불리며, 대천사가 주관하는 세계이다.
3. 형성(Formation)의 세계는 예찌라계라고 불리며, 천사단이 주관하는 세계이다.
4. 움직임(Action)의 세계는 앗시아계라고 불리며, 자연계 힘의 센터이다.

• **아찔루트계(방출계)**

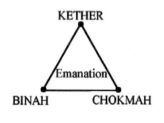

아찔루트(히브리어: אצילות, Atzilut)계는 4중 구조 첫 번째 삼각형으로, 방출의 세계(Emanation)이다. 케테르, 비나, 호크마가 속한 아찔루트계는 신이 주관하는 세계이다.

케테르는 상위차원의 말쿠트에 해당된다. 케테르는 새로운 우주의 시작이며, 이전 차원의 에너지를 가득 담은 채 무한 잠재의 힘을 내재하고 있는 곳이다. 이 케테르에서 빛의 방출이 시작되면 빛은 두 갈래로 나뉘면서 호크마와 비나로 방출된다. 호크마가 양이라면, 비나는 음에 해당되며, 최초 빛의 양극성을 만들어낸다.

케테르, 호크마, 비나 이 세 가지 빛의 특성이 삼각형을 이루면서 흘러나오고, 각 성질은 아래 세계로 전달된다. 이곳에서는 신의 명령이 만들어진다. 상위 차원의 무한한 에너지가 쏟아져 들어오고, 아찔루트계에서는 이러한 에너지를 한 방향으로 모아 하위 차원으로 내려준다. 이곳은 최상위에 해당되는 위치이기 때문에 하위차원으로 에너지를 내려주는 빛의 방출만이 있을 뿐이다. 광명의 빛이 내려지고 신의 명령이 생성된다. 신의 명령은 영감으로 떠오른다. 신은 위에서 아래를 굽어본다. 그래서 나보다 위에 있는 에너지는 모두 신 에너지가 되는 법이다.

케테르, 비나, 호크마는 우리 인체의 머리에 해당된다. 외부에서 들어오는 정보는 좌뇌, 우뇌를 거쳐 머리에서 통합된다. 신의 영감과 에너지는 아찔루트계로 들어오고, 들어온 정보는 머리에서 분석하고 정리하여 브리아계로 넘어간다.

아찔루트계는 최초 에너지원을 만드는 계이다. 4원소 중 불 원소에 해당되며, 타로카드에서는 지팡이(Wand)에 해당된다. 구름 속 어디선가 불쑥 나타난 하나의 생각, 이 생각이 곧 신의 생각이요, 신의 영감이다.

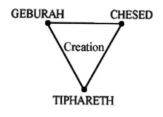

• 브리아계(창조계)

브리아(히브리어: בריאה, Beri'ah)계는 4중 구조 두 번째 삼각형으로, 창조의 세계이다. 헤세드, 게부라, 티페레트가 속한 브리아계는 대천사가 주관하는 세계이다.

아찔루트계에서 에너지를 방출하여 브리아계로 전달하면, 브라아계에 속한 게부라와 헤세드는 힘겨루기를 한다. 헤세드는 계속해서 빛을 방출하려 하고, 게부라는 빛을 제한하려 한다. 게부라는 불순물을 밀어내고 이렇게 걸러진 빛은 티페레트에서 모아진다. 티페레트는 첫 번째 볼텍스가 되며, 블랙홀과 화이트홀을 가지고 있는 에너지 중심센터가 된다. 이곳에서 모아진 빛은 아래 세계 전체로 방출이 이어진다. 즉 새로운 창조가 일어난 것이다.

케테르가 비나와 호크마의 균형을 맞추듯, 티페레트는 헤세드와 게부라의 균형을 맞춘다. 케테르가 할아버지가 되어 균형을 맞추는 것이라면, 티페레트는 아들이 되어 균형을 맞추는 것이다. 티페레트는 케테르의 분신이며, 하느님 아들의 자리이자 그리스도의 자리이다. 브리아계는 4원소 중 물에 해당되며, 타로카드에서는 잔(Cup)에 해당된다.

- **예찌라계(형성계)**

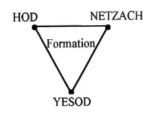

예찌라(히브리어: יצירה, Yetzirah)계는 4중 구조 세 번째 삼각형으로, 형성의 세계이다. 네짜흐, 호드, 예소드가 속한 예찌라계는 천사군단이 주관하는 세계이다.

티페레트에서 방출된 에너지는 예찌라계로 넘어온다. 예찌라계에는 네짜흐, 호드, 예소드가 위치한다. 브리아계의 대천사들이 에너지를 창조하여 예찌라계로 넘기면 예찌라계에서는 천사단이 명령을 받아 수행한다. 서양으로 치면 자연정령 등이 역할을 하는 세계이고, 동양으로 치면 산신, 강신, 터신 등이 활동하는 것으로 볼 수 있다.

대자연 관리자들은 네짜흐이고, 대자연 기획자들은 호드이다. 네짜흐가 자연력이라면, 호드는 마법력에 해당된다. 자연 원소를 가지고 창조물을 생성해내는 마법사가 바로 호드이다. 네짜흐와 호드에서 완성된 에너지는 예소드로 보내지고, 예소드에서 모든 정보가 통합된다. 예소드는 일종의 거름망 역할을 한다. 에너지를 농축시키는 역할을 한다. 물질화를 시킬 것인가? 시키지 않을 것인가? 예소드를 통과할 것인가? 통과하지 못할 것인가는 예소드의 허용에 달려있다. 이렇게 예소드라는 자궁을 통해서 물질화되어진 것은 말쿠트를 통해 세상으로 나오게 된다. 이때부터는 인간들이 움직이기 시작하는 단계로 들어온다. 예찌라계는 4원소 중 공기 원소에 해당되며, 타로카드에서는 검(Sword)에 해당된다.

- **앗시아계(움직임계)**

앗시아(히브리어: עשׂיה, Assiah)계는 4중 구조 네 번째이자 마지막 부분으로 움직임의 세계이다. 말쿠트가 여기에 해당되며, 자연계 힘의 센터이다.

신의 에센스가 물질화되어 나온 것이 바로 말쿠트이다. 말쿠트는 신의 압축된 형태이며, 신의 창조물이자 신의 화신에 해당된다. 또한 말쿠트는 새로운 차원으로 들어가는 케테르가 되기도 한다. 말쿠트 속에는 신의 모든 속성이 함축되어있다. 그래서 말쿠트를 왕국이라고 부르는 것이다. 인간은 말쿠트에 해당된다. 인간 안에 신의 세피로트가 모두 담겨있고 신의 화신으로 활동한다. 그래서 인간은 신의 왕국이 된다. 앗시아계는 4원소 중 흙 원소에 해당되며, 타로카드에서는 동전(Pentacle)에 해당된다. 동전은 모든 가능성의 에너지를 담고 있는 물질이자 움직임의 에너지원이다.

아찔루트, 브리아, 예찌라, 앗시아 이 4계에는 각각의 원소성질을 부여할 수가 있다. 아찔루트는 불원소, 브리아는 물원소, 예찌라는 공기원소, 앗시아는 흙원소에 해당된다. 흙원소에 이르러 물질이라는 형상이 빚어지는 것이다. 뒤에 자세히 설명하겠지만 신성한 하느님 이름 글자 네 글자인 테트라그라마톤(Tetragrammaton)으로 나타내면, 아찔루트계는 요드(י), 브리아계는 헤(ה), 예찌라계는 바브(ו), 앗시아계는 헤(ה)로 나타낸다. 통합하면 요드헤바브헤(יהוה)이며, 영문으로는 YHWH이다. 마찬가지로 4계를 타로카드에 상응시키면, 아찔루트계는 지팡이, 브리아계는 잔, 예찌라계는 검, 앗시아계는 동전에 해당된다.

아찔루트, 브리아, 예찌라, 앗시아를 인체 에너지계로 나타내면, 아찔루트는 코잘체, 브리아는 멘탈체, 예찌라는 아스트랄체, 앗시아는 육체로 나타낼 수 있다. 4개의 장갑을 겹겹이 끼듯, 우리의 인체는 4개의 차원을 겹겹이 입고 있는 것이다.

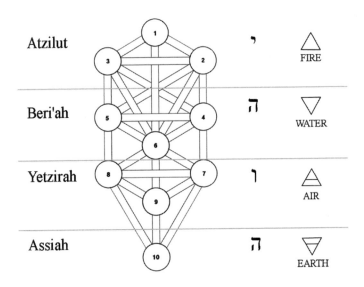

사다리 구조

세피로트 4계(아찔루트, 브리아, 예찌라, 앗시아)는 야곱의 사다리 방식으로 구분할 수 있다. 가장 높은 곳의 세피로트가 아찔루트계이고, 가장 낮은 곳의 세피로트가 앗시아계이다.

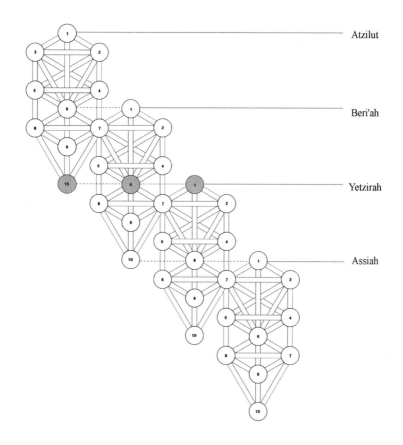

Atzilut

Beri'ah

Yetzirah

Assiah

　우리가 속해있는 물질우주는 다른 차원의 말쿠트에서 탄생한 우주
이다. 수억 겹의 차원이 중첩되는 가운데 만들어진 하나의 세계에 속
한다. 다중차원으로 겹쳐진 우주 가운데 우리가 속해있는 물질우주의
구조가 형성되기 시작하는 곳은 예찌라계이다. 따라서 예찌라계를 중
심으로 살펴보면, 아찔루트계의 말쿠트(10)가 브리아계의 티페레트(6)
가 되며, 예찌라계의 케테르(1)가 된다. 이것이 다시 앗시아계로 차원을
낮추면, 브리아계의 말쿠트가 예찌라계의 티페레트가 되며, 앗시아계의

케테르가 된다.

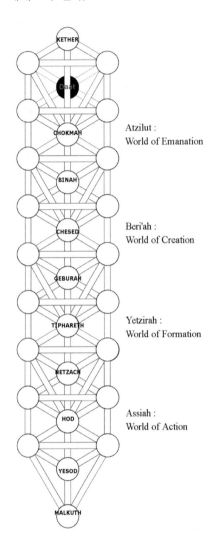

Atzilut :
World of Emanation

Beri'ah :
World of Creation

Yetzirah :
World of Formation

Assiah :
World of Action

위에 사다리 구조를 하나의 사다리로 겹쳐서 그리면 좌측의 그림과 같이 나타낼 수 있다. 중앙 기둥에는 각각의 세피라를 순서대로 채워 넣는다. 맨 위 케테르부터 시작하여 말쿠트까지 순서대로 내려온다.

각 영역의 티페레트(빛)를 살펴보면, 아찔루트계는 호크마, 브리아계는 헤세드, 예찌라계는 티페레트, 앗시아계는 호드가 티페레트 영역에 위치하게 된다. 호크마, 헤세드, 티페레트, 호드는 양의 속성이다.

호크마, 헤세드는 우측에 위치하는 양의 하나님이 되고, 예찌라계의 티페레트에서 회전을 하게 되면 극성이 바뀌어 호드가 양의 하나님이 된다. 호드는 원래 음의 속성인 좌측 기둥에 속해있지만, 티페레트에서 회전이 생겨 음양이 뒤바뀌게 되므로 호드가 양, 네짜흐가 음이 된다.

마찬가지로 각 영역의 다아트(어둠)를 살펴보면, 아찔루트계는 다아트, 브리아계는 비나, 예찌라계는 게부라, 앗시아계는 네짜흐가 된다. 다아트, 비나, 게부라, 네짜흐는 음의 속성이다. 비나와 게부라는 좌측 기둥에 있고, 우측 기둥에 있는 네짜흐는 회전이 발생하면서 음의 속성을 띠게 된다.

원형 디스크 구조

카발라 세피로트를 다른 식으로 표현한 이미지 중에 원형의 디스크판 같은 이미지가 있다.

좌측에 하나의 도식적인 도표로 표현한 원형 디스크는 바깥으로부터 안쪽으로 점점 더 작아지는 동심원의 형태로 나타난다. 마치 회전하는 음반 디스크처럼 생긴 모양이다.

이 디스크 모양은 5가지 경계로 나뉘며, 이것은 인간원형을 상징하는 아담카드몬을 나타낸다. 아담카드몬 안에는 아찔루트계, 브리아계, 예찌라계, 앗시아계가 모두 포함되어있다. 아담카드몬은 아인소프(음의 베일)와 세피로트의 중개자에 해당되며, 최외각을 차지한다. 즉 동심원의 막이 아담카드몬에 해당된다. 최외각층에 들어서자마자 아찔루트계가 나타나고, 순차적으로 브리아계, 예찌라계 그리고 마지막으로 앗시아계가 중심을 향해 더 깊이 들어간다. 즉, 이 디스크판은 바깥의 원으로부터 창조가 시작되어 원 중심쪽으로 진행된다. 원 중심이 가장 낮은 차원의 물리적 영역이자, 밀도가 가장 높은 물질적 차원에 해당된다. 바깥의 큰 원 부분이 케테르의 영역이라면, 원 중심의 점은 말쿠트에 해당된다. 동심원의 바깥 주변 공간은 무한 신성의 아인 소프이다. 최외각으로부터 창조가 진행되고 이 창조는 원 안으로 더 디테일하게 들어온다. 각 층의 방출은 아래 차원 즉 원 중심쪽을 향하고 가장 낮은 차원인 말쿠트는 모든 에너지를 담고 있는 에센스가 된다. 창조의 작업은 바깥으로부터 진행되어 밀도를 낮추어 중심으로 들어온다. 이것이 창조가 일하는 방식이다.

위의 디스크판이 평면의 형태라면, 다음 그림은 위 디스크판을 입체적으로 그려본 그림이다.

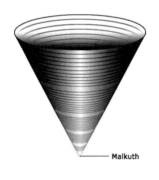

원뿔의 위쪽 넓은 원형이 케테르에 해당된다면, 맨 아래 원뿔의 꼭짓점 부분은 말쿠트에 해당된다. 즉 케테르가 큰 원에 해당된다면, 말쿠트는 케테르의 에너지가 점차 압축되어 나타나는 점에 해당된다. 상위차원의 에너지는 회전형태의 볼텍스를 그리면서 점점 압축되어 내려와 말쿠트의 점 형태로 표출된다.

모든 창조 만물의 형태는 회전하는 원뿔 즉 볼텍스 형태를 띠고 있다.

촛대 구조

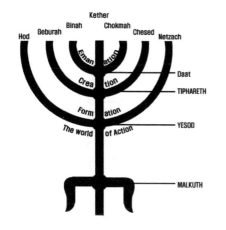

생명나무 세피로트는 일곱 촛대구조로 설명할 수 있다. 7개의 불을 켤 수 있는 촛대를 메노라(히브리어: מנורה, Menorah)라고 하는데, 메노라는 육각별과 더불어 유대교의 전통적인 상징이미지로 통한다. 고대 예루살렘 성전에서는 메노라에 불을 붙일 때, 가장 우수한 올리브 오일을 사용하여 램프를 켰다. 메노라는 고대 유대교의 상징이자 현대 이스라엘의 국가 국장이기도 하다.

위의 그림을 보면, 촛불을 켤 수 있는 촛대는 총 7개이며, 중앙의 촛대에는 케테르가 위치한다. 왼쪽 촛대쪽으로는 비나, 게부라, 호드가 위치하고, 오른쪽 촛대쪽으로는 호크마, 헤세드, 네짜흐가 위치한다. 수직으로 촛대의 중심에는 다아트, 티페레트, 예소드가 위치하고, 촛대를 받치는 다리 중심에는 말쿠트가 위치한다.

가장 작은 중앙의 첫 번째 반원 안쪽은 방출의 세계(아찔루트)이고, 두 번째 반원의 안쪽은 창조의 세계(브리아)이며, 세 번째 반원의 안쪽은 형성의 세계(예찌라)이고, 네 번째 세계는 반원의 바깥부분 즉 움직임의 세계(앗시아)이다.

메노라는 생명나무 세피로트와 거의 유사한 상징도구이다. 메노라는 토라(성경)에 등장한다. 야훼께서 모세에게 메노라에 대한 디자인을 알려주는데 그 구조는 다음과 같다. (출 25:31-40)

등잔대를 순금으로 만들되, 그 밑판과 줄기 대를 연결하고 그 위에 꽃 잔과 꽃받침과 꽃을 만들어라. 그 줄기에서 6개의 가지가 나오는데 한쪽으로 세 개가 나오고, 다른 한쪽으로 세 개가 나온다. 꽃봉오리와 꽃이 만발한 아몬드 모양의 컵 3개가 한 가지에 있고, 다음 가지에 세 개 있고, 등잔대에서 나온 여섯 개 모든 가지에 똑같이 있어야 한다. 등잔대에는 꽃봉오리와 꽃이 만발한 아몬드 꽃 모양의 컵 4개를 만들어야 한다. 한 봉오리는 등잔대에서부터 시작하는 첫 번째 한 쌍의 밑에, 두 번째 쌍 아래의 두 번째 봉우리와 세 번째 쌍 아래에 있는 세 번째 봉들 아래에 있어야 한다. 새싹과 가지들은 등잔대 한 조각으로 되어 순금으로 짠 것이다. 그 일곱 등불을 만들어 그것들 위에 놓아서, 그것 앞에 있는 공간을 밝히라. 그 불집게와 쟁반은 순금으로 만들어야 한다. 등잔대와 모든 액세서리도 순금 한 달란트로 만들지니, 네게 산에서 보인 모양대로 할지니라.

성경에는 카발라 세피로트가 상징의 체계로 들어가 있다. 이에 대한 해석들은 비전가만이 알 수 있는 구조로 들어가 있음을 볼 수 있다.

From a Lamp Found at Khirbat Sammaka, near Carmel.

From a Lintel in the Ruins of the Ancient Synagogue of Nebratein.

Lamp Found Among the Ruins of Carthage by P. Delattre.

From a Rock-Cut Tomb Near Jaffa.

The Golden Candlestick on the Arch of Titus, as it Appeared in 1710.

(After Reland, "De Spoliis Templi Hierosolymitani in Arcu Titiano.")

From a Gilt Glass Vase Found in the Jewish Catacombs at Rome.

From the Entrance to a Tomb at Wadi al-Nahal.

From a Graffito Found in the Jewish Catacombs at Venosa.

From the Bottom of a Glass Vase Now in the Museo Borgiano at Rome.

From the Great Mosque at Gaza, Discovered by Clermont-Ganneau.

Hexagonal Arrangement of the Golden Candlestick (Hypothetical).

다양한 형태의 메노라 상징

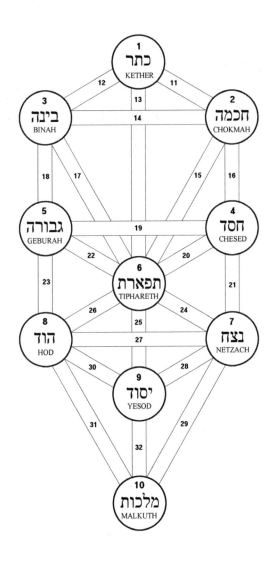

32개의 빛의 길

세피로트는 10개의 광구(세피라)와 22개의 기둥으로 연결되어있다. 10의 광구와 22개의 기둥을 합하면 총 32개의 경로가 생긴다. 각각의 광구와 기둥은 고유의 성질을 띠고 있다. 빛을 담는 그릇의 특성에 따라 그 경로 또한 그릇 특성에 영향을 받는다. 다음은 각각의 경로에 대한 특징을 알아보도록 하자. 1에서 10까지는 세피라의 특성에 해당되며, 11에서 32까지는 각 기둥의 특성에 해당된다.

• 1. 숨겨진 힘 : 케테르

케테르는 상위차원의 말쿠트다. 상위차원의 에센스가 담겨있는 곳으로, 이 에너지가 어떻게 발현될지는 아무도 모른다. 따라서 케테르가 속한 세피라는 알 수 없는 힘이 담겨져 있고, 아직 발현되지 않은 형태가 잠재된 곳이다. 그래서 케테르를 숨겨진 힘, 알 수 없는 힘, 잠재된 힘이라 부르는 것이다. 강하게 진동하고 있는 어떤 물체든, 혹은 어떤 사람이든, 그 속에 담긴 힘이 어떤 것인지 모를 때 인간은 두려움을 느낀다. 폭발력을 가늠할 수 없는, 그 힘을 측량할 수 없기에 두려움의 마음을 갖는 것이다. 마찬가지로 신은 미지의 힘을 품고 있기에 인간이 경외의 대상 혹은 두려움의 대상으로 느끼게 된다. 미지에 대한 두려움, 알 수 없음에 대한 두려움, 내재된 폭발적인 힘이 어떻게 나올지 알 수 없기에 이곳은 신의 두려움이 숨겨져 있는 곳이다.

· 2. 지혜의 힘 : 호크마

케테르가 방출한 빛은 호크마에 도달한다. 호크마는 케테르가 처음 모습을 드러낸 것이다. 케테르가 드러난 호크마의 모습은 매우 찬란하고 지혜로우며 무엇이든 다 아는 현자의 눈으로 드러난다. 태고적 지혜를 품고 있듯, 상위차원의 지혜를 고스란히 담고 있는 에너지이다. 이전에 알지 못했던 전혀 새로운 에너지를 뿜어내는 호크마는 신의 무한한 지혜를 담고 있는 원천처럼 보인다.

· 3. 신성한 힘 : 비나

케테르의 빛이 방출되기 시작되면 그 빛은 이원성으로 나눠진다. 케테르의 빛은 호크마와 비나의 빛으로 나눠진다. 케테르의 속성은 양의 속성인 호크마와 음의 속성인 비나로 나타난다. 호크마가 케테르의 빛을 방출한다면 비나는 케테르의 무한 빛을 빨아들여 흡수한다. 케테르로부터 나오는 정보를 모두 받아들이는 것처럼 보이는 비나는 신의 에너지를 담는 그릇처럼 비춰진다. 비나는 신을 그대로 담고 있기에 신의 권능 또한 비나에게서 나온다. 비나는 형태를 부여하는 권능을 가지고 있기에 신성한 힘으로 표현된다. 호크마로부터 지혜의 빛을 받아 비나에서 신성한 힘이 드러난다. 지혜는 나누어주는 힘이고 신성함은 유지하려는 힘이다.

· 4. 용기의 힘 : 헤세드

비나는 빛을 흡수하는 역할을 한다. 빛이 사라지는 진공 공간이 심연의 막을 만든다. 비나의 에너지는 '다아트'라는 죽음의 그림자 속으로 빠져든다. 이 공간이 심연의 그림자 공간을 만든다. 빛과 어둠이 나뉘는 이곳에서 심연의 장막을 뚫고 헤세드의 빛이 퍼져 나온다. 어둠 속에서 한 줄기 빛이 퍼져 나오듯, 헤세드의 빛은 심연 속에 나타난 용기 있는 빛이 된다. 헤세드의 빛은 빛이 사라진 진공 공간을 다시 빛으로 메꾼다. 헤세드는 자비의 힘이자 어둠의 장막을 뚫고 나타난 빛, 즉 용기의 힘에 해당된다. 좌측 기둥에서 심연을 거쳐 우측 기둥에 이른 빛은 용기의 힘만이 심연의 강을 건널 수가 있는 법이다.

· 5. 극단적인 힘 : 게부라

헤세드는 무한정 내어주고 방출하는 에너지이다. 이러한 빛의 에너지에 제한을 두는 것이 바로 게부라이다. 즉 분별하는 힘이다. 창조하거나 파괴하거나, 받아들이거나 밀어내거나, 양 극단적인 성향을 지니고 있는 것이 바로 게부라이다. 게부라는 자기 색깔이 명확하고 강하다. 흡수할 것은 흡수하고, 방출할 것은 방출하며, 자신의 형태를 구성해나간다. 그래서 게부라는 극단적인 힘을 가진 세피라가 된다. 때로는 가혹하게, 때로는 무자비한 에너지가 나오지만 이 또한 빛의 순수성을 지키려는 이유 때문이기도 하다. 우리는 게부라의 에너지를 신의 형벌처럼 느끼기도 하지만 다른 한편으로 보면 신의 깊은 애정이기도 하다.

· 6. 중재의 힘 : 티페레트

티페레트는 헤세드와 게부라의 에너지를 담는 그릇과 같다. 헤세드와 게부라의 힘겨루기를 통해 순수 물질만을 받아들인 티페레트는 모든 에너지를 있는 그대로 수용하고 받아들여 아래세계로 방출한다. 즉 세피로트의 특성이 사방으로 표출되는 곳이 바로 티페레트이다. 티페레트는 모든 힘과 연결되어있는 중앙센터이자 세피로트의 엔진실이다. 이곳에서 전체 에너지를 구동시키고 힘을 중재한다. 이곳은 블랙홀과 화이트홀이 공존하는 볼텍스 지역이 된다. 여기에 힘의 중심 혈이 생기면서 주변의 에너지를 흡수하고, 또 새롭게 변형된 빛을 발산한다. 비로소 빛이 안정을 찾은 첫 번째 공간이 된다.

• 7. 오컬트의 힘 : 네짜흐

네짜흐는 자연력이다. 대자연 속에는 대자연 운행의 패턴이 있다. 이 패턴이 창조의 법칙이기도 하며, 창조의 운행원리이기도 하다. 인간의 의식으로는 이 운행 원리를 모르기 때문에 비밀을 감추고 있는 것처럼 보인다. 마치 설명할 수 없는 신비적 현상이나 초자연적 현상처럼 보이기 때문에 네짜흐를 오컬트의 힘이라 부르는 것이다.

• 8. 완벽한 힘 : 호드

호드는 자연의 힘을 이용하여 새로운 창조물을 탄생시킨다. 마치 건축가처럼 영의 세계를 건설하는 창조자에 해당된다. 보이지 않는 영의 세계에 창조된 창조물들은 예소드를 거쳐 말쿠트에서 현현한다. 호드는 마법의 힘이 펼쳐지는 곳이며, 대자연 원리에 따른 창조가 이뤄지는 곳으로, 가장 완벽한 힘이 적용되는 구간이다. 이곳에서는 모든 것이 완벽하다. 신의 창조물이 아스트랄체에 건설되고 나타나는 구간이다. 이곳에서는 마법의 기적이 일어난다.

· 9. 순수한 힘 : 예소드

네짜흐의 자연력과 호드의 마법력이 만들어낸 창조물은 예소드에서 걸러진다. 예소드라는 거름망에서 다져지고 순화되어 아름다운 보석으로 탄생하기 전 순수성을 간직한 원형의 힘을 가지고 있다. 때 묻지 않은 순수성을 가진 곳이 바로 예소드이다. 이곳은 세피로트의 원형과 순수성의 에센스를 품고 있는 자궁에 해당된다. 아직 물질로 현현하지 않은 순수성의 상태로 존재하고 있다.

· 10. 찬란한 힘

신의 빛은 말쿠트에서 찬란한 힘으로 드러난다. 케테르의 빛이 드디어 물질화되어 나타날 때 그 빛은 찬란하게 나타난다. 신의 화신이 보석처럼 태어나 반짝반짝 빛나는 곳이 바로 말쿠트이다. 빛을 품고 갓 태어난 아이처럼, 신은 세피로트를 거쳐 찬란한 빛으로 태어난다. 신이 물질화된 모습을 볼 수 있는 곳, 그곳이 바로 말쿠트이다.

여기까지가 세피라의 영역이고, 다음 11번부터는 세피로트의 기둥영역이다. 11번 기둥은 세피로트의 맨 꼭대기 케테르부터 연결된 경로이며, 히브리어 알파벳이 순서대로 배치된다. 케테르는 11번, 12번, 13번 기둥으로 연결된다.

· 11. 넘치는 불꽃의 길

11번 길은 케테르에서 호크마로 넘어가는 길이다. 케테르에서 잠재된 빛이 흘러넘쳐 호크마로 넘어가기 때문에 11번 길은 '넘치는 불꽃의 길'이라는 이름을 쓴다. 케테르의 빛은 불꽃처럼 타오르고 넘친 불꽃은 호크마로 넘어간다.

• 12. 명백하고 투명한 길

12번 길은 케테르에서 비나로 넘어가는 길이다. 비나는 빛을 흡수해 버리기 때문에 모든 것을 무(無)로 만들어 버리는 것처럼 보인다. 모든 존재하는 것을 존재하지 않음으로 만들어버리는 비나에게 자비와 허용이란 없다. 즉 역할과 기능이 분명하게 드러나기 때문에 이 길은 명백하고 투명한 길이 된다. 비나는 공정하고 엄격한 성격으로 드러난다. 그래서 12번 길을 명백하고 투명한 길이라 부른다.

• 13. 통합의 길

13번 길은 케테르에서 티페레트로 직접 연결되는 중앙통로이다. 티페레트는 모든 것을 통합하는 에너지 형태를 갖기 때문에 13번 길은 통합의 길로 통한다. 즉 신의 빛이 그의 아들에게 고스란히 직접 전달되는 길이다.

• 14. 조용히 깨닫는 침묵

14번 길은 심연을 건너는 강의 길이다. 좌와 우를 연결하는 첫 번째 가로 통로의 길이다. 비나와 호크마를 연결하는 길로, 이 길은 그저 조용히 알아지는, 조용히 깨닫는 침묵의 길에 해당된다. 알지만 침묵하

는, 알기 때문에 침묵하는, 그저 스스로 인지하고 스스로 알아지는 길
이다.

· 15. 구성하는 길

15번 길은 호크마에서 티페레트로 연결되는 길이다. 티페레트는 호
크마라는 아버지를 통해 태어난다. 호크마의 에너지는 티페레트에게 길
을 놔주고 티페레트로 하여금 중심력을 형성하게 만드는 힘을 제공한
다. 그래서 이 길은 구성하는 길이라 부른다.

· 16. 승리를 축하하는 길

16번 길은 호크마에서 헤세드로 연결되는 길이다. 호크마의 에너지
가 온전하게 헤세드로 전달되었기에 승리를 축하하는 길이 된다.

· 17. 배치의 길

17번 길은 비나에서 티페레트로 연결되는 길이다. 비나에서 형성된
빛의 경계는 티페레트로 전달되면서 빛의 배치가 이루어진다. 티페레트
에게 호크마가 아버지라면 비나는 어머니에 해당된다. 호크마를 통해
빛이 구성되고, 비나를 통해 빛이 배치된다.

· 18. 영향력의 집

18번 길은 비나에서 게부라로 연결되는 길이다. 비나의 엄격함과 분
명함을 꼭 닮은 게부라에게 그 힘이 그대로 내려와 영향력을 끼치는 곳

이 되었다. 그래서 이곳을 영향력의 집이라 부른다.

• 19. 정신적인 것들에 대한 모든 행위

19번 길은 게부라와 헤세드를 연결하는 가로로 연결된 두 번째 길이다. 서로 다른 성향을 가지고 힘겨루기가 행해지는 곳이다. 방출하려는 힘과 수축하려는 힘, 내어주려는 힘과 막으려 하는 힘, 서로 상반되는 생각이 충돌하는 지점이 바로 이곳이다. 이곳에서 정신적인 것들에 대한 고뇌가 시작되고, 모든 행위들의 조정이 시작된다. 빛과 어둠, 선과 악이 갈등하는 곳이 바로 이곳이다.

• 20. 의지력

20번 길은 헤세드에서 티페레트로 연결되는 길이다. 헤세드가 제한된 경계를 뚫고 빛을 방출하는 용기를 보여주었듯, 헤세드의 힘은 티페레트에게는 의지의 힘으로 전달된다. 빛을 지켜내어 티페레트에게 내어주는 의지력이다.

• 21. 조정

21번 길은 헤세드에서 네짜흐로 연결되는 길이다. 헤세드가 빛을 견지하려고 하나 약간의 오류에 대해서 조정할 필요가 있을 때, 네짜흐를 통해서 수정하고 조금씩 조정한다. 대자연은 실험의 장이자 조정의 장이 된다. 불완전한 것을 완전함으로 돌리기 위한 실험이 진행되는 곳, 그래서 이곳은 조정의 길이 된다.

• 22. 믿음

22번 길은 게부라에서 티페레트로 연결되는 길이다. 게부라의 강한 신념은 믿음이라는 힘으로 티페레트에게 전달된다. 믿음은 에너지를 견고하게 붙들어놓는 작용을 한다. 믿음은 지키는 힘이자 견지하는 마음이다. 즉 믿음을 통해 에너지가 고스란히 전달될 수 있는 것이다.

• 23. 안정

23번 길은 게부라에서 호드로 연결되는 길이다. 게부라에서 형태가 잡히면 호드에서 이것을 구체화시킨다. 게부라의 빛이 호드에게 전달되었고, 게부라의 확고한 뜻을 그대로 이어받았기 때문에 이 길은 안정의 길이 된다.

• 24. 창의력

24번 길은 티페레트에서 네짜흐로 연결되는 길이다. 티페레트의 빛은 대자연 속에 스며들어 새로운 창조를 일으킨다. 빛 에너지가 원소에 스며들어 움직임을 일으키면, 아이디어가 떠오르고 새로운 창의력의 영감이 솟아오른다.

• 25. 시련, 시험

25번 길은 티페레트에서 예소드로 연결되는 길이다. 자연력과 마법력을 거치지 않고 티페레트의 에너지가 바로 예소드로 연결될 때는 시험과 테스트를 거쳐야 한다. 이때 고난과 시련이 따른다. 즉 이곳은 빛의 승계를 직접 받는 자리이기 때문이다.

· 26. 혁신

26번 길은 티페레트에서 호드로 연결되는 길이다. 티페레트의 빛은 마법의 힘을 통해 혁신적이고 창의적인 창조물을 만들어낸다. 새로운 창조물, 더 완벽한 창조물은 혁신을 통해서 진화한다.

· 27. 자극과 생동하는 힘

27번 길은 네짜흐와 호드를 연결하는 가로로 된 세 번째 길이다. 위의 두 번째 길이 정신적 고뇌를 겪는 곳이었다면 이곳은 물질화가 이루어지는 곳이기에 서로 상호작용할 수 있는 곳이 된다. 네짜흐의 창의력과 호드의 혁신이 만나 서로에게 자극을 주고, 자극은 에너지를 생동하게 만든다. 서로의 아이디어를 주고받고 좀 더 새롭게, 좀 더 멋진 작품이 탄생하기 위한 자극을 주는 곳, 바로 27번 길이다. 그래서 이 길은 자극과 생동이 넘치는 길이 된다.

· 28. 자연력

28번 길은 네짜흐에서 예소드로 이어지는 길이다. 네짜흐라는 자연의 에너지가 그대로 예소드에 담긴다. 예소드는 자연의 힘을 그대로 품고 받아들인다. 그래서 이 길을 자연력의 길이라 한다.

• 29. 형체를 가지는 힘

29번 길은 네짜흐에서 말쿠트로 이어지는 길이다. 호드라는 물질창조도 거치지 않고, 예소드라는 물질 거름망도 거치지 않고, 네짜흐의 힘이 그대로 내려오게 되면 형체는 가졌으되 눈에 보이지 않는, 또는 물질적 형체는 없되 무형의 형체를 가지는 에너지체가 된다. 그래서 이 길은 에너지 형체를 가지는 길이 된다.

• 30. 수집력

30번 길은 호드에서 예소드로 이어지는 길이다. 예소드는 호드가 만들어낸 설계도를 수집하고 호드에서 나오는 정보들을 수집한다. 예소드는 호드의 정보를 고스란히 흡수한다. 그래서 이 길을 정보의 코드, 창조의 코드를 수집하는 길이라 한다.

• 31. 무궁한 힘

31번 길은 호드에서 말쿠트로 이어지는 길이다. 원래 호드의 창조는 예소드를 거쳐야만 물질화가 이루어지는데 예소드를 거치지 않고 바로 내려온 호드는 물질계에 막강한 영향력을 끼치는 마법적 존재가 되어 무궁한 힘을 발휘한다. 예소드라는 자궁을 통해서 생명체가 탄생해야 하나 호드라는 마법사에 의해 새로운 존재가 탄생되는 것이다. 그래서 이 에너지는 무궁한 잠재 에너지를 간직하므로 이 길은 무궁한 힘의 길이 된다.

- **32. 관리**

32번 길은 예소드에서 말쿠트로 물질화가 이루어지는 길이다. 이 길은 정상적으로 만들어지는 길로, 완벽하게 탄생된 창조물을 관리하는 길이 된다. 이 길을 지나야 창조물의 관리자 명단에 들어가게 되고, 정식적으로 탄생하게 된 공인받은 존재가 되는 것이다. 그래서 이 길을 관리의 길이라 한다.

참고로 프리메이슨은 33도라는 계급의 레벨을 두는데, 32경로를 모두 거쳐 그 위에 존재하는 최상위 존재라는 뜻을 포함하고 있다.

10 카발라와 천궁도

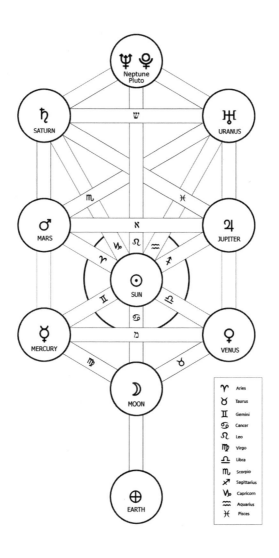

우주의 중심으로부터 출발한 영혼이 지구로 들어오려면 수많은 별들의 길을 지나 지구 에너지권으로 들어올 수 있다. 그 과정에서 영혼은 별들의 영향력을 품은 채, 지구 에너지권에 맞는 옷으로 갈아입으면서 에너지가 변형되면서 들어온다. 더불어 물질 옷을 입을 때도 지구 에너지막인 예소드라는 달의 대기소를 통과하여야만 지구 관리자 명단에 들어갈 수 있다.

우리 태양계의 최외각에 존재하는 에너지막인 카이퍼 벨트[27]를 통과한 뒤 각 행성들의 에너지를 품은 채 영혼은 지구로 들어온다. 그 과정이 마치 카발라 원형구조처럼 최외각으로부터 지구 안쪽으로 점점 물질화시켜 들어오는 모양과 비슷하다. 그래서 카발라 세피로트와 천궁도를 연결하여 설명하면 카발라에 대한 이해가 좀 더 쉬워질 것이다. 다음은 카발라와 천궁도를 살펴볼 것이다.

세피로트와 행성

카발라 세피로트에는 각각의 행성이 상응한다. 또한 각각의 별자리와도 상응시킬 수가 있다. 세피로트와 각각의 행성 그리고 별자리는 매칭하는 사람마다 조금씩 다르게 표현하는데, 나는 점성연구가로서 내가 알고 있는 점성학을 토대로 카발라에 매칭시켜 설명하려 한다. 별자리를 옛날 문헌 그대로 매칭시키는 것이 아니라 별자리를 매칭을 시켜

---

27 태양계의 최외각을 형성하는 띠로, 해왕성 궤도의 바깥쪽에 있는 소 천체를 통틀어 일컫는다. 황도면 부근에 천체가 도넛 모양으로 밀집하고 있다.

서 왜 그런지 설명할 수 있어야 한다. 위의 그림은 내가 매칭시킨 별자리이다. 기본적으로 행성 상응은 일치하는데, 별자리는 천차만별 다양하게 표현되곤 한다.

먼저 10개의 세피라에 상응하는 행성은 다음과 같다.

1번 케테르 : ♆ 해왕성(Neptune) 또는 ♇ 명왕성(Pluto)
(※해왕성 너머 미지의 힘인 카이퍼 벨트에 연결시킬 수 있다.)
2번 호크마 : ♅ 천왕성(Uranus)
3번 비나 : ♄ 토성(Saturn)
4번 헤세드 : ♃ 목성(Jupiter)
5번 게부라 : ♂ 화성(Mars)
6번 티페레트 : ☉ 태양(Sun)
7번 네짜흐 : ♀ 금성(Venus)
8번 호드 : ☿ 수성(Mercury)
9번 예소드 : ☽ 달(Moon)
10번 말쿠트 : ⊕ 지구(Earth)

카발라 행성배치도는 1번부터 10번까지 태양계의 최외각부터 점점 지구에 근접한 행성이 배치가 된다. 해왕성 너머 카이퍼 벨트에 있는 명왕성(미지의 힘)부터 시작하여 점점 지구로 그 에너지가 내려온다.

♇ (명왕성), ♆ (해왕성)→ ♅ (천왕성)→ ♄ (토성)→ ♃ (목성)→ ♂ (화

성)→ ⊙ (태양)**28**→ ♀ (금성)→ ☿ (수성)→ ☽ (달)→ ⊕ (지구) 순으로 점점 가까이 내려온다. 이렇게 여러 행성을 거쳐 영혼은 달이라는 영혼 대기소에서 기다리다가 때와 시가 맞으면 지구에 물질 옷을 입게 된다. 지구에 내려온 인간은 말쿠트에 해당된다.

1번 케테르에 해당되는 행성을 해왕성으로 할 것인가? 명왕성으로 할 것인가의 문제에서 행성 순서대로라면 해왕성에 가깝겠지만, 잠재되고 숨겨진 힘이라는 측면에서는 명왕성에 가깝다고 볼 수 있다. 명왕성의 특징은 알 수 없는 잠재된 힘, 전부 아니면 전무의 힘을 상징한다. 반면에 해왕성은 무한정 내어주는 연민의 힘에 가깝다. 물론 내어준다는 측면에서는 해왕성도 일정 부분 할당이 된다고 볼 수 있을 것이다.

해왕성 너머 명왕성이 위치하는 곳은 카이퍼 벨트가 위치하는 곳이다. 카이퍼 벨트는 태양계를 둘러싼, 구멍이 뚫린 원반형태의 영역이다. 바깥쪽 경계는 오르트구름으로 이어져 있다. 이 오르트구름을 아인소프 영역과 상응시킬 수 있다. 따라서 카이퍼 벨트가 태양계를 품고 있는 아담카드몬의 영역이라고 볼 수 있다.

2번 호크마는 천왕성에 배치된다. 천왕성은 알다가도 모를 극단적 힘을 내포하고 있다. 전기 전압이 갑자기 흐르는 것처럼 천왕성의 에너지 방출은 꽤 극적이게 나타난다. 천왕성의 자전축 기울기는 다른 행성들과는 다르다. 마치 누워있는 듯 자전축 기울기는 98도에 해당된다.

---

28 지구중심이기 때문에 태양의 위치와 지구의 위치가 바뀐다. 토-목-화-태-금-수-달 순서를 칼데아 순서라고 한다.

3번 비나는 토성에 배치된다. 토성의 고리가 토성을 묶어두는 것처럼 보이듯, 토성은 이 태양계의 행성들을 묶어두고 가두는 역할을 한다. 토성은 공전궤도의 안쪽과 바깥쪽 경계를 나눈다. 자신의 몸에 띠를 두르고 있는 토성은 경계의 안쪽 행성들을 가두는 역할을 한다. 그래서 토성은 인간 카르마를 묶어두고 인간의 에너지를 제한하는 역할을 한다. 성실하지만 엄격하고 두려운 존재로 표현된다. 토성의 에너지권에서부터 지구 영혼은 이 태양계에 묶여버린다. 한번 들어오면 전체의 묶인 고리가 풀릴 때까지 나갈 수 없다. 그래서 인간 영혼은 이 에너지계에 잡혀 무한 수레바퀴를 돌게 되는 것이다.

4번 헤세드는 목성에 배치된다. 목성은 쥬피터로 신들의 제왕에 해당된다. 신들의 질서를 잡는 쥬피터는 신들의 아버지로 통한다. 마찬가지로 헤세드는 드러나는 아버지에 해당된다. 자비의 빛을 드러내고 통이 넓고 커서 모든 것들을 품어 안는 헤세드는 자비의 행성 목성과 닮았다. 우리 태양계에서 가장 큰 행성인 만큼 목성의 에너지도 방대하고 크며, 목성은 태양계의 균형점을 잡는 역할을 한다.

5번 게부라는 화성에 배치된다. 화성은 전쟁의 신이다. 전쟁이란 외부로부터 침입되는 세력이 있으면 보호하고 지키려는 성향이 강하기 때문에 이 또한 에너지를 묶어두는 역할을 하게 된다. 게부라는 어디로 튈지 모르는 극단적 힘과 호전성을 내포하고 있다. 점성학에서 토성과 화성은 흉성에 해당된다. 마찬가지로 비나와 게부라는 좌측 기둥에서 에너지를 제한하고 묶어두는 역할을 한다. 토성이 강한 권위의식과 질서로 상대를 누른다면, 화성은 강한 리더십과 전투력으로 상대를 제압한다. 가혹함이라는 이름답게 게부라의 에너지는 화성과 닮아있다.

6번 티페레트는 태양에 배치된다. 태양은 중심에서 환하게 비춘다. 태양계의 모든 행성들은 태양의 영향권 안에 있고 태양의 빛을 받고 있다. 마찬가지로 티페레트는 세피로트 중심에서 빛을 방사한다. 태양은 만물을 소생하게 만들고 행성들을 중심으로 끌어당기는 역할을 한다.

7번 네짜흐는 금성에 배치된다. 금성은 자신을 환하게 드러내고 뽐낸다. 대자연이 각자 자신의 빛을 발산하듯, 금성은 자연력의 힘을 가지고 자신을 드러낸다. 비너스 여신처럼 금성은 지구에서 보면 찬란하고 아름답게 반짝인다.

8번 호드는 수성에 배치된다. 수성은 전령이다. 태양 가까이에서 태양의 전령 역할을 하듯, 수성은 태양계의 정보를 전달한다. 또한 수성은 머큐리 또는 헤르메스로 상징되는데, 그리스에서는 헤르메스, 로마에서는 머큐리로 알려져 있다. 또한 헤르메스는 마법의 신으로 통한다. 이 호드의 자리가 마법의 자리이기 때문에 수성을 상징하는 머큐리가 위치하는 것이다.

9번 예소드는 달에 배치된다. 달은 감정을 다스린다. 달은 여성의 자궁을 상징하듯, 예소드는 행성들이 보내는 빛들을 모두 받아서 흡수한다. 마찬가지로 달은 행성들의 빛을 모두 담아 지구로 전달한다. 또한 달은 지구로 들어오는 영혼들의 대기소이다. 마찬가지로 예소드는 말쿠트로 화신(化神)하는, 즉 신이 인간 몸을 입기 위해 기다리는 장소에 해당된다. 이곳에서 영혼은 시와 때를 기다린다. 자신의 깨달음과 영적 레벨에 따라 그리고 주어진 역할과 사명에 따라 자신의 운명이 정해진다. 별들은 인간 영혼의 운명에 영향을 끼친다.

10번 말쿠트는 지구에 배치된다. 행성의 빛들이 도착하는 마지막 종착지가 바로 말쿠트이다. 지구는 태양계에 배치된 행성들의 빛에 영향을 받고 마찬가지로 지구에 존재하는 모든 생명체들은 이 빛들에 영향을 받는다. 우리 태양계는 정교한 하나의 기관이자 유기체에 해당된다. 태양이 뜨고 지고 달이 뜨고 지고 별들의 반짝임은 우리 인간의 육체와 감정에 막대한 영향을 끼치고 있다. 당장 태양의 빛이 없으면, 혹은 달이 없으면 우리 인류는 살아갈 수가 없다.

우리 인간은 지구에 들어와 영혼을 성장시킨다. 미래를 바꿀 수 있는 것도 지금이라는 순간이고, 과거를 치유하는 것도 지금이라는 시간이다. 우리 인간은 신을 대신하여 신의 일을 하고 있는 것이다. 우리는 우주 안에 있고, 우주는 우리 안에 있다.

세피로트와 별자리

우리 머리 위로 펼쳐지는 별들은 이 지구를 비추고 있다. 어떤 별은 태양보다 몇백 배 더 큰 크기로 빛나지만 그 별빛이 너무 먼 곳에 있어서 우리 눈에 그저 반짝이는 별정도로 보일 뿐이다. 별빛은 가까울수록 영향력이 크다. 우리 태양계의 루미너리 행성은 태양과 달이다. 태양과 달은 우리 머리 위에서 가장 찬란하게 빛난다. 또 우리 인간에게 가장 큰 영향을 미치는 존재이다. 태양은 낮의 주님이고 달은 밤의 주님이다. 또한 태양은 아버지와 같고 달은 어머니와 같다. 각 가정이 어머니와 아버지가 만들어준 환경 속에서 자라듯, 우리 지구에 있는 생명체들은 태양과 달이 만들어준 환경 속에서 자란다.

이 지구로 들어오려면 12방향의 에너지를 거쳐 10행성의 영향을 받으며 내려온다. 위에서 살펴본 10행성이 우리 태양계의 영향력이라면, 12방향은 우주의 방향력에 해당되는 힘이다. 이 지구를 중심으로 12방향에는 12개의 별자리를 배치시켰다. 이 12개의 방향에 자리 잡은 별자리에 각각의 상징 동물을 연결시켜놓은 것을 '조디악(Zodiac)'이라 한다. 30도의 간격으로 12개의 방향을 설정해 놓은 것이다. 열두 개의 방향에는 다음과 같은 별자리가 세팅되어있다. 춘분점 시작인 양자리부터 시작된다.

춘분점: ♈(양자리)-♉(황소자리)-♊(쌍둥이자리)

하지점: ♋(게자리)-♌(사자자리)-♍(처녀자리)

추분점: ♎(천칭자리)-♏(전갈자리)-♐(사수자리)

동지점: ♑(염소자리)-♒(물병자리)-♓(물고기자리)

이 열두 개의 별자리도 행성처럼 카발라 세피로트에 상응시킬 수 있다.

천궁도의 수직라인은 각 행성과 연결되고, 중심라인을 포함하여 대각선 라인은 12황도대와 연결된다. 천궁도 별자리는 다음과 같이 배치된다.

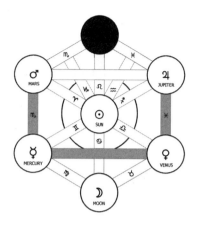

천궁도 별자리는 티페레트, 태양을 중심으로 한다. 태양을 상징하는 티페레트를 중심으로 위쪽 중앙 라인에는 ♌(사자자리)가 배치되고, 아래쪽 중앙 라인에는 ♋(게자리)가 배치된다. 사자자리는 왕을 상징하고, 게자리는 왕비를 상징한다. 따라서 위는 왕, 아래는 왕비가 위치한다.

♌(사자자리)는 케테르와 티페레트를 연결하는 선(13번 경로)으로 왕의 자리에 해당된다. 게자리는 티페레트와 달이 위치하는 예소드가 연결된 선(25번 경로)에 위치한다. 이렇게 사자자리와 게자리는 각각 태양과 달이 머무는 집이 된다. 사자자리의 지배성은 태양이고, 게자리의 지배성[29]은 달이기 때문이다. 사자자리의 엑젤테이션[30]은 명왕성이며, 게자리의 엑젤테이션은 해왕성이다. 케테르는 명왕성과 해왕성을 모두 포함하고 있기 때문에 태양과 달은 중앙기둥 수직라인에 배치된다.

---

29 해당 별자리를 지배하는 행성

30 해당 별자리에 들어갔을 때 의식이 고양되는 상태

티페레트를 중심으로 위쪽 좌측 긴 사선(17번 경로)과 비나와 연결되는 경로에는 ♑(염소자리)가 위치하고, 우측 긴 사선(15번 경로)과 호크마와 연결되는 경로에는 ♒(물병자리)가 위치한다. 비나에는 토성이 위치하고, 호크마에는 천왕성이 위치한다. 염소자리의 지배성은 토성이고, 물병자리 지배성은 천왕성이다. 토성의 성격이 제한하고 묶어두는 성격이라면, 천왕성은 창의적이고 극단적인 성격으로 나타난다. 따라서 염소자리는 비나와 연결된 기둥이 되고, 물병자리는 호크마와 연결된 기둥이 된다.

티페레트를 중심으로 위쪽 좌측 짧은 사선(22번 경로)의 게부라와 연결되는 경로에는 ♈(양자리)가 위치하고, 우측 짧은 사선(20번 경로) 헤세드와 연결되는 경로에는 ♐(사수자리)가 위치한다. 게부라에는 화성이 위치하고, 헤세드에는 목성이 위치한다. 양자리 지배성은 화성이고, 사수자리 지배성은 목성이다. 따라서 양자리는 게부라와 연결된 기둥이 되고, 사수자리는 헤세드와 연결된 기둥이 된다. 양자리와 사수자리는 모두 불 원소에 해당된다.

티페레트를 중심으로 아래 좌측 사선(26번 경로)의 호드와 연결되는 경로에는 ♊(쌍둥이자리)가 위치하고, 우측 사선(24번 경로)의 네짜흐와 연결되는 경로에는 ♎(천칭자리)가 위치한다. 호드에는 수성이 위치하고, 네짜흐에는 금성이 위치한다. 쌍둥이자리의 지배성은 수성이고, 천칭자리의 지배성은 금성이다. 따라서 쌍둥이자리는 호드와 연결된 기둥이 되고, 천칭자리는 네짜흐와 연결된 기둥이 된다. 쌍둥이자리와 천칭자리는 모두 공기원소에 해당된다.

달이 있는 예소드를 중심으로 좌측 호드와 연결되는 경로(30번 경로)에는 ♍(처녀자리)가 위치하고, 우측 네짜흐와 연결되는 경로(28번 경로)에는 ♉(황소자리)가 위치한다. 호드에는 수성이 위치하고 네짜흐에는 금성이 위치한다. 처녀자리 지배성은 수성이고, 황소자리 지배성은 금성이다. 따라서 처녀자리는 호드와 연결된 기둥이 되고, 황소자리는 네짜흐와 연결된 기둥이 된다. 처녀자리와 황소자리는 모두 흙 원소에 해당된다.

나머지 전갈자리와 물고기자리가 남았는데 전갈자리와 물고기자리는 모두 물 원소에 해당된다. 이 두 자리는 천상의 물 원소에 배치된다. 따라서 호크마와 게부라가 연결되는 사선 경로에 ♏(전갈자리)가 배치되고, 비나와 헤세드가 연결되는 사선 경로에는 ♓(물고기자리)가 배치된다. 전갈자리의 지배성은 화성이 되고, 물고기자리 지배성은 목성이 된다. 그래서 전갈자리는 게부라와 연결되고, 물고기자리는 헤세드와 연결된다. 천상의 물이 지상으로 강림하면, 게부라 - 호드가 연결된 23번 경로에 ♏(전갈자리)가 오고, 헤세드 - 네짜흐가 연결된 21번 경로에 ♓(물고기자리)가 오며, 호드 - 네짜흐로 연결된 27번 경로에 ♋(게자리)가 내려온다.

마지막으로 세피로트 3개의 수평라인에는 우주의 세 어머니가 위치한다.

비나와 호크마를 연결하는 수평라인(14번 경로)은 히브리어 ש(쉰)의 속성이 자리한다. 게부라와 헤세드를 연결하는 수평라인(19번 경로)은 히브리어 א(알레프)의 속성이 자리한다. 호드와 네짜흐를 연결하는 수평라인(27번 경로)은 히브리어 מ(멤)의 속성이 위치한다.

11 카발라와 색상

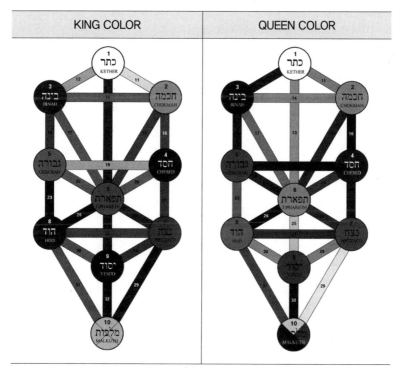

| KING COLOR | QUEEN COLOR |

(책 뒷면 컬러 페이지 참조)

눈으로 볼 수 있는 색상의 프리즘은 크게 7가지 경계로 나눌 수 있
다. 빨주노초파남보 일곱 빛깔을 무지개 색상이라고 한다. 색상은 색상

마다 특정 진동을 담고 있다. 빨강색에 가까울수록 빛의 파장이 길어지고, 보라색에 가까울수록 빛의 파장이 짧아진다. 각각의 색상이 내는 파장은 사람에게 다양한 느낌과 감정을 전해주는데, 카발라 세피로트의 세피라마다 특정 색상을 상응시킬 수 있다. 세피라가 가지고 있는 성격과 특징에 따라 특정 색상과 연결시킬 수 있는데, 각각의 세피라에 할당된 색상은 기본적으로 다음과 같다.

케테르의 경우 빛 그 자체로 특정 성질을 띠지 않기 때문에 빛의 색상인 흰색으로 표현할 수 있다. 호크마의 경우 빛이 살짝 약해진 밝은 회색으로 표현하고, 비나의 경우 빛을 흡수하기 때문에 블랙홀과 같은 검정색으로 표현한다. 케테르 – 비나 – 호크마는 아직 특정 성질이 드러나지 않은, 눈에 보이지 않는 에너지 차원이기 때문에 명암의 농도 차이만 있을 뿐이다. 세피라의 특성은 헤세드부터 드러난다.

헤세드는 검정색의 블랙홀에 빛이 들어가면서 점점 밝아지는 파란색으로 나타난다. 파란색은 하늘과 바다처럼 모든 자연을 품어 안는다. 게부라의 경우, 밀어내고 발산하는 속성을 가졌기 때문에 빨간색으로 표현한다. 좌측 기둥에 할당된 세피라는 붉은 색상계열로 나타나고, 우측 기둥에 할당된 세피라는 푸른 색상계열로 나타난다. 게부라의 붉은색과 헤세드의 파란색은 서로 반대되는 속성이다. 이 두 속성에 케테르의 빛이 합해지면, 중심의 에너지를 형성하는 티페레트는 태양의 빛처럼 노란색으로 나타난다. 이 빛이 네짜흐에 내려오면 헤세드의 파랑과 티페레트의 노랑이 합해져 대자연의 색상인 초록색으로 나타나고, 호드에 이르면 티페레트의 노란색과 게부라의 적색이 합해져 주황색으로 나타난다. 다음 예소드는 보라색으로 나타나는데 좌측의 적색 계열과 우측의 푸른계열이 합해진 보라색으로 나타난다. 마지막으로 말쿠트는 위의 색상들이 혼합된 다양한 색으로 나타나는데, 특히 흙색 또는 똥색으로 나타난다.

세피로트의 색상은 알레스터 크로울리가 잘 정리해놓았는데 그는 황금새벽회 소속이었고 황금새벽회를 탈퇴하면서 『777』을 내놓았다. 거기에 적혀진 카발라 색상은 왕, 왕비, 황제, 여제 이렇게 네 가지 계층으로 구분하여 색상을 표기하여 놓았다.

일반적인 카발라의 색상은 왕비의 컬러를 기본 컬러로 여긴다. 왜냐하면 이 지구는 지구여신이 관장하기 때문이다. 왕비의 컬러로 설명하자면 다음과 같다.

케테르, 호크마, 비나는 색채를 띠지 않는 무채색으로 표현된다. 빛의 광명이 서서히 하강하면서 빛이 줄어든 표시로 케테르는 흰색, 호크마는 회색, 비나는 검정색으로 표현한다. 이어 헤세드는 파란 하늘색으로 나타나고, 게부라는 피와 같은 붉은색으로 표현된다. 물론 세피라의 색상은 행성의 색깔과도 상응한다. 예를 들어 비나의 경우 토성에 상응하고 토성은 검정색을 띠고 있다. 게부라의 경우 화성에 상응하고 붉은색으로 나타낸다. 헤세드와 게부라는 서로 반대되는 속성이기 때문에 푸른 계열과 붉은 계열로 나타난다.

티페레트는 중심태양으로 빛의 색상인 황금색 또는 금색으로 나타낸다. 네짜흐는 금성을 나타내며 금성은 초록색으로 상징된다. 호드는 수성인데 원래 수성은 그 성질이 주변의 큰 기운에 영향을 받는 성질이 있어서 게부라의 영향을 받아 주황색으로 나타난다. 예소드는 중심에 위치하여 모든 색상을 담아내는 역할을 한다. 따라서 붉은 계열과 푸른 계열이 합쳐진 보라색 계열로 나타난다.

말쿠트는 물질화되는 자리로, 흙의 속성을 지니고 있다. 따라서 흙의 색상인 검정, 갈색, 황색, 카키 등의 색상이 다채롭게 나타나고, 이들 색상을 모두 통합하면 똥색에 가까운 색이 된다. 이것은 인체의 모든 기관을 거친 음식물이 배출될 때 거의 똥색으로 배출되는 것과 유사하다.

다음은 각 세피라와 상응하는 왕, 왕비의 컬러 목록이다.

No.	왕의 컬러	왕비의 컬러
1	non color(색상 없는 광휘)	White
2	Pure soft blue(옅은 하늘색)	Grey
3	crimson(진홍색)	Black
4	Deep violet(짙은 보라색)	Blue
5	Orange	Scarlet red(다홍빛 빨강색)
6	Clear pink rose(깨끗한 핑크로즈)	Gold
7	Amber(호박색)	Emerald(에메랄드색)
8	Violet purple	Orange
9	Indigo(남색)	Violet
10	Yellow	Citrine(레몬빛), Olive(올리브색), russet(적갈색), black(검정)
11	Bright pale yellow(밝고 창백한 노랑)	Sky blue
12	Yellow	Purple

13	Blue	Silver
14	Emerald green	Sky blue
15	Scarlet(다홍색)	Red
16	Red Orange	Deep indigo
17	Orange	Pale Mauve(창백한 연보라색)
18	Amber(호박색)	Maroon(고동색)
19	Yellow greenish	Deep purple
20	Green yellowish	Slate grey(청회색)
21	Violet	Blue
22	Emerald green	Blue
23	Deep blue	Sea green(바다 그린)
24	Green blue	Dull brown(흐릿한 브라운)
25	Blue	Yellow
26	Indigo(남색)	Black
27	Scarlet(다홍색)	Red
28	Violet	Sky blue(하늘색)
29	Crimson(진홍색)	Buff(옅은 담황색)
30	Orange	Gold yellow(황금빛 노랑)
31	Orange scarlet(오렌지빛 다홍색)	Vermillion(주색)
32	Indigo (남색)	Black

12 카발라와 아담카드몬

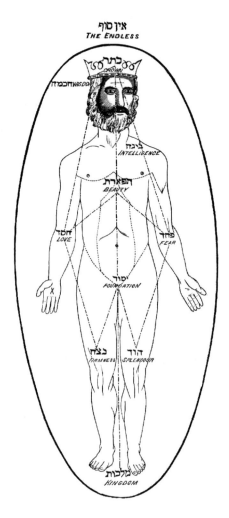

아담카드몬의 앞모습이다. 앞모습으로 그리게
되면 세피로트 위치의 좌우가 뒤바뀌게 된다.
원래 세피로트 신의 모습은 뒷모습이다.

신의 모습 아담카드몬

카발라 세피로트는 우주의 모습을 담아놓은 모형이자 신의 모습이다. 인간의 형상 또한 신의 모습을 본떠 만들었고, 또 우주를 닮아있다. 그래서 인간을 소우주라 한다.

카발라 세피로트는 신의 빛이 하강하는 과정을 그려놓은 것이며, 신의 다양한 빛들이 어떻게 방사되는지를 보여주고 있다. 카발라 세피로트를 인체에 상응시켜 나타낸 것이 바로 아담카드몬이다.

인간 육신은 신을 담는 그릇이다. 그러나 아담카드몬은 그릇에 담기지 않은 영적인 상태의 인간 원형을 나타내기 때문에, 아담카드몬을 그릇이 없는 신성한 빛, 순수한 잠재력이라 부른다. 아직 육신의 그릇에 담기지 않은 영적인 원형 상태, 이 상태가 바로 신의 원형이다. 인간 육신은 신을 담을 수 있게 설계되고 디자인되었다. 신이 인간을 통해 현현하고자 인간을 만든 것이다. 즉 아담카드몬은 영혼의 본질을 나타낸다.

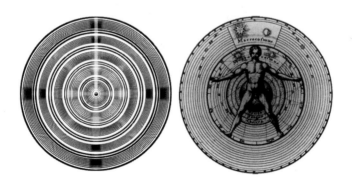

창조가 시작되기 전 우주는 무한한 빛 그 자체였다. 무한한 빛에 움직임이 시작되었을 때 진공이 형성되었고, 신성한 빛의 광선이 진공을

관통하며 아담카드몬의 인격체가 진공 속에 투영되었다. 아담카드몬의 처음 단계는 광선으로부터 발산되는 10개의 동심원 형태였다.

빛의 광선은 아담카드몬의 형체를 둘러쌓았다. 아담카드몬은 창조의 잠재력을 가진 영혼들을 품고 있는 본체에 해당된다. 즉 창조를 위한 궁극적 목적을 가지고 있는 아담카드몬은 인류를 위한 최초의 아버지가 되었다. 아담카드몬이 둘러친 최외각 경계 안쪽으로 네 개의 세계가 창조되었다. 아찔루트(방사), 브리아(창조), 예찌라(형성), 앗시아(움직임)의 세계가 창조되었다. 네 개의 세계는 각각 네 개의 신성한 문자로 표현된다.

요드헤바브헤 (יהוה)

세피로트는 아담카드몬의 뼈대를 형성한다. 세피로트는 신의 뒷모습이다. 원래 신의 얼굴은 볼 수 없다 하여 뒷모습으로 그려지는데, 앞모습으로 그리게 되면 세피로트 위치의 좌우가 뒤바뀌게 된다.(앞장의 그림 참조) 자신의 모습으로 대응시켜서 살펴보면 된다.

아담카드몬 머리 왕관의 자리에는 케테르가 위치한다. 오른쪽 뇌와 오른쪽 눈에는 호크마가 위치하고, 왼쪽 뇌와 왼쪽 눈에는 비나가 위치한다. 가슴에는 티페레트가 위치한다. 오른쪽 팔에는 헤세드가 위치하고, 왼쪽 팔에는 게부라가 위치한다. 오른쪽 다리에는 네짜흐가 위치하고, 왼쪽 다리에는 호드가 위치한다. 예소드는 단전 및 생식기관 부분이고, 말쿠트는 성기이자 발바닥 부분이다.

아담카드몬은 '거룩하고 높은 곳에 계시는 분', '최초의 원형 인간', '천상의 사람'이라 부른다. 아담카드몬이 인간 정신으로 들어오게 되면 영혼의 집단적 본질인 지구여신과 상응한다. 아담카드몬은 케테르를 생겨나게 만드는 신성한 의지에 해당된다.

사람의 형태는 위에 있는 것(하늘)과 아래에 있는(지구) 모든 것들을 담은 이미지이다. 따라서 거룩한 고대 신은 자신의 형태로 사람의 형상을 선택했다. 아담카드몬은 하나님이 창조한 첫 번째 영의 인간이다. 이 영의 인간 모습을 본떠서 지구 인간을 창조하였다.

아담카드몬의 얼굴

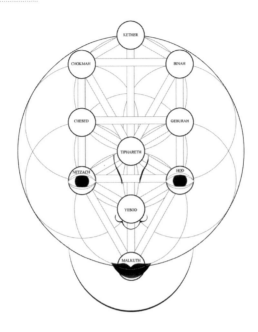

아담카드몬의 얼굴에도 작은 형태의 세피로트를 상응시킬 수 있다. 세피로트는 뒤에서 바라본 모습이기 때문에 몸체와 마찬가지로 자신의 얼굴에 상응을 시키면 된다. 위의 그림은 앞면으로 그려놓았다.

위 그림을 보면, 원의 중간인 미간 송과체에는 티페레트가 위치하고, 좌뇌는 게부라, 우뇌는 헤세드와 상응한다. 호드는 좌측 눈과 귀, 네짜흐는 우측 눈과 귀에 상응한다. 케테르, 비나, 호크마는 왕관자리에 위치하여, 영적인 수신을 받는 곳에 해당된다. 예소드는 코에 위치하고 모든 통합된 정보는 입이 위치한 말쿠트를 통해 드러난다.

즉 케테르, 비나, 호크마는 영적 수신을 받고, 좌뇌와 우뇌인 게부라와 헤세드에서 정신적 고뇌를 거친 후, 눈과 귀를 통해 정보를 수집하고, 코에서 모아져 입으로 생각이 드러낸다. 이 우주가 하느님의 말씀으로 생겨났다는 것은 위의 과정을 거쳐 말쿠트에서 명령이 일어나는 것이다.

케테르, 비나, 호크마는 인간의 머리에 씌워진 왕관으로, 이념, 사상, 뜻이 삼신합의에 의해 신의 뜻이 최초 발현된다. 이후 이러한 정보 즉 신의 뜻이 인간의 머릿속으로 들어오면, 그 뜻을 이룰 적합한 정보를 찾기 시작한다. 특히 눈과 귀로 들어온 정보는 좌뇌와 우뇌를 거치면서 분별하고 판단한다. 받아들일 것은 받아들이고, 버릴 것은 버리면서 정보가 정리되면, 송과체를 통해 상념을 만들고, 이 상념이 모아지면 입을 통해 말이 나오게 된다.

말은 신의 언어다. 말을 통해서 생각이 나오고, 명령이 나오며, 생각의 모든 결과물이 말로 나타난다. 눈으로 보고, 귀로 듣고, 오감으로 느낀 모든 감각의 정보는 하나로 모아지고, 모아진 정보는 뇌에서 분석이 들어가고, 이렇게 정리된 생각에 따라 인간의 몸이 움직여지고 또 말에서 말로 상대를 움직이게 만든다. 내가 누구의 말에 움직여지느냐에 따라 나의 신이 결정되는 것이다. 인간은 서로가 서로에게 신으로 작용한다.

13 카발라와 신의 이름

이름 속에 담긴 정체성

　사람마다 이름을 가지고 있고, 신에게도 이름이 있다. 이 이름이라는 것은 특정 대상의 정체성을 가장 잘 드러내주는 상징이다. 지금 시대는 누구나 이름을 바꿀 수 있는 시대가 되었지만, 옛날에는 가문의 혈통을 나타내주기 때문에 함부로 바꿀 수도 없었다. 이름에는 그 사람 신분과 살아온 지역 그리고 가문의 역사가 고스란히 담겨있기 때문이다. 더 과거로 올라가면 귀족 또는 왕족만이 성을 붙일 수 있었고, 노비신분은 성이 없고 이름만을 가지고 있었다. 서양과 동양을 모두 포함하여 성이라는 것에는 내가 어느 가문의 혈통인지, 그 가문이 대대로 어디에 살았었는지, 그 가문의 성격과 혈통의 역사가 담겨있다. 성을 통해서 그 사람이 귀한 신분인지 천한 신분인지 바로 알 수 있었고, 성을 통해서 그 사람의 정체성을 바로 확인할 수 있었다. 시대가 수평사회가 되면서 이름의 개념은 점차 평준화되고 다양화되었으며, 누구나 이름을 스스로 가질 수 있는 시대가 되었다.

　우리는 사람을 부를 때도 이름을 부르고, 신을 부를 때도 이름을 부른다. 신의 이름을 부른다는 것은 신을 소환한다는 의미이기도 하다. 그래서 예로부터 신의 이름은 함부로 부를 수도, 쓸 수도 없었다. 신의 이름을 부르거나 쓸 때는 상징적 의미를 담아서 나타내었는데, 교회에서 쓰는 십자가는 신의 이름을 나타내는 상징 언어이다. 성경에는 하나님 이름을 '여호와' 또는 '야훼'라고 쓰고 있고, 고대 히브리인들은 '아도나이 엘로힘(나의 주 하나님)'이라 불렀으며, 신의 이름을 쓸 때는 테트라그라마톤(Tetragrammaton)이라는 네 글자를 이용하여 나타내었다. 초기 유대 기독교인들은 본문에 테트라그라마톤이 등장하면 'Lord'로 읽는 관습이 있었다.

신의 이름 네 글자 '테트라그라마톤'

테트라그라마톤(Tetragrammaton)은 '네 글자로 이루어져 있다'라는 의미로, 하나님의 본질적인 신성한 이름 글자 4가지를 나타낸 것이다. 이 네 글자는 십자가와 상응한다. 라틴어로는 YHWH 또는 YHVH라고 하며, 아도나이라 부른다. 히브리어로는 יהוה(요드헤바브헤)라고 하며, 부를 때는 '예호바'라 한다. 이 예호바의 발음이 야훼, 여호와 이렇게 변형되었다. 예호바를 히브리어로는 다음과 같이 쓰고 읽는다.

יהוה (요드헤바브헤: 오른쪽에서 왼쪽으로 읽음)

yod(י) heh(ה) vav(ו) heh(ה)

요드헤바브헤(יהוה)를 상응시키는 방법은 여러 가지 방법들이 있다.

1) 세피로트 4개의 세계와 상응한다.
요드(י)는 아찔루트계(Atzilut)와 상응하고,
헤(ה)는 브리아계(Beri'ah)와 상응하며,
바브(ו)는 예찌라계(Yetzirah)와 상응하고,
헤(ה)는 앗시아계(Assiah)와 상응한다.

2) 4개의 원소와 상응한다.
요드(י)는 불원소와 상응하고,
헤(ה)는 물원소와 상응하며,
바브(ו)는 공기원소와 상응하고,
헤(ה)는 흙원소와 상응한다.

3) 4가지의 타로카드와 상응한다.
요드(י)는 지팡이와 상응하고,
헤(ה)는 잔과 상응하며,

바브(ㅣ)는 검과 상응하고,

헤(ㄱ)는 동전과 상응한다.

4) 세피라와 상응한다.

요드(ㆍ)는 호크마를 나타내고,

헤(ㄱ)는 비나를 나타내며,

바브(ㅣ)는 헤세드, 게부라, 티페레트, 네짜흐, 호드, 예소드를 포함하고,

헤(ㄱ)는 말쿠트를 나타낸다.

5) 부모자녀와 상응한다.

요드(ㆍ)는 신성한 아버지를 나타내고,

헤(ㄱ)는 신성한 어머니를 나타내며,

바브(ㅣ)는 신의 아들들을 나타내고,

헤(ㄱ)는 지구의 딸들을 나타낸다.

요드(ㆍ)는 불현듯 떠오르는 첫 불꽃이자 현실세계로 에너지가 들어옴을 뜻한다. 또한 요드 안에는 보이지 않는 '케테르'라는 초 무의식적인 뿌리를 포함하고 있으며, 아버지를 상징한다.

헤(ㄱ)는 요드의 점을 세 공간 차원으로 확장한 것이 되며 비나와 상응한다. 호크마의 지혜를 물질화시킨 것에 해당되며, 경계와 형태를 만들어내는 어머니를 상징한다.

바브(ㅣ)안에는 호크마와 비나의 영적 분신들인 헤세드, 게부라, 티페레트, 네짜흐, 호드, 예소드가 포함되며, 에너지 차원에서 창조가 일어

나는 과정들을 나타낸다. 이곳에서는 엘로힘, 대천사, 천사, 정령들이 에너지작업을 벌이고 있고, 신의 아들들이 활발히 움직이는 곳이다.

헤(ה)는 물질화된 신의 에센스인 말쿠트를 나타낸다. 영적이고 정신적인 작업의 결과물이 물질화되어 나타나는 곳으로, 지구의 딸들 혹은 지구의 자식들이 여기에 해당된다.

신의 이름을 세피로트 연결기둥과 상응시킬 수 있는데, 다음과 같다.

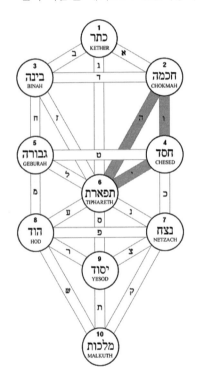

요드헤바브헤(יהוה) 히브리어 글자는 옆의 그림 회색부분에 해당된다. 헤세드와 티페레트를 연결하는 부위가 요드(י)에 해당되고, 호크마와 티페레트를 연결하는 부위가 헤(ה)에 해당되며, 호크마와 헤세드를 연결하는 부위가 바브(ו)에 해당된다.

세피로트는 아담카드몬의 뒷모습에 해당된다. 따라서 요드헤바브헤를 이루고 있는 삼각형은 아담카드몬의 오른쪽 어깻죽지에 해당된다.

서양기독교에서는 오른쪽은 정신, 왼쪽은 물질을 나타내고, 더 나아가 오른쪽은 선, 왼쪽은 악을 뜻하는데, 요드헤바브헤는 신의 오른쪽 모습을 상징하는 것이다. 호크마, 헤세드, 티페레트 이 3개의 세피라가 만들어낸 에너지 공간이 요드 헤바브헤의 에너지이다.

타로카드의 메이저 카드 이미지로 보자면, 황제(호크마), 교황(헤세드), 태양(티페레트)과 연결시킬 수 있다. 모두 권위, 힘, 질서와 연관시킬 수 있다. 호크마, 헤세드, 티페레트는 무한 생명의 빛을 방출하는 존재이자, 선의의 하나님으로 대표된다. 즉 물질세계에서 신이라 칭하는 존재는 빛이자 선의 존재를 하나님 아버지로 삼고 있는 것이다. 그러나 이 물질지구는 이원성으로 나눠진 세계이며, 신은 선과 악, 빛과 어둠, 오른쪽과 왼쪽을 모두 포함하고 있는 아브라삭스와 같은 존재이다.

사람들은 하나님을 선의의 하나님이라고 관념적으로 생각한다. 또한 인간과 비슷한 인격체로 생각할 수 있는데 진정한 우주의 하나님이란, 세피라의 모든 빛을 담고 있는 아담카드몬과 같은 존재이다. 가장 큰 창조물이자 가장 작은 창조물이며 우주 어디에든 존재하는, 존재 그 자체이다.

신의 이름 네 글자를 신의 큰 얼굴(Arich Anpin)[31]과 작은 얼굴(Zeir Anpin)로 상응시킬 수 있는데, 다음과 같다.

요드(')는 큰 얼굴(Arich Anpin/Macroprosopus)로 나타난다. 뿌리에 케테르를 품고 있는 호크마이자 신성한 아버지(Abba)를 상징하며, 오른쪽을 담당하는 거시창조물(Macroprosopus)에 해당된다.

---

31 아리치 안핀(Arich Anpin)이란 말은, 아람어로 큰 얼굴(Long Face)이라는 뜻이고, 제르 안핀(Zeir Anpin)이란 말은, 작은 얼굴(Small Face)이라는 뜻이다. 카발라 문서들에서는 아리치 안핀을 Macroprosopus이라고 하고, 제르 안핀을 Microprosopus라 한다.

헤(ㅎ)는 신성한 어머니(Imma)에 해당되며, 왼쪽을 담당하는 비나에 해당된다.

바브(ㅣ)는 작은 얼굴(Zeir Anpin/Microprosopus)로 나타난다. 헤세드, 게부라, 티페레트, 네짜흐, 호드, 예소드를 포함하고 있는 6아들을 상징하며, 어머니(Imma)의 왼쪽에서 태어난 미세 창조물(Microprosopus)에 해당된다.

헤(ㅎ)는 딸(Nukvah)에 해당되며 말쿠트이다. 왼쪽의 작은 얼굴(Zeir Anpin)로 부터 태어났다. 누크바(Nukvah)는 제르 안핀(Zeir Anpin)과의 결합을 기다리는 신부로 표현하기도 한다.

여기에서 요드(ㅣ)와 바브(ㅣ)는 남성성을 상징하는 아버지와 아들을 나타내고, 헤(ㅎ)는 어머니와 딸들 즉 여성성을 나타낸다.

테트라그라마톤과 게마트리아

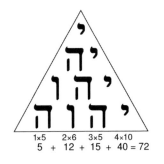

카발라 생명나무와 테트라그라마톤을 연결시키면 다음과 같다. 정삼각형 안에 테트리스 모양으로 요드헤바브헤(ㅠㅠ)를 쌓아올린다. 처음 요드(ㅣ)는 케테르에 해당되고, 요드헤(ㅠ)는 호크마와 비나이며, 요드헤바브(ㅠㅠ)는 헤세드, 게부라, 티페레트이며, 마지막 요드헤바브헤(ㅠㅠ)는 네짜흐, 호드, 예소드, 말쿠트이다.

히브리어에 매겨진 숫자는 다음과 같다. 요드(י)는 10, 헤(ה)는 5, 바브(ו)는 6이다. 정삼각형 안에 요드헤바브헤(יהוה)를 쌓아 넣으면, 우측부터 요드(י)가 4개, 헤(ה)가 3개, 바브(ו)가 2개, 그리고 마지막 헤(ה)가 1개이다. 이것을 게마트리아[32]로 풀면 다음과 같다.

(י) $10 \times 4 = 40$

(ה) $5 \times 3 = 15$

(ו) $6 \times 2 = 12$

(ה) $5 \times 1 = 5$

$40 + 15 + 12 + 5 = 72$

즉 정삼각형 안에 들어가는 신의 수는 72가 된다.

기독교와 가톨릭에서 섬기는 하느님이란, 요드헤바브헤(야훼)인 오른쪽의 하나님이자, 선의의 하나님이다. 그렇다면 왼쪽의 하나님, 어둠의 하나님은 무엇일까? 다음 〈카발라와 도형〉에서 설명할 다아트(Da'at)는 프리메이슨의 숨겨진 하나님이자, 어둠의 하나님이 된다.

---

32 중세 카발라 학자들이 주로 사용한 숫자코드로, 히브리어로 만든 수비학.

〈주기도문〉

하늘에 계신 우리 아버지여 → (신이 머무는 장소)
이름이 거룩히 여김을 받으시며 → (신의 이름)
나라가 임하시며 → (신의 소환)
뜻이 하늘에서 이루어진 것 같이 땅에서도 이루어지이다. → (헤르메스 주문)
오늘날 우리에게 일용할 양식을 주시고
우리가 우리에게 죄 지은 자를 사하여준 것 같이
우리 죄를 사하여 주시고
우리를 시험에 들지 말게 하옵시며
다만 악에서 구하옵소서. → (기도 영역)
나라와 권세와 영광이 아버지께 영원히 있사옵나이다. → (신의 회귀)
아멘 → (기도 종료 주문)
※ 주기도문은 소환마법의 전형적인 형태를 나타내주고 있다.

14 카발라와 도형

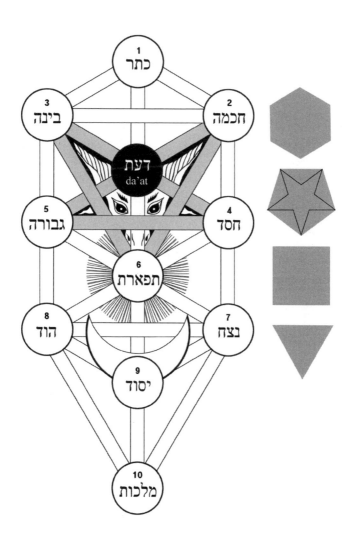

세피로트와 도형

카발라 세피로트 모형에는 각각의 도형들이 담겨져 있다. 1(케테르)-3(비나)-5(게부라)-6(티페레트)-4(헤세드)-2(호크마)로 연결된 선이 육각형을 이루고 있고, 육각형 안쪽으로 앞의 그림처럼 2(호크마)-5(게부라)-4(헤세드)-3(비나)-6(티페레트)이 오각형의 별 모양을 이루고 있다. 육각형의 중심에는 다아트가 존재한다. (세피로트가 신의 뒷면을 그리고 있기 때문에 사실 다아트는 신의 앞모습에 해당된다.) 다아트는 육각형의 중심점이자 오각형의 송과체요, 삼각형의 무게중심이다.

그다음 4(헤세드)-5(게부라)-8(호드)-7(네짜흐)가 4각형을 이루고 있고, 다시 7(네짜흐)-8(호드)-10(말쿠트)가 3각형을 이루고 있다. 정삼각형의 무게중심에는 9(예소드)가 위치한다.

도형으로 풀어놓은 것은 곧 차원을 뜻한다. 물질의 완성인 말쿠트가 속해있는 삼각형은 3차원이고, 티페레트를 중심태양으로 하고 있는 4각형은 4차원에 해당된다. 다아트를 중심으로 하고 있는 5각 별모양은 5차원에 해당되고, 케테르가 속해있는 6각형은 6차원에 해당된다.

카발라 세피로트는 7차원의 에너지가 케테르를 통해 6차원으로 현현한 모습이 된다. 케테르의 에너지는 다아트를 거쳐 티페레트로 하강하는데, 케테르가 속한 형체 없는 에너지 육각형이 차원하강 하면서 티페레트에서 형체 있는 물질 육각형을 이룬다. 즉 물질 6각형의 중심에는 티페레트가 있다. 물질의 완성수는 6이다. 벌집도 육각형, 물 결정도 육각형을 이룬다.

세피로트가 10개의 세피라로 이루어져 있듯, 우리의 우주는 10차원 원형 구조를 가지고 있다. 우리 우주를 다시 나누면 3차원 물질공간과 6차원 비물질 공간으로 나눌 수 있고, 여기에 전체를 관통하는 시간이 흐르면서 10차원 우주를 만들고 있다. 물질우주의 3차원 공간에 시간을 더하면 4차원이 되고, 비물질 우주의 6차원 공간에 시간을 더하면 7차원이 된다. 3차원에서 육신을 벗으면 4차원 존재(반 육신)가 되고, 6차원에서 반 육신을 벗으면 7차원 존재가 된다. 3차원 존재는 물질 형태를 갖지만, 6차원 이상의 존재는 형체가 반물질 형태를 갖는다.

숨겨진 신 다아트(Da'at)

다아트를 중심에 둔 오각별에는 어둠의 신이라 불리는 바포메트 머리가 위치하고 있다. 바포메트의 이마 부분에 다아트가 위치한다. 위의 이미지에는 검게 표시된 부분이다. 다아트는 히브리어로 דעת라 하고, Da'at 또는 Daas라고 한다. 이곳은 지혜와 지식을 전달해주는 자리로, 아담과 이브 이야기에서 뱀이 이브에게 생명나무 과실을 건네준, 바로 그 포지션에 해당된다.

다아트는 카발라 세피로트에서는 표기되지 않는다. 즉 숨겨진 신에 해당되기 때문이다. 다아트는 케테르의 숨겨진 측면이다. 다아트가 빛을 감추는, 혹은 빛을 빨아들이는 블랙홀에 해당된다면, 티페레트는 빛을 방출하는 화이트홀에 해당된다.

원래 카발라의 완성된 모형은 다아트가 포함되어있는 모양이지만, 다아트는 추락천사이자 숨겨진 신에 해당되므로, 세피로트에서 배제시켰다. 다아트가 표현되어있는 생명나무에는 말쿠트가 존재하지 않는다 (예소드가 맨 하단에 위치). 즉 다아트의 빠짐이 빛의 추락으로 이어져 말쿠트가 탄생하게 되었기 때문이다. 다아트의 빠짐 혹은 물러섬은 곧 세피라의 추락을 가져오게 되었다. 빛으로 꽉 찬 우주에 진공 공간을 만들면서 빛이 밀려나게 되었고, 그 결과 물질우주가 생기게 된 것이다.

다아트의 빠짐은 아담과 이브가 뱀의 유혹에 빠져 지식을 전수받고 에덴동산에서 쫓겨나는 것으로 상징되어 나타난다.

다아트의 빠짐은 최초 원죄의 원인을 형성하게 되었고, 이로 인해 그리스도에 해당하는 티페레트는 십자가에 못 박히는 형상으로 표현된다. 케테르의 왕관은 추락하여 가시면류관이 되었고, 두 손은 헤세드와 게부라에 못이 박혔으며, 가슴에는 티페레트가 위치하고, 발은 말쿠트에 못이 박혀 있다.

예수 시나리오 중에 예수가 십자가에 못 박힐 적에 예수의 양쪽에는 도적들이 함께 매달려 있는 것으로 나온다. 그중 예수의 오른편에 있는 도적은 죄사함을 받았고, 왼편의 도적은 죄사함을 받지 못했다. 이것은 예수의 양손이 못 박혀 있는 게부라와 헤세드의 상징이다. 좌측은 어둠, 우측은 빛이라는 개념은 카발라에서 만들어진 개념이다.

다아트는 세피로트에서 세피라로 표현되는 대신에 심연을 가로지르는 빈 공간으로 표현된다. 이 심연은 모든 것을 담고 있는 어둠의 창고와 같다. 다아트를 어둠의 신이라고 표현하지만, 다른 한편으로 생각하면 다아트가 신성한 빛을 받아 숨기는 어둠의 역할이 있기 때문에 주변의 세피라가 환하게 빛날 수 있는 것이기도 하다. 즉 다아트는 자신을 죽여 다른 세피라를 빛내주는 역할을 하고 있다. 다아트라는 세피라의 빠짐은 곧 빛이 드러날 것이라는 계시를 포함하고 있다. 다아트라는 어둠이 광명을 더욱 빛나게 만들기 때문이다.

다아트와 티페레트는 서로 반대되는 극성의 쌍둥이에 해당된다. 다아트가 루시퍼라면, 티페레트는 미카엘에 해당된다. 다아트는 숨겨진 신이고, 티페레트는 드러난 신이다.

비나가 빨아들이는 케테르의 빛은 모두 다아트로 빠져나간다. 그래서 비나의 공간은 진공 공간이 형성되는 것이다. 즉 다아트라는 그림자는 비나에 의해 생겨난 불행의 씨앗이다. 겉으로 드러날 수 없는 사생아처럼, 다아트는 비나의 빛을 먹고 자란 그림자이다. 비나는 자신의 빛을 모두 다아트로 내려주고, 다아트는 먹어도 먹어도 배부르지 않은 우주의 블랙홀이 되어간다. 심연을 힘겹게 건너간 빛은 헤세드를 거쳐 결국 티페레트로 내려가고, 다아트는 티페레트를 더 빛나게 만드는 어둠이 되어간다. 세피로트의 보이지 않는 면에 위치하여 전면으로 나올 수 없는 존재가 되었다. 보이는 면의 중심에는 티페레트가 찬란하게 떠오르고 있다. 따라서 다아트는 티페레트를 더욱 빛나고 찬란하게 만드는 숨은 주역이 된다. 그래서 다아트를 '숨겨진 신'이라 부르는 것이다.

다아트를 Da'at 또는 Daas라고도 부르는데, 영화 〈스타워즈〉의 '다스베이더'란 이름은 이 다아스(Daas)에서 가져왔을 것으로 본다. 다스베이더는 영화 전반에 걸쳐 어둠의 역할을 하는 인물로, 처음엔 빛의 전사였으나 나중엔 어둠의 제왕이 된다. 영화 주인공인 루크 스카이워커가 빛이라면, 다스베이더는 어둠을 상징한다. 아이러니하게도 주인공 루크 스카이워커의 아버지는 다스베이더이다. 즉 다스베이더라는 아버지의 희생 속에서 빛의 전사로 탄생한 인물이 루크 스카이워커가 되며, 루크 스카이워커는 티페레트와 매칭시킬 수 있다. 어둠이라는 존재가 있기에 빛이 더욱 빛으로 발할 수 있는 것이다.

어둠의 신 바포메트

바포메트(Baphomet)는 어둠의 신이자 템플기사단[33]이 숭배하는 신으로 알려져 있다. 템플기사단이 십자군 전쟁 당시, 유럽으로 새로운 사상을 들여오는 과정에서 이교도 신 또는 악마를 숭배한다고 하여 많은 템플기사단이 오명과 비난을 받아야만 했다. 그 후로 템플기사단의 사상과 이념들은 비밀리에 전수되었으며, 후대에는 프리메이슨의 신으로 알려지게 된다.

프리메이슨의 상징이미지를 보면 오각별이 주로 나타나는데, 이 오각별은 바포메트를 상징하며, 가장 완벽한 수라고 알려져 있다. 또 이 오각별은 피타고라스학파의 상징이기도 하다. 오각별도 그 방향이 어디를 향하느냐에 따라 악마의 별이냐, 신성한 신의 모습이냐로 나눌 수 있다. 특히 2개의 꼭짓점이 위로 향하여 두 뿔을 나타낸 오각형을 악마의 상징이라고 한다. 이는 드러나서는 안 되는 존재가 모습을 드러냈기 때문에 악마라는 주홍글씨를 새겨놓아 금기시시킨 것이라고 본다.

문헌에 나오는 바포메트를 살펴보면, 한 개의 몸에 두 개의 머리를 가진 존재, 또는 세 개의 얼굴을 가진 존재 등 대체로 남녀 한 몸을 하고 있는 자웅동체의 모습으로 등장한다. 또한 주변에 뱀, 태양, 달 등의 상징 등이 함께 동반되며, 머리는 염소나 흑양 머리에 검정 날개를

---

33 템플기사단은 중세 십자군 시대의 3대 종교기사단 가운데 하나이며, 정식 명칭은 예루살렘 템플기사수도회이다. 중세 십자군 전쟁 때, 솔로몬 성전까지 성전 순례하는 순례자 보호를 목적으로 설립된 서방 교회의 기사 수도회로, 붉은색 십자가가 표시된 흰색 겉옷이 상징이다.

달고 있는 모습으로 등장한다. 바포메트는 여성과 남성, 선과 악, 어둠과 빛이 공존하는 아브락삭스와 동일시되기도 하며, 우주의 총합과 같은 존재이다. 이러한 모든 상징들의 근원으로 들어가면 카발라 세피로트와 만나게 된다.

바포메트의 상징 이미지를 보면, 상단에는 염소 머리가 오고 하단에는 달 이미지가 있는데 이는 천궁도 상징을 나타내는 것이다. 천정점[34]에는 염소자리(♑)가 오고, 천저점은 게자리(♋)가 온다. 게자리의 지배성은 달(☽)이기 때문에 달이 위치하는 것이다.

---

34 점성학에서 천정점(Midheaven)은 중천점이라고도 하며 하늘의 천장이다. 약자로는 MC(Medium Coeli)라고 한다. 천저점은 하늘의 바닥이며, 약자로는 IC(Imum Coeli)라고 한다.

위 그림은 카발라 세피로트의 상징을 그대로 보여주고 있다. 머리 중앙에는 케테르의 불꽃이 빛나고 있으며, 머리의 양뿔은 호크마와 비나를 나타낸다. 그의 양팔과 양 날개는 헤세드와 게부라를 나타낸다. 이마에는 다아트를 상징하는 오각별이 있다. 태양총 차크라 부분에는 원형의 기둥이 올라와있고, 꼬아진 두 마리의 뱀은 티페레트로부터 일어난 회전을 상징하며, 네짜흐와 호드를 나타낸다. 마찬가지로 꼬아진 두 다리 또한 네짜흐와 호드를 나타낸다. 예소드는 바포메트의 성기로 연결되고 바닥에 받치고 있는 원형 구는 말쿠트를 상징하는 지구를 나타낸다. 위로 올린 팔에는 'SOLVE(용해)'라고 쓰여 있고, 아래로 내린 팔에는 'COAGULA(응고)'라고 쓰여 있다. 세피로트 모습은 뒷면을 나타내기 때문에 왼쪽은 응고가 되고, 오른쪽은 용해가 된다. 즉 왼쪽은 형태를 응고시키고, 오른쪽은 형태를 용해시킨다.

15 카발라와 영혼

우주의 축소판 인간

달은 지구를 돌고, 지구는 태양을 돌고, 태양은 더 큰 성단을 회전하고, 성단은 은하계를 중심으로 회전한다. 작은 힘은 큰 힘에 종속되어 회전을 한다. 마치 원자 주위를 전자가 돌듯, 별들도 원소 입자처럼 움직인다. 만약 원자와 전자의 크기를 별만큼 확대한다면 별과 별 사이의 간격만큼 벌어질 것이다. 이렇듯 가장 큰 것은 가장 작은 것과 유사하다. 우리의 인체 또한 우주의 모습과 매우 흡사하며, 우주라는 몸체와 인간의 육체를 상응시킬 수 있다.

우주의 축소판이 바로 인간이다. 인간 속에는 우주의 정보가 담겨있다. 헤르메스 트리메기투스의 명언 '위에서와 같이 아래에서도'라는 명언은 모든 자연계에 해당된다.

인간 육신이 개별체로 존재하기 때문에 독립된 존재라 생각할지 모르지만, 우리 인간 육신을 만들고 있는 물질은 지구에 존재하는 물질로 만들어졌다. 나무뿌리가 흙 속에서 모두 연결되어 나무들 간에 동일한 의식을 이루듯, 인간의 전체 무의식은 함께 움직여지고 있다는 점을 인지할 필요가 있다. 인간이 개개인의 삶을 살아도 국가에 영향을 받듯, 작은 것은 큰 것에 영향을 받을 수밖에 없다. 작은 것이 모여 큰 것을 이루고, 큰 것의 움직임에 작은 것이 영향을 받는다.

인간은 신의 모습과 우주의 모습을 담아놓은 소우주에 해당된다. 우주라는 큰 얼굴(Macroprosopus)과 인간이라는 작은 얼굴(Microprosopus)은 크기만 다를 뿐 그 안에 담겨진 질료와 원리는 동일하다.

인간의 인체는 최첨단을 초월한 고도화된 기능을 가지고 있는 다차원 볼텍스이자, 우주비행선과 같은 운전체이다. '나'라는 영혼은 하나씩의 육체를 갖게 되고, 현재의 지구에서는 이 육체를 평균 80년간 사용을 한다.

우리의 물질 육체 속에는 영혼이라는 보이지 않는 에센스가 들어와 운행되고 있으며, 영혼 속에는 각 가문이 감내해야만 하는 카르마 코드와 그에 따른 전생의 기억의 코드가 저장되어 있다. 핵심 정수가 육체라는 물질에 스며들어가면서 우리의 육체는 영혼의 기억과 카르마적 움직임에 따라 사용되고 움직이고 있다. 이것은 마치 단단한 유리컵에 물이 차 있는 것처럼, 우리의 물질 육체는 유리컵이고 물은 영혼이라 비유할 수 있다. 물을 이루고 있는 에센스 안에 영혼의 정보가 담겨있는 것이고, 물과 컵 모두를 동시에 '나'라고 인식을 하게 된다. 즉 유리컵도 나요, 물도 내가 되는 것이다. 컵이라는 테두리는 '나'라는 의식이 강하기 때문에 자신의 본래 영혼 에센스가 아닌 다른 사념체가 이 컵 속으로 들어온다 해도, 내 육체는 '나'라고 강하게 인식이 되는 것이다. 외부의 기운이 들어와 나를 움직이게 하여도 내가 움직였기에 내가 한 것이 된다. 영화 〈아바타〉를 보면 만들어진 육체에 기억과 정보를 입식시켜 아바타를 움직이는 것처럼, 우리의 영혼도 육체라는 아바타를 움직이고 컨트롤 하는 주체이다.

육체는 정신에 지배를 받는다. 그렇기 때문에 어떤 정신과 어떤 생각이 들어와 있느냐에 따라 나의 말과 행동은 그대로 드러나게 되어있다. 또한 상위 에너지에 조종을 받게 되어 있다. 상위 에너지는 집단 무의식이 가고자 하는 방향으로 인간을 움직이게 만들며, 우리 인간은 육체적, 정신적, 영적인 진화목적을 위해 이 지구란 별에 태어난 것이다.

영혼의 레벨

이러한 영혼의 개념을 잘 설명할 수 있는 도구가 바로 카발라 세피로트이다. 카발라 세피로트는 신의 모습이기도 하지만 인간의 영혼 구조도이기도 하다. 그래서 카발라 세피로트의 메커니즘은 신들뿐만이 아닌 인간 영혼에도 적용될 수 있는 메커니즘이다.

카발라 세피로트의 10개 세피라가 모여 하나의 큰 별을 이루듯, 우리의 태양계도 태양을 중심으로 10개의 행성들이 돌고 있다. 별들이 반짝이듯 우리의 영혼도 빛난다. 살아있는 모든 생명체는 그 안에 빛을 품고 있다. 세피라가 각각의 특성을 가지고 빛을 내지만, 한꺼번에 빛이 들어오면 마치 하나의 광구처럼 빛난다. 즉 우리 인간의 영혼들도 각자 개별적인 빛을 띠고 있지만, 인간 영혼과 영혼들이 함께 모일 때는 큰 광구의 빛처럼 빛을 발할 것이다.

　다음은 카발라에 나오는 영혼 개념에 대해 살펴보기로 하자. 카발라에서 영혼에 대한 설명은 16세기 카발리스트인 이삭 루리아(Isaac Luria)[35]가 잘 해석해 놓았다. 루리아(Luria)는 중세 카발라의 기틀을 확립해놓은 카발라의 아버지에 해당되는 인물이다. 그래서 그의 카발라 사상을 루리아닉 카발라(Lurianic Kabbalah)라고 부른다.

　루리아(Luria)는 인간의 영혼을 다음과 같이 크게 3단계로 나누었다. 네페쉬(nefesh), 루아크(ruach), 네샤마(neshamah)이다.

　네페쉬는 모든 인간들 안에서 찾을 수 있는 것으로, 출생 시에 육체 속으로 들어간다. 그것은 인간의 육체적, 정신적 본질의 근원이다. 다른 식으로 표현하자면, 혼백의 백(魄)과 같은 것이자, 이집트의 Ka에 해당된다. 이것은 지구어머니가 간직한 육체정보이자 코드이고, 형체를 만드는 에너지 틀이다. 육체라는 용기를 만들 때 육체와 비슷한 형태의 에너지 틀과 같다. 즉 영혼의 하위개념이다.

　루아크와 네샤마는 시간이 지나면서 서서히 드러나며, 영혼의 상위 개념에 해당된다.

- 네페쉬(Nefesh, נפש) : 영혼의 하위 영역 또는 동물 영역, 그것은 본

35　이삭 루리아 (Isaac Luria, 1534-1572) : 조하르의 고전적 해석을 현대적으로 풀어낸 카발라의 아버지에 해당된다. 예루살렘에서 태어났으며, 아버지는 아슈케나지이고, 어머니는 세파르딤이다.

능과 육체적 갈망과 연결되어있다. 영혼의 이 부분은 출생할 때 육체 속으로 들어온다. 〈백(魄): 혼백의 백에 해당되며 육체를 만드는 영혼 틀에 해당된다.〉

• 루아크(Ruach, רוח) : 중간 영혼 즉 동물과 구분되는 인간의 정신에 해당된다. 여기에는 도덕적인 미덕과 선과 악을 구별할 수 있는 능력이 포함되어 있다. 〈혼(魂): 혼백의 혼에 해당되며 영혼의 본질에 해당된다.〉

• 네샤마(Neshamah, נשמה): 상위 영혼 또는 '슈퍼 영혼'이며, 다른 모든 생명 형태의 것들과 인간을 나눌 수 있는 기준이 된다. 이것은 지성과 관련이 있으며, 사후세계의 혜택과 즐거움을 얻을 수 있다. 하느님이 함께하고 있음과 존재하고 있음에 대한 인식을 가질 수 있다.

〈영혼의 원신(原神) 혹은 상위자아에 해당된다.〉

또한 인간 영혼은 4번째와 5번째 부분인 차야(chayyah)와 예히다 (yehidah)가 있다. 이 두 부분은 직관과 관련이 있으며, 소수의 선택된 개인만이 인지할 수 있는 부분이다. 차야(chayyah)와 예히다(yehidah)는 다른 3개의 영혼과 같이 몸으로 들어가지 않는다. 따라서 이 두 영혼의 단계는 다른 단계보다 덜 알려져 있다.

• 차야(Chayyah, חיה) : 신성한 생명력 자체에 대한 인식을 가질 수 있는 단계. 〈대자연 인식단계〉

• 예히다(Yehidah, יחידה) : 영혼의 가장 높은 면. 하느님과 완전한 결합을 성취할 수 있는 단계. 〈대우주 인식단계〉

루리아(Luria)의 영혼 생성 체계를 살펴보면 다음과 같다.

에덴동산에 있던 최초인간 아담에게는 가장 낮은 영적 세계로 추방된 거룩한 불꽃들을 바로 잡는 일이 주어졌다. 이 불꽃들 또한 아담의 일부였기 때문이다. 아담과 이브가 에덴동산에서 쫓겨나기 전에는 현재의 말쿠트 수준의 물질적 세계인 앗시아에 거주하지 않았다. 이 에덴동산은 비물질적 영역으로, 예찌라계에 있었다. 그러나 영혼은 추락하여 물질계인 앗시아계로 떨어졌다.

인간의 영혼은 무한과 유한 사이를 연결하는 연결고리이며, 영혼 그 자체로 다양성을 지니고 있다. 인류의 모든 영혼은 아담의 여러 기관과 함께 창조되었다. 각각 결합된 기관에는 우수한 기관과 열악한 기관이 있듯, 마찬가지로 영혼에도 우수한 영혼과 열악한 영혼이 공존한다. 각 기관들에는 뇌의 영혼, 눈의 영혼, 손의 영혼 등이 존재한다. 우리는 모두 아담 영혼의 일부분을 받은 사람이자, 아담 영혼의 일부분을 차지하고 있다.

아담은 최초 인간 영혼이다. 그의 후손인 우리들은 모두 아담 불꽃의 분신에 해당된다. 첫 번째 사람이 지은 첫 번째 죄는 다양한 영혼들에게 혼란을 야기시켰고, 그 결과 우수한 영혼과 열악한 영혼이 섞여버리게 되었다. 가장 순수한 영혼조차도 그 껍데기 요소에는 악의 요소가 들어있고, 우수한 영혼이라도 죄가 완전히 없지는 않으며, 열악한 영혼이라도 선이 완전히 박탈당한 것은 아니다.

최초 하나의 잘못된 꼬임은 내려갈수록 더 많은 꼬임을 야기한다. 처음 발생한 오류에 오류가 더해져 영혼은 점점 더 무거워지고 탁해져간다. 오류를 더해가는 이 혼란의 시대를 끝내기 위해 새로운 기초이자 도덕적 체계를 수립할 메시아가 배정되었다. 그가 도착하면 이 혼란은 종료된다.

메시아가 도착할 때까지 사람의 영혼은 부족한 결핍 때문에 그 근원으로 돌아갈 수 없으며, 인간의 몸과 동물의 몸뿐만이 아니라 나무, 강, 숲과 같은 무생물을 통해서도 방황해야 한다. 또한 죽은 영혼이 그 의무를 소홀히 하게 되면 하늘로 올라가지 못하고, 지상으로 돌아와 살아있는 사람의 영혼에 붙어있어야 한다. 더 나아가 죄로부터 해방되어 떠난 영혼이라 할지라도, 인류 공동의 채무를 나눠가져야만 한다. 또한 영혼은 한 번에 두 영혼으로까지 확장될 수도 있으며, 동질적 성격의 영혼들 사이에서만 가능하다. 위에서 살펴본 루리아닉 카발라에서는 윤회의 개념을 말하고 있고, 보이지 않는 차원의 존재를 언급하고 있으며, 미래의 메시아에 대해 이야기 하고 있다.

윤회의 목적

우리 인간 영혼은 단 한 번의 도박 같은 삶을 사는 것이 아니라, 영혼의 오류를 바로잡을 때까지 카르마 윤회 속을 돌게 된다. 아버지에서 아들로, 아들에서 손자로, 3대, 4대, 5대를 이어가며 가문의 오류를 해결하러 환생한다. 환생의 목적은 카르마 종결이 목적이다. 카르마 종결이란, 내 대(代)에서 가문의 모순점과 오류를 바로잡는다는 것이다. 지구에 육체 몸을 입고 태어나는 순간 우리는 모두 메시아의 길을 걷게 된다. 나의 희생은 인류에게 빛이 되고, 그 빛은 우리 영혼을 가볍게 만든다. 따라서 우리는 모두 인류적 사명을 띠고 이 땅에 내려오는 것이다. 동물처럼 먹고 싸고 생명을 유지하는 데만 급급한 것이 아니라, 인간으로서의 역할과 의무를 다해야만 하는 사명을 띠고 환생하는 것이다. 이것이 인간과 동물의 다른 점이다.

인간에게는 동물에게 없는 신성한 신의 불꽃이 있다. 불꽃을 나누어 다함께 빛이 날 수 있는 영혼으로 진화해야 한다. 윤회를 빼고 깨달음을 논하기는 어렵다. 해는 뜨고 지고, 시간은 회전하고, 어제와 비슷한 오늘을 사는 듯 보이지만 우리는 어제와 다른 오늘을 만들어가고 있는 중이다.

윤회는 밀교의 핵심적인 부분이다. 성경교리에서는 이 윤회개념을 지우고 지상의 삶과 천국의 삶 두 가지로 나누어 이야기를 하고 있으며, 윤회사상은 철저히 배제시켰다. 왜 윤회사상을 배제시켰을까를 생각해 보니, 통치이념상 심판의 개념이 들어가야 인간들을 강하게 통치할 수 있기 때문이었다. 천국과 지옥을 나누어 착하게 살면 천국에 들어가고, 악하게 살면 지옥에 들어간다는 사상이 약 천 년을 지배해온 사상이다. 이제는 시대가 변화하였고, 시대적 관념도 변했다. 지금의 시대는 착하게 사는 시대가 아니라 바르게 분별하며 사는 시대로 흘러가고 있다.

기독교 통치이념에는 윤회사상이 배제되어있지만, 카발라의 핵심교리에는 이 윤회사상이 포함되어있다. 윤회란 말은 영혼의 순환이라는 말이다. 이 윤회의 교리에 대해 카발라에서는 어떻게 설명하고 있을까?

루리아닉 카발라(Lurianic Kabbalah)와 하시딕 유대이즘(Hasidic Judaism)[36], 둘 다 이 윤회사상을 언급하고 있다. 물론 하시딕 유대이즘은 루리아닉 카발라에 영향을 받았기 때문에 사상이 비슷할 것으로 추측한다. 이 문서들에서는 윤회를 길굴 네샤모트(Gilgul neshamot)라 하는데, '영혼의 순환'이라는 뜻이다. 윤회의 개념은 중세 이후 거부당했고 문헌 등에서 많이 삭제되었다.

길굴(Gilgul) 또는 길굴 네샤모트(Gilgul neshamot)는 환생에 대한 카발라 개념이다. 히브리어에서 '길굴'이라는 단어는 주기 또는 바퀴를 의미하고, 네샤모트(neshamot)는 '영혼'의 복수형이다. 시간이 지남에 따라 육체는 쇠하여 죽고, 인체에 담겨있던 영혼은 또 다른 생명을 통해 육화하면서 영혼이 순환한다는 환생개념이다. 순환을 할 때는 물질세계에 부여된 특정한 임무와 영적 등급에 따라 특정 육체를 배정받는다.

루리아는 환생에 대해 다음과 같이 말하고 있다.

"환생은 운명도 아니고 필연도 아니며, 근본적으로 죄에 대한 심판이나 미덕에 대한 보상도 아니다. 오히려 그것은 영혼의 개별적 티쿤(Tikun: 바로잡음) 과정과 연관이 있다."

루리아는 환생의 개념을 티쿤(Tikun)과 토후(Tohu)로 설명하고 있다. 티쿤이란 코스모스를 뜻하며, 토후란 카오스를 뜻한다. 코스모스(질서)와 카오스(혼란)로 우주적 개념을 설명하고 있는데, 우주적 혼란 즉

---

36 유대 종교단체 중 하나로, 중세 아쉬케나지 유대인으로부터 유래하며, 동유럽에서 영적부흥운동이라는 하시딤 운동이 일어났다.

카오스를 수정하고 바로잡기 위해 메시아를 보내는 것이 바로 우주적 티쿤(질서)이다.

이는 상승하는 빛의 역학과 세대에서 세대로 이어져 하강하는 영혼 그릇 간의 상호 연관관계로 설명할 수 있다. 영혼은 상승하고, 육체는 하강한다. 상승한 영혼은 다시 하강하여 육체 속으로 들어가고, 육체를 벗어나면 영혼은 다시 상승하면서 순환의 원을 그리게 되는 것이다.

우주적 카오스와 코스모스

우주는 빅뱅 이후 카오스 상태로 팽창한 후 일정 시간이 지나면 팽창을 멈추고 다시 코스모스 상태로 돌아간다. 팽창할 때는 카오스로 진행되고, 수축할 때는 코스모스로 진행된다. 카오스는 펼침이고, 코스모스는 거두어들임이다. 이것은 마치 우주의 들숨과 날숨 같은 것이다. 카오스 때에는 오류를 발생시키지만, 코스모스 때에는 오류를 수정해서 바로잡아야 한다.

카오스와 코스모스를 유대 카발라에서는 토후(Tohu)와 티쿤(Tikun)으로 설명한다. 우주적 카오스가 극에 달하면 하느님은 메시아를 보내 다시 질서를 바로 세운다는 개념이다.

- Olam HaTohu (히브리어: עולם התהו 'Tohu의 세계—카오스/혼란의 세계')
- Olam HaTikun (히브리어: עולם התיקון 'Tikun의 세계—질서/조정의 세계')

토후(Tohu)가 하강하는 영혼이라면, 티쿤(Tikun)은 상승하는 빛이다.

토후-티쿤의 영향 하에서 자유의지와 악의 영역은 세비라(Shevirah: 토후의 산산조각난 용기)에 의해 야기된다. 즉, 육체가 깨질 때의 충격은 카르마를 형성하게 되는 것과 유사하다. 토후가 산산조각난 카오스라면, 티쿤은 다시 봉합하는 질서에 해당된다.

육체를 창조할 때 닛조쯔(Nitzutzot: 신성한 불꽃)를 비밀리에 영혼 속에 감추어 육화시켰기 때문에 티쿤은 다시 상승하려는 속성을 지니게 된다. 더 높은 영혼은 더 낮은 영혼으로 에너지를 내려주려는 성향을 가지고 있기 때문에 하강하게 되고, 내면의 신성한 불꽃은 상승하려는 성향 때문에 다시 상승하면서 원형의 울타리가 쳐지게 된다. 다시 하강하려는 영혼은 하늘과 협약을 맺게 된다.

우주의 재앙은 창조 초기, 토후(Tohu: 혼란, 카오스)의 세계에서 세피로트 용기가 산산조각난 것이다. 세피로트의 용기가 부서지면서 '신성한 불꽃'이 우리의 물질 영역에 박힐 때까지 영적 세계를 관통하며 떨어졌다. 모든 불꽃이 영적 근원으로 만회되면, 메시아의 시대가 도래한다. 불꽃이 만회가 된다는 것은 각 개인이 오직 그들만이 성취할 수 있는 특정한 임무를 수행하였다는 뜻이다. 따라서 환생이라는 것은 이 우주 계획안에서 개별적 영혼들을 성장시키는 과정이며, 창조라는 것이 가장 낮은 물질적 영역에서 이루어지기 때문에 미래 최후 유토피아는 바로 이 지상세계가 될 것이라는 게 루리아닉 카발라 사상이다.

유대교와 기독교는 다르다. 유대교는 메시아를 기다리고 있고, 기독교는 예수를 메시아로 여긴다. 유대교에서는 아직도 이 세상에 질서와 법을 다시 세울 메시아를 기다리고 있다. 모든 인류를 위한 메시아의 시대가 도래한다는 것은 우주의 티쿤이 완성되어가기 시작했다는 뜻이다.

예수가 이천 년 전의 메시아라면, 지금 시대에는 지금 시대의 관념에 맞는 메시아가 나올 때가 되었다. 새 시대에는 새 법과 새 질서가 필요한 법이다.

신성한 얼굴, 신성한 페르소나

티쿤의 완성된 모습은 어떤 모습일까? 티쿤의 완성된 모습은 바로 신의 완전한 모습이기도 하다. 신의 완전한 모습, 완전한 형태 혹은 신성한 얼굴, 신성한 페르소나라는 말이 바로 파트즈핌(히브리어: פרצופים, Partzufim)이라는 말이다.

10개의 세피라가 조화를 이뤄 하나의 기관처럼 상호작용하며 창조된 하나의 세피로트, 이것이 곧 티쿤의 완성된 모습이다.

토후(카오스)세계에서 산산조각이 난 세비라(깨진 빛의 용기)가 다시 티쿤(코스모스)의 세계로 돌아가려는 질서적 속성 때문에 빛이 하강하는 길과 형태가 만들어졌다. 이때 생긴 세피로트의 모습이 바로 파트즈핌(완전한 형태)이다. 각 기관이 서로 상호작용하면서 창조의 과정이 진행된다. 이것을 둘러싼 형태는 전체 영혼의 동그라미 몸체를 만든다. 임신한 여성의 배처럼 창조되고 있는 생명체를 둘러싼 형태는 동그라미 형태를 갖는다. 백(魄: 육체 형태의 에너지 틀)이 무(無)로 돌아간 혼(魂)은 동그라미 형태의 빛 구체로 나타난다.

전체 영혼 안에 창조된 존재의 네 가지 영역(아찔루트, 브리아, 예찌라, 앗시아)은 최초 세피로트와 같은 완전체 즉 파트즈핌으로 재구성하면서 안정된 형태로 배열된다. 새로운 배열로 창조된 첫 번째 영역이 아찔루트(방사의 세계)이며 바로 티쿤의 세계가 형성된 것이다. 아찔루트-브리아-예찌라-앗시아가 순차적으로 형성된다. 초기 불안정한 형태의 아찔루트는 토후 세계의 깨진 용기 세비라 속에 있다가 티쿤 세계에서는 조화로운 파트즈핌과 새로운 약속을 맺으면서 진화하게 된다.

토후 세계가 생겨난 것은 넘쳐날 만큼 풍부한 빛을 용기가 담아내지 못해 산산조각이 났기 때문이다. 즉 빛은 풍부한데 용기가 약한 상태가 바로 토후의 세계이다. 반면에 티쿤 세계는 빛은 줄이고 용기를 강하게 만든 상태가 티쿤의 세계이다.

세피로트는 잠재력을 가진 10개의 세피라로 구성된다. 각각의 세피라 특성에 맞게 적절한 힘이 배열될 때 완전한 세피로트를 구성하게 된다. 세 개의 기둥이 있는 세피로트는 인간과 유사한 구성형태를 가진다. 물은 위에서 아래로 흐르듯, 힘도 위에서 아래로 내려주는 법이다.

파트즈핌은 신인동형(神人同形), 즉 세피로트를 신과 동일한 형태로 의인화시킨 것이다. 그래서 파트즈핌을 신성한 페르소나, 신성한 얼굴, 신의 현시라는 뜻으로 사용한다. 이것은 곧 신이 자신의 모습을 드러낸 것이다.

파트즈핌은 남성성과 여성성으로 등장한다. 카발라에서 남성성이란 발산하고 내어주는 양의 속성이라면, 여성성이란 안으로 수축하는 음의 속성이자 생명을 잉태하고 양육하는 속성으로 분류한다.

파트즈핌의 형태는 세피로트의 형태이며 좌측은 음의 영역, 우측은 양의 영역으로 분리된다. 또한 위는 부모, 아래는 자식 영역으로 나눌 수 있는데, 좌측 음의 영역을 대표하는 것이 비나이고, 양의 영역을 대표하는 것이 호크마이다. 또한 할아버지 영역을 대표하는 것이 케테르이고, 아들 영역을 대표하는 것이 티페레트이며, 딸 영역을 대표하는 것이 말쿠트이다.

아인 소프	아틱 요민(Atik Yomin)	가장 오래된, 고대의 날들
케테르(의식)	아리치 안핀(Arich Anpin)	큰 얼굴/Macroprosopus, 할아버지, 하강하는 신성한 영혼
호크마(지혜)	아바(Abba): 아버지	오른쪽, 지혜와 통찰력
비나(이해)	임마(Imma): 어머니	왼쪽, 지성과 감정의 이해
게부라, 헤세드, 티페레트, 네짜흐, 호드, 예소드 (6감정의 속성)	제르 안핀(Zeir Anpin): 아들들, 남성성	작은 얼굴/Microprosopus, 정서적 감정, 왼쪽의 Imma에서 태어남
말쿠트(역동적 감정)	제르 안핀(Zeir Anpin): 딸들, 여성성	Zeir Anpin에서 분리됨 제르 안핀과 통합하려는 신부

16 카발라와 천사

메르카바 카발라

카발라 세피로트는 천사들의 하모니이다. 마치 인체의 기관처럼 각 영역을 맡고 있는 신 또는 천사들이 서로 각자 역할을 수행하면서 에너지를 수집하기도 하고 내어주기도 하면서 형태장을 만들어간다. 따라서 전체 세피로트의 각 세피라마다 특정 부분의 역할을 띠고 있는 주님들 혹은 천사들이 존재하게 된다. 전체 세피로트는 하나의 영적 왕국을 만들고 있다. 이 왕국을 관리 감독하는 천사들의 역할을 잘 나타내주고 있는 카발라가 바로 메르카바 카발라이다. 메르카바 카발라는 하나의 신비주의 영역을 구축하고 있는데, 이를 메르카바(Merkabah) 신비주의 혹은 채리엇(Chariot) 신비주의라고 한다.

채리엇(Chariot) 또는 메르카바(히브리어: מרכבה, Merkabah)란 뜻은 모두 '신의 전차'라는 뜻을 가지고 있다. 메르카바 신비주의의 기원은 BC 100년부터 AD 1000년까지 이어져 왔으며, 초기 유대교 신비주의 가르침에 해당된다. 특히 천상의 궁전을 다녀왔다고 하는 에스겔 문서[37]가

---

37 에제키엘(Ezekiel) 혹은 에스겔의 예언서이다. 에스겔은 유대왕국 말기부터 바빌론 포로기 전반기에 활동한 선지자 혹은 예언자로 원래 예루살렘의 제사장의 일원이었다고 전해지며, BC 593년 환상을 보고 예언자가 되었다. 예루살렘과 유대왕국의 회복과 재건을 위한 예언 활동을 하였으며, 성경에 들어있는 에스겔서는 총 48장으로 이루어져 있다.

그 기본 바탕을 이루고 있다. 에스겔 문서에는 천상의 궁전에 대한 설명과 더불어 하느님을 보좌하고 있는 천사들에 대한 설명을 상세하게 기술하고 있다. 이 문서는 성경에 포함되어 있으며 그에 대한 해석서는 그노시스 문서로 분류된다. 왜냐하면 그에 대한 해석서에는 마법적 요소와 예언적 요소가 다분히 포함되어있기 때문이다. 따라서 에스겔서에 대한 해석은 가장 뛰어나고 자격 있는 현자가 아니면 함부로 해석할 수 없도록 금지시켜 놓았다.

에스겔서에는 천국에 대한 상세한 설명과 더불어 신비한 승천의 과정 그리고 천사의 소환과 지배에 대한 실천적 힌트들이 들어가 있기 때문에 에스겔서에 대한 해석은 철저히 비밀리에 진행되었다. 원래 신의 이름은 함부로 부를 수 없기에 천사의 이름들은 본서가 아닌 해석서 위주로 설명되어왔다. 이 메르카바 카발라는 헤칼로트(Hekhalot) 문학과 더불어 발전하였는데, 헤칼로트(Hekhalot)란 궁전이란 뜻이다. 신의 전차와 신의 궁전 두 가지 장르가 혼합되어 설명된 텍스트들이 그노시스 문서로 전해 내려온다. 헤칼로트 문학은 중세 카발라 신비주의의 틀을 마련하는데 많은 모티브를 제공하였다.

메르카바와 헤칼로트 두 장르의 뿌리는 에스겔서이다. 에스겔서에 담긴 천상에 대한 힌트를 통해 후대의 많은 현자들이 에스겔처럼 천상을 방문하는 기술들을 개발하였다. 이 기술들은 마법 영역에서 다루어져 왔고, 신비주의 비전으로 남아 후대에 전달되었다.

에스겔이 환상 속에서 본 천국은 7개의 층과 7개의 옥좌 그리고 상승의 7단계를 거쳐 천계 여행에 들어갈 수 있으며, 이 여행은 위험을 안고 있기에 숙련된 스승의 지휘 하에서 정교한 정화준비를 해야 할 뿐만 아니라, 치열한 천사의 수비대를 통과하기 위해 필요한 적절한 주문, 인장, 이름을 알아야 하며, 궁전 안팎에서도 다양한 힘을 쓸 줄 알아야 한다. 이러한 훈련의 기법들은 후대에 마법의 기법으로 발전하였다.

신의 전차

에스겔이 본 하나님의 전차는 마치 카발라 세피로트의 모습을 그려 놓은 것과 유사한데 다음은 그 전차에 대해 살펴보자.

에스겔 문서 1장에는 에스겔이 환상 속에서 본 하나님의 전차가 등장한다. 이 전차의 모습을 자세히 묘사하고 있는데 다음과 같다.

전차는 네 얼굴과 네 개의 날개가 달린 생명체 인간, 사자, 황소, 독수리 이렇게 4개의 창조체에 의해 구동되는 4륜 전차이다. 에스겔은 이 전차를 하나의 생명체로 표현했는데, 이 생명체 혹은 창조체의 이름을 헤이오트(hayyot 또는 khayyot)라고 불렀다. 이는 신의 전차이자 신이 운행하는 탈 것에 해당된다.

에스겔 문서의 주석에는 세라핌(Seraphim), 케루빔(Cherubim), 오파님(Ophanim)의 천사 이름이 등장하는데, 이 세 존재에 의해 신의 전차가 굴러가고 있다. 4개의 머리와 4개의 날개 달린 4륜구동 전차를 하나의 생명체 혹은 창조체로 보고 있고, 이 몸체를 헤이오트(hayyot) 즉 케루빔(Cherubim)이라 한다. '헤이오트 천사의 발은 바퀴처럼 모양이 다른 천사이고, 바퀴라 불리는 이 천사는 오파님이라 불린다.'라고 하였다.

세라핌 천사에 대한 묘사를 보면, '세라핌 천사들이 지속적으로 오름차순과 내림차순으로 번쩍이는 불꽃처럼 보인다.'라고 하였다. 세라핌은 마차의 동력원을 제공한다. 또한 이 천사들의 계급을 살펴보면, 세라핌은 하나님에게 가장 가깝고, 두 번째는 헤이오트(케루빔), 그다음이 오파님이다. 오파님의 움직임은 헤이오트에 의해 제어되고, 헤이오트의 움직임은 세라핌에 의해 제어된다고 하였다.

위에서 언급한 인간, 사자, 황소, 독수리의 상징은 서양 철학의 기본 바탕이 되는 상징들이다. 중세 필사본 문서 등의 네 모서리에는 인간, 사자, 황소, 독수리가 등장하는데, 이 상징 이미지는 에스겔 문서로부터 비롯된다. 이 상징들은 후대에 이르러 특정 가문의 문장, 국기 등에 종종 등장하게 된다.

4개의 모서리에 인간, 사자, 황소, 독수리가
위치하고 있는 복음 전도사의 모습이다.

세피라와 천사

인간들이 자신의 재능에 따라 자신만의 역할을 맡고 있듯이, 신(神)
도 자신의 특징과 재능 그리고 위치에 따라 맡겨진 역할이 다르다. 세
피로트를 이루고 있는 각각의 세피라가 저마다의 특징을 가지고 있기
에 각 세피라마다 이를 주재하는 신이 다르게 배치된다. 따라서 각각의
세피라는 천사와 상응시킬 수 있다.

천사란 우리가 상상하는 그런 모습의 천사가 아니라 신의 대리인이자
신 그 자체를 뜻하기도 한다. 신의 명령이나 신의 임무를 대행하는 역
할을 부여받은 존재가 바로 천사이기 때문에 각각의 역할에 따라서 천
사의 모습은 천차만별의 모습을 취하고 있다. 불교에서 등장하는 관세
음보살, 사천왕 등도 모두 이 천사의 일종에 해당된다. 천사라는 의미
를 기독교적 관념으로 생각하지 말고, 신의 대리인, 신의 임무를 수행
하는 신의 사자(使者)로 해석하면 될 것이다.

번호	세피라	대천사	천사계급	기능
1	Kether	Metatron(메타트론)	Seraphim	거룩하게 존재하시는 분
2	Chokmah	Raziel(라지엘)	Cherubim	신의 전차
3	Binah	Tzaphkiel(자프키엘)	Ophanim	훌륭하신 존재
4	Chesed	Tzadkiel(자드키엘)	Dominions	찬란하신 존재
5	Geburah	Khamael(카마엘)	Powers	불타는 존재
6	Tiphareth	Michael(미카엘)	Virtues	신의 메신저
7	Netzach	Haniel(하니엘)	Elohim	신의 분신
8	Hod	Raphael(라파엘)	Bene Elohim	선의를 가진 신의 아들들
9	Yesod	Gabriel(가브리엘)	Archangels	신의 사자들
10	Malkuth	Sandalphon(산달폰)	angels	인간(인간과 유사한 존재)

천사계급의 상위 세 존재 세라핌, 케루빔, 오파님은 세피로트 첫 번째 삼각형을 이루고 있다. 하나님의 불꽃이자 신의 전차 동력원인 세라핌은 케테르에 해당되고, 신의 전차를 운반하는 주체인 케루빔은 호크마에 해당되며, 신의 바퀴인 오파님은 비나에 해당된다. 세라핌, 케루빔, 오파님 등의 이름은 신의 계급을 나타내는 말들이고, 각각 천사의 계급에는 가장 대표되는 신의 명칭이 존재한다. 다음은 각 계급을 대표하는 천사의 명칭과 특징에 알아보도록 하자.**38**

• **메타트론**(Metatron)

케테르에 위치하는 대천사로, 최고 상위계급의 천사에 속한다. 메타트론은 '천사를 기록하는 자', '하늘의 서기'로 알려져 있다. 또한 '무수한 눈을 가진 자'로 알려져 있는데 무수한 눈을 가지고 있다는 것은 전체를 관리 감독하는, 즉 천사들의 수장 역할을 맡고 있는 대천사로 통한다. 동양으로 치자면 관자재보살이다.

메타트론의 또 다른 뜻으로는 '경계를 벗어나 경계를 정하는 자'라는 뜻을 가지고 있다. 경계를 정한다는 것은 우주의 크기와 형태를 만든다는 뜻이기도 하다. 그밖에 메타트론은 계약과 관련이 있는 천사이기에, 계약할 때 도와주는 천사로 통한다. 또한 메타트론은 어둠의 지배자로 알려져 있다. 이 물질우주 자체가 빛의 그림자에 해당되고 그림자는 빛의 어두운 부분으로, 어둠을 다스리기에 어둠의 지배자라 불리는 것이다.

---

38 천사의 명칭과 특징은 마노 다카야의 책 『천사』를 참고하였다.

메타트론의 계급은 세라핌 천사에 해당된다. 기독교에서 세라핌은 제 1품 천사로 구분한다. 세라핌(Seraphim)이라는 뜻에는 '불타는 뱀'이라는 뜻이 내포되어있다. 메타트론이 자신의 모습을 드러낼 때는 6개의 날개와 4개의 머리를 가진 존재로 드러낸다. 또한 용과 깊은 연관을 가지고 있는 천사이다. 세라핌 천사는 사자와 같이 포효하고 붉은 번개처럼 하늘을 나는 뱀으로 알려져 있다. 이런 것으로 보아 세라핌 천사를 용으로 상징하기도 한다. 세라핌 천사는 사자, 독수리, 인간, 소 이렇게 4개의 천사로 나눌 수 있으며, 이는 곧 동서남북 네 방위를 뜻한다.

• **라지엘**(Raziel)

호크마에 위치하는 천사이다. 라지엘이라는 뜻은 비밀의 수호자란 뜻이다. 즉 천상과 지상의 비밀을 아는 신비의 천사로 통한다. 라지엘 계급은 케루빔 천사에 속한다. 케루빔(Cherubim) 천사는 '지식을 수호하는 자' 또는 '중재하는 자'로 알려져 있다. 케루빔 천사가 자신의 모습을 드러낼 때는 4개의 얼굴과 4개의 날개 그리고 4개의 팔을 하고 발밑에 바퀴를 달고 있는 형상으로 나타난다. 네 개의 얼굴은 사자, 독수리, 사람, 소의 얼굴을 하고 있으며 신의 전차 몸체를 나타낸다.

• **자프키엘**(Tzaphkiel)

비나에 위치하는 천사이다. 자프키엘이라는 뜻은 하나님의 지식을 뜻한다. 이 천사는 중요한 결정을 내릴 때 도와주는 천사로 통한다. 또한 메시지를 모를 때 더욱 분명하게 알 수 있도록 도와주는 천사이다. 비나는 형태를 부여하는 역할이 있듯, 자프키엘의 역할도 에너지를 명확히 드러나게 해준다.

자프키엘의 계급은 오파님(Ophanim)에 속한다. 오파님은 좌천사에 해당되는 천사이다. 정의의 천사, 의지의 지배자라고 하기도 한다. 자프키엘의 모습은 에메랄드 바퀴에 불꽃 같은 수많은 눈을 가지고 있다. 케루빔이 신의 전차를 끄는 역할을 맡고 있다면, 오파님은 전차를 움직이는 바퀴를 뜻한다.

케루빔과 오파님은 각각 우천사, 좌천사를 뜻하며, 신의 전차를 움직이는 주체이다. 분명한 것은 오파님의 역할은 흐릿한 것을 분명하게, 규정되지 않은 것을 명확하게 규정하는 실질적 모습과 형태를 만드는 천사에 해당된다.

• 자드키엘(Tzadkiel)

헤세드에 위치하는 천사이다. 헤세드는 쥬피터의 자리에 해당되며, 쥬피터는 신 중의 신으로 통한다. 마찬가지로 자드키엘은 신들에게 명령하는 우두머리로 통한다. 자드키엘의 계급은 도미니온즈(Dominions)에 해당되며, 그 뜻은 통치권, 지배권을 의미한다. 즉 우주를 통치하고 신의 뜻을 널리 알리기 위한 다양한 활동을 하는 영역에 해당된다. 최상위 신의 대리자가 되어 우주를 통치하기 위한 신의 위엄과 절대 권력을 나타내기 위해 왕의 지팡이를 들고 있는 것으로 상징된다.

• 카마엘(Khamael)

게부라에 위치하는 천사이다. 게부라는 비나의 행동대장에 해당된다. 따라서 용기와 전쟁을 상징하는 천사에 상응한다. 게부라에 해당되는 천사는 카마엘이다. 카마엘의 계급은 파워즈(Powers)이며, 신의 힘 또는 신의 능력을 뜻한다. 파워즈는 신의 권능을 가지고 최전선에서 빛을 수호하는 역할이 부여되어있다. 그만큼 어둠에 노출이 많이 되어있고, 또 매 순간 전투태세에 머물러 있으며 공격적 성향을 띠기 때문에 악의 화신으로 오해를 받기도 한다. 그래서 카마엘을 타락천사라 이야기하기도 한다.

카마엘은 수만 명의 부하를 거느린 붉은 표범의 모습으로 상징된다. 별명으로는 화성의 지배자, 복수의 화신, 파멸과 징벌의 신, 전투의 신, 지옥의 신 등으로 알려져 있다. 그만큼 선과 악을 명확히 구분하고 그 흔들림까지도 잘 보여주는 역할을 부여받고 있다. 또한 파워즈 천사들은 망자의 영(靈)을 이끄는 역할도 있다. 영의 인도자이자 육체를 떠나 아스트랄계를 헤매는 영들을 인도한다. 우리나라로 치자면 저승사자에 해당된다.

• 미카엘(Michael)

티페레트에 위치하는 천사이다. 티페레트는 방사의 자리이다. 가장 빛나고 가장 고결한 중심위치에 위치하며, 티페레트에서 전체 흐름의 방향이 바뀐다. 그래서 이곳은 역천사의 위치에 해당된다. 천사의 계급은 고결을 의미하는 버추스(Virtues)라 부른다. 이곳의 중심천사는 미카엘이다. 미카엘은 버추스의 지도자, 아크엔젤스(대천사)의 지도자로 불린다. 생김새는 태양의 모습을 닮았다. 방사의 자리에 위치한 버추스 천사들은 인간들에게 신의 은총을 내린다. 때론 용기를 주기도 하고, 때로는 기적을 볼 수 있게 해주기도 한다.

• 하니엘(Haniel)

네짜흐에 위치하는 천사이다. 하나님의 기쁨, 하나님의 은혜라는 뜻으로 기쁨, 쾌락과 관련이 있다. 계급은 엘로힘(Elohim)에 해당된다. 엘로힘은 하나님의 분신 또는 하나님의 아들들에 해당되기에 프린시펄리티즈(Principalities) 혹은 프린스담즈(Princedoms)라고 부른다. 프린시펄리티즈란 대공의 공국이란 뜻이다. 즉 신의 아들들이 다스리는 공국에 해당된다는 뜻이다. 엘로힘에 해당되는 천사로는 하니엘이 있고, 부천사이자 여성성을 가진 신으로는 아나엘(Anael)이 있다. 하니엘과 아나엘은 지상의 나라와 도시를 통치하고 지배하며, 인간의 지도자를 감시하는 역할을 한다.

네짜흐는 대자연계에 해당된다. 따라서 대자연의 계절을 다스리는 우리엘을 상응시킬 수 있는데, 에스겔서에서 에스겔은 모든 천체의 운행, 계절, 비와 안개 그리고 바람 등의 기상 현상은 모두 우리엘에 의해 질서가 잡혀있다고 말한다. 따라서 네짜흐의 신을 우리엘에 상응시킬 수도 있다.

• 라파엘(Raphael)

호드에 위치하는 천사이다. 호드는 마법이 행해지는 곳으로 대자연의 원소들이 융합 또는 분해되는 곳이다. 이곳에 상응하는 천사는 라파엘이다. 라파엘이라는 말은 '신의 온기'를 뜻한다. 신의 온기는 인간을 치유한다. 따라서 라파엘을 치유를 행하는 자로 부르기도 한다. 치유를 한다는 것은 보호하고 지킨다는 의미가 강하다. 이러한 치유의 성격 때문에 의사로 상징된다. 계급은 베네엘로힘(BeneElohim)이다. 베네

엘로힘이란 '선의의 엘로힘'이라는 뜻이다.

• 가브리엘(Gabriel)

예소드에 위치하는 천사이다. 하나님의 사자로 일하는 천사로, 가브리엘이라는 뜻은 '하나님은 나의 힘'이라는 의미를 지니고 있다. 이곳의 천사들은 하느님의 힘을 대신하여 실질적으로 권능을 과시한다. 천사들 중에서도 가장 유명하다. 계급은 아크엔젤스(Archangels)에 해당되며 대천사로 불린다. 아크엔젤스 계급의 천사로 알려진 이들은 미카엘, 가브리엘, 라파엘, 우리엘이 있으며, 이들을 4대천사라 부른다.

신의 명령을 직접 전달받는 입장에 있기 때문에 가브리엘 천사는 일곱 나팔을 부는 천사로 알려져 있다. 이들 대천사는 '신의 뜻을 전하는 사자'이며 신과 인간 사이를 중개하는 중개자이자, 어둠의 자식들과 끊임없이 전쟁을 치르는 천사들에 해당된다.

• 산달폰(Sandalphon)

산달폰은 말쿠트에 배치된 천사이다. 산달폰은 태어나지 않은 아이들의 보호자이자 메타트론의 쌍둥이로 알려져 있다. 세피로트 마지막에 해당되는 말쿠트인 산달폰을 통해 신들의 노래가 울리고, 천국의 노래가 울려 퍼진다. 천국의 노래 또는 신들의 노래가 산달폰을 통해 퍼지듯, 세피로트의 에너지는 말쿠트를 통해서 드러난다.

대천사 계급의 밑에는 수많은 천사들(angels)이 위치하며, 이들 천사들 중 수호천사는 민족이나 국가, 가문을 보호하는 수호신으로 등장한다.

4대천사로 알려진 천사는 미카엘, 가브리엘, 라파엘, 우리엘이며, 이 천사들은 4가지 원소에 상응한다. 미카엘은 불, 가브리엘은 물, 라파엘은 바람, 우리엘은 땅에 해당된다. 미카엘은 인류의 지도자들을 다스리고, 가브리엘은 영계를 지킨다. 또한 라파엘은 인간 영혼을 보호하고, 우리엘은 지구 땅의 움직임(지진)을 다스린다.

각 세피라에 해당되는 천사들은 순서대로 지상을 다스리는데, 자프키엘(토성)부터 시작하여 자드키엘(목성), 카마엘(화성), 미카엘(태양), 아나엘(금성)[39], 라파엘(수성), 가브리엘(달) 순으로 이어진다. 토-목-화-태-금-수-달, 이 순서를 칼데아 순서라고 하며, 이것은 점성학의 피르다리아(Firdaria)[40]로 발전하였다.

케테르가 상위차원의 말쿠트이듯, 천사 그룹의 메타트론은 상위차원의 산달폰이 된다. 마찬가지로 산달폰은 하위차원으로 이어지는 메타트론이 된다. 이렇게 수없는 세피로트가 반복되는 패턴으로 이 우주를 가득 메우고 있듯, 신의 모습은 각각의 세피라가 모인 하나의 세피로트로 빛난다. 세피라는 빛을 담은 구체이자 작은 태양이다. 태양과 같이 빛을 내고 있으며 각각의 세피라 안에는 다시 세피로트가 들어있고 그 세피로트는 다시 세피라로 구성된다. 이러한 패턴이 미시세계와 거시세계로 반복된다. 즉 신은 가장 작은 것에도, 가장 큰 것에도 동일한 패

---

39 네짜흐(금성)의 자리에는 원래 하니엘이 주천사이지만, 여성성이 우세하기 때문에 부천사인 아나엘을 대표로 앉힌다.

40 피르다리아는 칼데아식 순서에 따라 각 행성마다 인생의 분기를 할당하여 운의 흐름을 살피는 기법이다.

턴으로 반복되어 존재하는 빛이다.

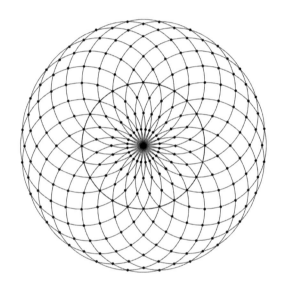

17 카발라와 신

같은 신, 다른 이름

카발라에서 신이란, 각각의 세피라 10개가 모두 모였을 때 완전한 빛으로 빛난다. 각각의 세피라를 다스리는 주님들이 모두 모여 하나의 큰 빛으로 빛날 때를 하느님이라 한다. 하느님은 하나의 큰 빛이다. 너의 하나님, 나의 하나님, 빨강 하나님, 파랑 하나님이 따로 있는 것이 아니라, 빨주노초파남보 일곱 빛깔 무지개와 흰색, 회색, 검정색이 모두 합해진 하나의 커다란 광명의 하나님이다. 이런 하나님을 이 나라에서는 이렇게 부르고, 저 나라에서는 저렇게 부른다. 알고 보면 그 신이 그 신인데, 우리는 내 하나님이 진짜 하나님이라고 싸우고 있다. 마치 각 세피라의 주님들이 서로 힘겨루기를 하는 것처럼….

신의 영향력을 살펴볼 때, 어떤 신의 영향력이 가장 셀까? 가장 큰 신의 영향력이 가장 셀까? 아니면 나와 가장 가까운 신의 영향력이 가장 셀까? 직접적으로 대통령보다는 아버지가 나에게 미치는 영향력이 더 크듯, 나와 가장 가까운 존재가 나에게 가장 큰 영향을 끼치는 법이다.

점성학적으로 설명하자면, 태양과 달이 나에게 미치는 영향력은 저 멀리 있는 항성보다 큰 법이다. 그 항성의 크기가 태양의 수백 배가 된다 하더라도 우리에게 미치는 영향력은 달보다도 미미하다. 태양의 위치에 따라 계절이 바뀌고, 달의 위치에 따라 조수간만의 차가 변한다. 즉 태양과 달은 우리 인간의 삶에 직접적 영향을 끼치는 존재이다. 제 아무리 큰 별이라 해도 가까이 있는 작은 달이 우리에게는 더 중요한 법이다. 물론 큰 움직임에 작은 움직임은 따라가게 되어있다. 큰 방향이나 조류가 바뀌면 나 또한 그에 영향을 받게 되어있기 때문이다.

카발라 생명나무에서 각각의 세피라는 저마다 다른 특징을 띠고 있다. 각각의 세피라 특징을 인격화시켜놓은 것이 이집트와 그리스·로마 신이다. 티페레트와 상응하는 태양을 예로 들면, 이집트에서는 라(Ra)이고, 그리스에서는 아폴론이며, 힌두에서는 비슈누라고 부른다. 그리스의 제우스와 헤라가 로마로 가면 주피터와 주노가 된다.

신의 이름이 바뀌는 역사적 배경을 살펴보면 다음과 같다.

마케도니아의 알렉산더 대왕은 이집트를 점령한 뒤, 그의 부하인 프톨레마이오스 장군으로 하여금 이집트를 지배하게 하였다. 이때 그리스 문명과 이집트 문명이 혼합되면서 헬레니즘 문명이 탄생하게 된다. 이집트 프톨레마이오스 여왕이었던 클레오파트라는 로마의 율리우스 카이사르와 결혼동맹을 맺었고, 결국 헬레니즘 문명은 로마로 흡수된다.

전쟁이라는 것은 힘이 센 문명이 힘이 약한 문명을 흡수해 버리는 과정이다. 그 과정에서 문명과 문명의 혼합이 이루어진다. 이집트의 신들은 그리스 신들로 대체되었고, 그리스 신들은 다시 로마 신들로 대체가 되었다.

이렇게 변형된 신들을 자세히 살펴보면, 각각의 신들의 특징은 비슷하나 다른 이름들로 나타난다. 특히 그리스 신과 로마 신은 이름만 변형되었을 뿐, 그 신이 의미하는 역할은 거의 유사하다. 제우스-주피터, 헤라-주노, 아프로디테-비너스, 아레스-마르스, 아폴론-아폴로, 헤르메스-머큐리 등등. 또한 각각의 신들은 카발라 세피로트와 상응시킬 수 있다. 다음은 각각의 신들과 카발라 세피로트를 상응시킨 표이다.

No.	세피라	이집트 신	힌두 신	그리스 신	로마 신
0	Ayin	Nun(눈)	Aum(옴)	Chaos(카오스)	
1	Kether	Atum(아툼)	Brahma(브라흐마)	Ouranos(우라노스)	
2	Chokmah	Ptah(프타)	Shiva(시바)	Chronos(크로노스)	
3	Binah	Isis(이시스)	Shakti(샥티)	Hera(헤라)	Juno(주노)
4	Chesed	Amun(아문)	Indra(인드라)	Zeus(제우스)	Jupiter(주피터)
5	Geburah	Horus(호루스)	murugan(무루간)	Ares(아레스)	Mars(마르스)
6	Tiphareth	Ra(라)	Vishnu(비슈누)	Apollon(아폴론)	Apollo(아폴로)
7	Netzach	Hathor(하토르)	Lakshmi(락슈미)	Aphrodite(아프로디테)	Venus(비너스)
8	Hod	Thoth(토트)	Hanuman(하누만)	Hermes(헤르메스)	Mercury(머큐리)
9	Yesod	Meskhenet(메스케네트)	Ganesha(가네샤)	Artemis(아르테미스)	Diana(디아나)
10	Malkuth	Osiris(오시리스)	Krisuna(크리슈나)	Dionysus(디오니소스)	Bacchus(바쿠스)

(기본 상응방식은 알레스터 크로울리의 『777』을 참고하였으나 신들 역할과 세피라를 매칭시키는 부분에서 헷갈리거나 상이한 부분은 수정 보완하였음을

세피라와 상응하는 행성과 신의 상응을 비교해보면, 헤세드-주피터, 게부라-마르스, 티페레트-아폴론, 네짜흐-비너스, 호드-머큐리, 예소드-디아나까지 6행성은 세피라 상응 행성과 신의 이름이 동일하다. 반면 케테르, 호크마, 비나 최초 삼위일체는 행성과 신의 이름이 다르다.

• 아인(Ayin) : 눈, 옴, 카오스

아인은 케테르가 현현하기 전 창조 이전의 상태이다. 아직 무언가 형태가 잡히지 않은, 창조가 일어나기 전 존재를 나타내는 상태이기에 이러한 존재를 표현할 수 있는 신들에 상응을 시킬 수 있다.

아인(Ayin)을 이집트식으로 표현하면, 최초의 신이자 혼돈 또는 무저갱의 그 자체인 눈(Nun)에 해당되고, 힌두식으로 표현하면 옴(Aum)이 되며, 그리스·로마식은 카오스(Chaos)에 해당된다. 이것은 즉, 아직 발현되지 않은 무한·영원의 상태를 뜻한다.

• 케테르 : 아툼, 브라흐마, 우라노스

케테르는 아인에서 최초 발현된 에너지 상태를 나타내기에 처음 창조된 신에 상응시킬 수 있다. 케테르에 해당되는 이집트 신으로는 아

---

41 크로울리는 아인(Ayin)의 그리스 신으로 판(Pan)을 설정하여 놓았다. 그러나 일반적인 신화에서 판의 아버지는 제우스로 등장한다. 따라서 아인(Ayin)의 그리스 신은 오히려 카오스(Chaos)에 가깝다고 볼 수 있기에 수정하였다. 또한 호크마의 자리에 이집트 신 토트를 두면서 토트와 관련된 헤르메스, 머큐리 등을 호크마에 상응시키기도 하였으나 이런 부분은 수정 보완하였다.

툼[42]이 있고, 힌두신은 브라흐마이며, 그리스·로마 신은 우라노스이다. 모두 창조신에 해당된다.

아툼은 창조 이전에 존재했던 어둠과 끝없는 물의 심연에서 처음 나타난 자이자 스스로 창조한 신이다. 또한 아툼은 이 세계의 기초적 물질에 해당된다. 모든 신들은 그의 카[43]로 만들어졌고, 창조의 시작이자 마지막을 완성하는 자에 해당되기도 한다. 즉 시작을 한 자가 마무리를 하듯, 시작점인 케테르가 마지막 점인 말쿠트로 현현한다는 원리이기도 하다.

창조신에 해당되는 힌두신으로는 브라흐마가 있는데, 그는 창조신이자 우주의 근본원리에 해당된다. 또한 우주 최고의 정신을 나타내기도 한다. 그리스의 창조신으로는 우라노스가 있다. 우라노스는 이 우주에 경계가 생기기 전 최초의 신에 해당된다. 그리스 신화에서 우라노스는 카오스와 가이아 사이에서 태어난 존재로, 그의 아들은 크로노스이고 그의 손자는 제우스에 해당된다. 즉 한 뿌리의 최고 근원에 해당되는 존재이다.

• 호크마 : 프타아, 시바, 크로노스

호크마에 해당되는 이집트 신으로는 프타가 있고, 힌두 신으로는 시바, 그리스 신으로는 크로노스가 있다. 이집트 신 프타라는 이름은 건립

---

42 크로울리는 케테르에 상응하는 이집트 신을 프타로 잡았는데, 프타는 천지창조를 마친 후 정의를 확립한 신에 해당되므로 호크마에 상응시키는 것이 더 합당하다고 보는 것이 맞을 것이다. 따라서 나는 케테르에 아툼, 호크마에 프타를 배치시켰다.

43 이집트에서 인간은 육체(Body), 바(Ba), 카(Ka)의 3가지 요소로 구성되어 있다고 한다. 바는 혼백(魂魄)의 혼에 해당되고, 카는 혼백의 백에 해당된다.

자라는 뜻이며, 천지창조를 마치고 정의를 확립한 신에 해당된다. 즉 창조 이후 처음 법을 만든 신에 해당되므로 호크마에 상응시킬 수 있다.

크로노스는 자신의 아버지 우라노스를 죽이고 신의 자리에 오른 신이다. 힌두 신 시바는 불교에서 대자재천(大自在天)이라 불리는데, 그 뜻이 커다란 역량이 있는 신으로, 우주를 생성하고 파괴하기도 하며, 다시 재건하기도 하는 신이다. 호크마와 관련된 신들은 대체로 천지창조후, 건립, 재건, 확립과 관련 있는 신들이 주로 배치가 된다.

• 비나 : 이시스, 샥티, 헤라, 주노

비나는 음의 속성을 가지고 있는 여성신과 상응시키며, 비나에 해당되는 신은 다음과 같다. 이집트 신에는 이시스, 힌두 신에는 샥티, 그리스 신으로는 헤라, 로마 신으로는 주노가 있다. 모두 여신이 배치되고 있다. 비나는 빛을 받아들이고 품는 속성을 지니고 있기에 여성 신들이 배치된다.

이시스는 오시리스의 아내이자 호루스의 어머니이다. 처녀인 채로 호루스를 낳았다고 여겨지며, 하늘의 여왕, 바다의 어머니, 별의 어머니란 이름을 가지고 있다. 샥티는 신성한 권능, 능력이 있는 신으로 통하며, 우주 전체를 관통하여 흐르는 우주의 힘 또는 에너지를 뜻한다. 또한 우주의 여성적 창조력을 뜻하며, 위대하고 신성한 어머니라고도 불린다. 그리스는 헤라, 로마는 주노라 불리는 여신은 결혼의 여신이자, 신들의 어머니이며 모신으로 통한다.

이집트 신의 경우, 비나의 자리에 이시스 대신 마아트를 두기도 한다. 마아트는 지혜의 여신으로 법과 정의, 조화와 진리의 여신으로 알려져 있다. 한편 힌두 신에도 샥티 대신 마하비드야를 두는데, 마하비드야 또한 신성한 어머니로 통하며, 그 뜻이 대 지혜, 대 지식을 상징한다.

• 헤세드 : 아문, 인드라, 제우스, 주피터

헤세드에 해당되는 신은 다음과 같다. 이집트 신으로는 아문, 힌두 신으로는 인드라, 그리스 신으로는 제우스, 로마 신으로는 주피터이다.

헤세드는 자비의 신으로 에너지를 내어주고 힘을 실어주는 포지션이다. 즉 신들의 신이자 신들의 주님에 해당되는 포지션이다. 헤세드에 상응하는 신들은 대개 신(神) 중의 신, 신들의 리더 역할을 맡는 신이 위치한다.

아문은 신 중의 신으로서 초월적 신이자 탁월한 신으로 등장한다. 아문은 '숨겨진', '보이지 않는'이란 뜻이며, 뒤에서 조종하는 힘을 나타낸다. 아문은 그리스·로마 신인 제우스와 주피터로 상징된다. 인드라는 불교에서 제석천이라 불리며, 신들의 왕으로 불린다. 또한 날씨를 주관한다. 마찬가지로 제우스 즉 주피터도 천둥·번개를 관장하며, 신들의 신으로 불린다.

• 게부라 : 호루스, 무루간, 아레스, 마르스

게부라에 해당되는 신은 다음과 같다. 이집트 신으로는 호루스, 힌두 신으로는 무루간, 그리스 신으로는 아레스, 로마 신으로는 마르스에 해당된다.

게부라에 해당되는 신들은 주로 전쟁의 신이자 화성의 속성을 가지고 있는 신들이다. 비나의 속성을 가장 닮은 게부라가 비나의 아들처럼 보이듯, 호루스는 이시스의 아들에 해당된다. 이시스는 죽은 오시리스를 부활시키려 하였고, 아들인 호루스는 오시리스에 대한 복수로 세트와의 전쟁을 벌인다. 호루스는 전쟁 및 사냥의 신이자, 위엄과 권력의 상징으로 통한다. 힌두 신인 무루간은 창과 활을 들고 신의 전차인 바하나(Vahana)를 타고 전쟁에 출정하는 승리의 신이다. 무루간을 불교 용어로 변환한 것이 쿠마라 또는 구마라천(鳩摩羅天)이다. 또한 그리스 신 아레스와 로마 신 마르스는 전쟁의 신에 해당된다.

• 티페레트 : 라, 비슈누, 아폴론, 아폴로

티페레트에 해당되는 신은 다음과 같다. 이집트 신으로는 라, 힌두 신으로는 비슈누, 그리스 신으로는 아폴론, 로마 신으로는 아폴로에 해당된다. 주로 태양을 상징하는 신을 배치한다. 라는 코브라가 둘러싼 태양원반을 머리에 이고 있으며, 태양신으로 통한다. 그리스 이름으로는 아폴론, 로마 신으로는 아폴로가 있는데, 아폴로는 태양신으로 통한다. 또한 광명, 의술, 궁술, 음악을 주관하는 신으로 나타난다.

힌두신인 비슈누는 인류를 구원하고 정의를 회복하여 유지하는 신이다. 비슈누라는 뜻은 '모든 곳에 들어가는 이'라는 뜻이다. 티페레트의 광명이 세피로트 전역에 비추이듯, 비슈누의 빛은 어디에든 존재한다. 또한 비슈누는 평화의 신이자 보존의 신으로 통한다. 비슈누의 일곱 번째 화신으로 잘 알려진 라마가 있는데, 라마를 티페레트에 상응시키기도 한다. 라마는 연민, 용기, 헌신의 대명사이다.

• 네짜흐 : 하토르, 락슈미, 아프로디테, 비너스

네짜흐에 해당되는 신은 다음과 같다. 이집트 신으로는 하토르, 힌두 신으로는 락슈미, 그리스 신으로는 아프로디테, 로마 신으로는 비너스가 있다. 네짜흐는 비나와 더불어 여성성을 가진 세피라이다. 또한 대자연의 여신과 연관이 있으므로 이곳을 주관하는 신은 주로 여신을 배치시킨다. 여신 중에서도 가장 아름다운 여신을 배치시키는데 이는 곧 대자연의 아름다움을 나타내기 때문이다. 따라서 네짜흐에는 아름다움을 주관하는 미의 여신을 배치시킨다.

이집트 신 하토르는 사랑과 미의 여신으로 알려져 있으며, 비너스와 아프로디테 또한 사랑과 미의 여신으로 통한다. 힌두 신인 락슈미는 물질적 번영, 부, 행운, 지혜, 미, 그리고 은총의 여신으로 통한다. 매력이 넘치는 신으로 물질 성취의 신이기도 하다.

• 호드 : 토트, 하누만, 헤르메스, 머큐리

호드에 해당되는 신은 다음과 같다. 이집트 신으로는 토트, 힌두 신으로는 하누만, 그리스 신으로는 헤르메스, 로마 신으로는 머큐리에 해당된다.

토트는 지식과 과학, 언어, 시간, 서기의 신이다. 그리스 신 헤르메스와 동일한 신으로 본다. 토트와 헤르메스 모두 도서관의 신에 해당된다. 하누만은 재주가 많은 원숭이 모습의 신으로 통한다. 헤르메스도 재주가 많은 상업의 신으로 통한다. 헤르메스와 머큐리는 수성에 해당되며 태양의 전령에 해당된다. 마찬가지로 하누만은 라마의 메신저에 해당된다.

• 예소드 : 메스케네트, 가네샤, 아르테미스, 디아나

예소드에 해당되는 신은 다음과 같다. 이집트 신으로는 메스케네트, 힌두 신으로는 가네샤, 그리스 신으로는 아르테미스, 로마 신으로는 디아나에 해당된다.

예소드는 상위 차원의 에너지를 품고 있는 곳이자 달의 영혼 대기소와 같은 역할을 맡고 있다. 따라서 달과 연관된 신을 여기에 상응시킬 수 있다. 메스케네트는 출산의 여신으로, 영혼인 카를 만들어 아기들에게 생명을 불어넣어 준다. 또한 가네샤는 코끼리 모습을 한 신이다. 예소드는 깔대기처럼 에너지를 모아서 내려주는 자리이다. 마치 코끼리 코와 유사한 형태를 하고 있다. 가네샤는 재산과 행운을 관장하는 신으로 알려져 있다. 또한 아르테미스와 디아나는 달의 여신으로 알려져 있는데, 신화에서 아르테미스는 아폴론과 남매지간으로 등장한다. 아폴론이 태양이라면, 아르테미스는 달에 해당되기에 둘은 음양의 상징으로 통한다.

• 말쿠트 : 오시리스, 크리슈나, 디오니소스, 바쿠스

말쿠트에 해당되는 신은 다음과 같다. 이집트 신으로는 오시리스, 힌두 신으로는 크리슈나, 그리스 신으로는 디오니소스, 로마 신으로는 바쿠스에 해당된다.

말쿠트에 상응하는 신은 새로운 탄생 그리고 풍요로운 왕국과 관련 있는 신을 배치시킨다. 말쿠트는 케테르가 차원을 낮춰 화신한 신의 원형이다. 세피로트 에너지를 그대로 품은 채 물질화되어 나타나는 신이지만, 물질화되는 과정에서 역경을 거쳐 새롭게 재생되거나 부활하는

코드를 가지고 있다. 따라서 말쿠트에 상응하는 신으로는 완전체로 재탄생한 신을 배치시킨다. 말쿠트는 결실이자 씨앗이다. 이 신은 물질세계에 풍요를 가져다주기 때문에 풍요의 신을 배치시킨다.

이집트 신 오시리스는 죽었다가 살아나는 부활과 관련 있는 신으로 풍요의 신으로 통한다. 오시리스는 그리스에서 디오니소스로 통한다. 디오니소스는 풍요와 술의 신이다. 술은 결실의 완성이자 풍요를 상징한다. 디오니소스가 로마로 건너가서는 바쿠스로 알려진다.

그리스 신화에서 제우스는 디오니소스가 태어나자마자 헤르메스에게 맡긴 뒤, 님프들에게 양육을 부탁했다고 한다. 여기에서 헤르메스는 호드에 해당되고 님프는 네짜흐에 해당된다. 즉 호드와 네짜흐의 양육 하에서 예소드라는 자궁을 거쳐 말쿠트인 디오니소스가 탄생한 것이다. 마치 여러 번 증류과정을 거쳐 탄생된 술처럼 디오니소스는 세피로트 기관들을 거쳐 탄생한, 오랜 시간 숙성된 완전체 신이다.

힌두 신 크리슈나는 비슈누, 라마의 화신이며, 죽음과 승천의 신으로 통한다. 또한 크리슈나는 마하바라타의 영웅으로 알려져 있으며, 폭군 캄사(Kamsa)의 탄압을 피해 유목 집안에서 길러졌다. 장성하여 고향으로 돌아온 크리슈나는 캄사를 물리치고 새 땅으로 가서 새 왕국을 세웠다.

새로운 왕국을 세우는 크리슈나

18 카발라와 타로

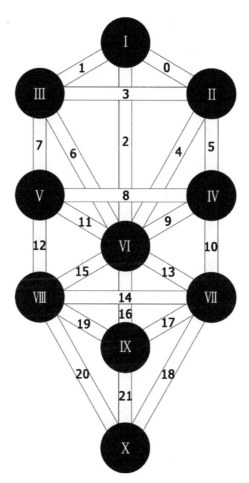

타로와 연관시킨 번호

카발라의 상징 도구 타로(Tarot)

타로와 카발라가 무슨 연관이 있을까? 라고 생각하는 사람들이 있 겠지만, 타로는 카발라에 담긴 이론을 상징화하여 나타낸 도구이다. 아 마도 카발라를 쉽게 이해하기 위해, 혹은 카발라에 담긴 에너지를 설명 하기 위해, 상징이미지를 차용하여 나타낸 것이 점차 변형되면서 타로 형태가 되지 않았나 한다. 따라서 카발라를 공부할 때 타로카드를 가 지고 공부하면 그 상징의미를 쉽게 이해할 수 있을 것이다.

타로카드가 유럽에 들어온 것은 14세기 후반이다. 르네상스 문서들 이 번역될 때쯤 들어온 것으로 보아 이집트와 아랍문서 속에 포함되어 들어온 것이 아닌가 한다. 기록에는 15세기 이탈리아에서 제작되었다 는 기록이 있다.

일반적인 사람들이 타로카드를 이해하길, 주로 점술을 하기 위한 도 구쯤으로 여길지 모르겠지만 사실 타로카드는 카발라 공부용 카드이 다. 후대로 내려오면서 점술에 주로 사용되다 보니, 타로카드는 점점 점 술의 도구화가 되었다.

타로카드가 본격적으로 흥행하기 시작한 것은 황금새벽회를 통해서 였다. 황금새벽회 회원인 아서 에드워드 웨이트(Arthur Edward Waite)[44] 는 기존부터 전해 내려오는 타로카드를 바탕으로 라이더-웨이트 (Rider-Waite)카드를 만들었으며, 이 카드가 가장 대중적으로 알려진

---

44 아서 에드워드 웨이트(Arthur Edward Waite, 1857-1942)는 오컬트, 밀교, 마술에 관한 다 수의 저서를 집필한 문필가. 황금새벽회 소속으로, 웨이트판 타로의 제작자이다.

타로카드가 되었다. 이 책에서도 라이더-웨이트(Rider-Waite)카드를 바탕으로 카발라를 설명할 것이다.

  카발라와 타로, 그리고 점성학은 오컬트 마법의 기본바탕이 되며, 이런 것들이 모여 서양철학의 신비주의 영역을 탄생시켰다. 카발라와 점성학 그리고 타로는 인간과 신 그리고 대자연 메커니즘을 공부할 수 있는 좋은 도구에 해당된다.

  카발라 세피로트가 신의 뿌리에 해당된다면, 타로는 이 뿌리에서 뻗어 나온 가지이자 상징의 꽃이며, 점성학은 시와 때에 맞춰 적절하게 나무에 물을 주는 행위에 비유할 수 있다. 나는 이러한 오컬트 도구들이 점을 치는 도구가 아니라, 우리가 살고 있는 세상의 운영 원리가 담긴 깨달음의 도구라 생각한다.

세피로트 경로와 타로와의 상응관계

  타로카드는 22장의 메이저 아르카나(Major Arcana)와 56장의 마이너 아르카나(Minor Arcana)로 이루어져 있다. 아르카나(Arcana)의 뜻은 라틴어로, 책상의 서랍, 숨겨진 것, 비밀, 신비한 것이라는 의미를 담고 있다.

  총 78장으로 이루어져 있는 타로카드는 카발라 세피로트와 상응을 시킬 수가 있다. 앞서 설명하였듯이, 세피로트는 총 32경로로 표현되는데, 10개의 세피라와 22개의 경로로 이루어져 있다. 세피로트 22개 경로는 타로카드 메이저 아르카나 22장과 상응한다. 그다음 타로카드의 56

장 마이너 아르카나가 있는데, 이 카드는 10개의 세피라와 상응한다.

어떻게 56장이 10개의 세피라와 상응하냐면, 56장의 마이너 아르카나는 4종류의 카드(지팡이, 잔, 검, 동전)가 1번부터 10번까지 숫자가 매겨져 있는 40개의 숫자유형과 16개(4×4)의 인물유형이 합해져 총 56개의 카드가 나온다. 1에서부터 10까지를 나타내는 숫자유형이 세피라의 숫자와 상응한다. 1번 케테르, 2번 호크마, 3번 비나, 4번 헤세드, 5번 게부라, 6번 티페레트, 7번 네짜흐, 8번 호드, 9번 예소드, 10번 말쿠트이다.

56장의 마이너 아르카나(minor arcana)는 크게 불, 물, 공기, 흙 원소를 상징하는 지팡이(♧wands), 잔(♥cups), 검(♤swords), 동전(◆pentacles) 이렇게 4가지 유형으로 나눠진다. 이 4가지 유형의 카드가 트럼프카드의 기본 형태가 된다.

각 유형의 카드에는 14개의 카드가 배치되는데, 1에서부터 10까지의 숫자 카드와 왕, 왕비, 기사, 시종의 인물 유형의 4개의 카드가 포함되어, 총 14개로 이루어져 있다. 예를 들면 지팡이 상징을 지니고 있는 왕, 왕비, 기사, 시종 그리고 지팡이 모양으로 이루어진 숫자 1에서 10까지, 이렇게 14개가 하나의 무리를 이룬다. 이 지팡이 무리는 불 원소의 성격을 지니고 있다. 정리하자면 다음과 같다.

- 지팡이(wands) → 1~10까지의 카드, 왕, 왕비, 기사, 시종 카드 / 불
- 잔(cups) → 1~10까지의 카드, 왕, 왕비, 기사, 시종 카드 / 물
- 검(swords) → 1~10까지의 카드, 왕, 왕비, 기사, 시종 카드 / 공기

- 동전(pentacles) → 1~10까지의 카드, 왕, 왕비, 기사, 시종 카드 / 흙

왕, 왕비, 기사, 시종의 역할도 불, 물, 공기, 흙으로 나눠진다. 왕은 불, 왕비는 물, 기사는 공기, 시종은 흙이며, 이것은 수직적 계급을 나타낸다. 리더십이라는 정신을 사용하는 지팡이가 최상위에 위치한다면, 돈이라는 물질을 사용하는 동전이 최하위를 점하고 있다. 즉 정신적일수록 의식은 상위에 머물고, 물질적일수록 의식은 하위에 머문다.

불(왕)과 공기(기사)가 양의 성향이라면, 물(왕비)과 흙(시종)[45]은 음의 성향을 나타낸다. 트럼프 카드에서는 불과 공기는 검정색으로 표현하고, 물과 흙은 붉은색으로 나타낸다.

이것은 다시 4개의 세계로 구분할 수 있다.

- 지팡이 → 불/ 아찔루트계 / 요드 / 양자리, 사자자리, 사수자리
- 잔 → 물/ 브리아계 / 헤 / 게자리, 전갈자리, 물고기자리
- 검 → 공기/ 예찌라계 / 바브 / 쌍둥이자리, 천칭자리, 물병자리
- 동전 → 흙/ 앗시아계 / 헤 / 황소자리, 처녀자리, 염소자리

세피라 빛의 10단계는 마이너 아르카나의 1에서 10까지의 카드 순서에 담긴 스토리의 상징과 상통하고, 세피로트 22경로는 메이저 카드의 특징과 상통한다.

지팡이, 잔, 검, 동전은 4개의 세계(아찔루트, 브리아, 예찌라, 앗시아)와

---

45 시종은 성별구분이 없는 중성으로 표현한다.

상응하며, 4개의 요소(불, 물, 공기, 흙)와 상응한다. 이것은 다시 테트라그라마톤의 요드헤바브헤와 상응한다.

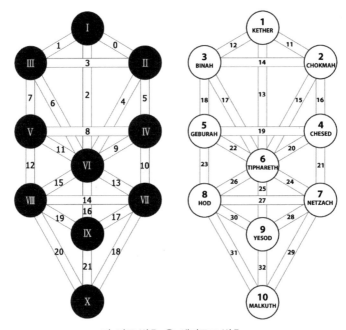

좌: 타로 번호, 우: 세피로트 번호

각각의 번호는 세피라의 번호와 상응한다.

타로 지팡이 1번은 아찔루트계의 1번인 케테르와 상응한다.

타로 잔 1번은 브리아계의 1번인 케테르와 상응한다.

타로 검 1번은 예찌라계의 1번인 케테르와 상응한다.

타로 동전 1번은 앗시아계의 1번인 케테르와 상응한다.

즉 4가지 숫자카드 1번은 모두 케테르와 상응한다. 이런 식으로 순서대로 연결시킨다.

또한 메이저 아르카나는 22개의 히브리어와 상응하는 세피로트 22 경로와 연결시킬 수 있다. 22개의 메이저 아르카나가 0번부터 시작되므로, 타로와 연결시키는 세피라도 0번부터 숫자를 매긴다.

마이너 아르카나와 10개의 세피라

• 1번 에이스 카드 – 케테르

4가지 유형에 있는 각각의 1번 에이스 카드는 케테르와 상응한다. 무형의 에너지 즉 창조력과 신의 에너지가 나오는 그림으로 구성되어있다. 무형의 에너지는 케테르의 에너지와 상응한다. 상위차원에서 주어지는 잠재된 힘이자 숨겨진 힘이다. 또한 이번 생에 주어지는 영적 깨달음의 종류와 관련이 있다. 누군가에게는 리더의 힘(지팡이)이 주어지고, 누군가에는 지혜(잔)가 주어지며, 누군가에는 지략의 힘(검)이 주어지고, 누군가에게는 부(동전)가 주어진다.

에이스 카드의 지팡이, 잔, 검, 동전은 어딘지 모를 공간에서 불현듯 신의 에너지가 나타난다. 지팡이는 신의 영감, 잔은 신의 지혜, 검은 신의 용기, 동전은 신의 풍요에 해당되는 에너지이며, 상위차원의 에너지가 물질화되어 나타나는 신의 선물에 해당된다. 그렇다면 당신은 어떤 선물을 원하는가?

• 2번 카드 – 호크마

2번 카드는 호크마와 상응한다. 호크마는 에너지를 처음으로 활용하는 자리이다. 타로카드 2번 카드들(지팡이, 잔, 검, 동전의 2번)은 케테르로부터 받은 신의 선물을 어떻게 써야 하는가에 대한 고심이 담겨있다. 또한 신으로부터 받은 선물을 그대로 복제하여 하나를 더 만들었고, 이 에너지를 어떻게 유용하게 잘 활용할 것인가의 문제에 봉착하였다.

지팡이는 이념과 뜻을 세워야 하고, 잔은 자신에게 주어진 지식과 정보를 어떻게 교환할까를 연구해야 하며, 검은 오로지 스스로를 단련해야 한다. 또한 동전은 자신에게 주어진 종잣돈을 어떻게 다룰까를 고심해야 한다.

• 3번 카드 – 비나

3번 카드는 비나와 상응한다. 비나는 형태가 만들어지는 곳이다. 어떤 에너지든 3의 수가 있어야 기초 형태가 만들어지는 법이다. 케테르, 호크마, 비나가 상위 차원의 최초 삼각형을 만들 듯, 이곳은 형태장의 기본이 만들어지는 곳이다.

지팡이는 이념과 뜻을 세우려면 더 멀리 더 크게 세상을 바라봐야 한다. 잔은 지식과 정보를 교환하는 데 있어서 서로 통하는 사람들을 만나 뜻을 모았고 축배를 들었다. 검을 사용하니 상대의 심장에 검을 찌르고 말았다. 검은 안 드는 것이 가장 좋지만 한번 들게 되면 바람처럼 빠르게 처리해야 한다. 동전은 사람들과 만나 일감을 받고, 일을 설계하며, 열심히 돈을 번다.

• 4번 카드 – 헤세드

4번 카드는 헤세드와 상응한다. 헤세드는 형성된 에너지를 크게 확장시키는 곳이다. 지팡이는 이념과 뜻을 세워 새로운 길로 향하는 문을 만들었고, 잔은 기존 지식을 증명해줄 새로운 지식을 필요로 할 때 불현듯 새로운 아이디어가 떠올랐다. 검은 임무를 완수한 후 에너지를 충전하기 위한 쉼으로 들어갔고, 동전은 벌어들인 종잣돈으로 어떻게 확장할까를 고심한다. 모두 새로운 에너지를 충전하고 있는 시간들이다.

• 5번 카드 - 게부라

5번 카드는 게부라와 상응한다. 5번 카드들을 보면, 대체로 반목, 불화, 싸움 등의 형태로 이미지가 형상화되어있다. 게부라는 자신만의 질서를 만드는 과정이다. 이 과정에서 밀어낼 것은 밀어내고, 받아들일 것은 받아들이면서 자신만의 특색과 색깔을 만들어 간다.

지팡이는 이념과 뜻을 세우고 길을 만들었지만, 기존의 사람이 아닌 외부에서 새로운 사람이 하나 더 들어오면서 기존 이념과 상충이 생겨난다. 새로운 사람과 이전 사람 간에 의견 차이가 발생하고 대립하며 각자의 뜻을 주장하기 시작한다. 의견의 어긋남이 발생하면서 서로의 뜻과 이념을 재조정해야만 하는 상황에 이르렀다. 이러한 반목과 대립의 과정을 거쳐야만 자신만의 질서를 만들 수 있다.

잔은 이론을 확립시켜 증명도 하였는데 새로운 정보가 들어오면서 기존의 지식과 이론이 모두 허사로 돌아가게 생겼다. 관념이 붕괴되는 순간이다. 기존의 틀이 모두 어긋나 버렸다.

검은 다시 검을 드니 주변 사람들이 척을 지거나 두려워하면서 하나 둘 떠나가기 시작했고, 자신과 검만 덩그러니 남아있다.

동전은 크게 확장해야 하는 시기에 욕심을 부리거나 판단을 잘못하여 바닥으로 떨어지고 말았다. 몸도 마음도 지치고 빚만 떠안은 채 떠나간다. 즉 실패의 아픔을 겪는 구간이다. 자신에게 주어진 부를 잘못 사용함으로 인해 남 좋은 일만 시키고 떠나가야만 하는 상황이 발생한다. 이럴 때는 그동안 배운 것에 대한 비용을 지불했다고 생각하는 편이 정신 건강에 이롭다. 돈 에너지란 나누고 돌리면서 부가 쌓이는 법이다.

게부라의 에너지는 재조정의 단계이다. 기존 형성된 틀 안에 새로운 에너지가 유입되면서 기존의 형태를 붕괴시켜버린다. 이때 강한 것은 자리를 잡고, 약한 것은 밀려나며, 받아들일 것은 받아들이고, 밀어낼 것은 밀어내면서 새로운 판을 다시 짜야 하는 상황으로 흘러간다. 처음 에너지장을 형성한 뒤, 시간이 흐르면서 발생하는 오류들로 인해 저항, 반대, 대립, 실패, 붕괴 등의 현상이 일어난다. 이후 형성된 에너지를 바로잡기 위해서 모순을 극복하고 새롭게 다시 시작해야 하는, 중간점검의 단계이기도 하다. 그래서 게부라의 에너지는 사람의 욕심과 자만, 헛된 욕망 등을 제어하고 처음부터 다시 시작하게 만드는 초발심을 형성한다.

· 6번 카드 – 티페레트

6번 카드는 티페레트와 상응한다. 게부라의 반목, 대립, 붕괴, 실패 등을 겪고 난 뒤, 티페레트는 새롭게 태어나는 태양처럼 떠오른다. 즉 새롭게 조정된 에너지로 새 출발을 하는 의미이다. 기존의 방식과는 다른 자신만의 질서가 탄생한 것이다.

각각의 카드를 살펴보면, 지팡이는 승전국의 영웅이 되었고, 잔은 자신이 만든 아이디어를 분배한다. 그러나 검은 들면 들수록 주변에 원수를 생성해내고 태양이 떠오르면 밀려나는 어둠처럼 결국엔 도망을 가야만 하는 상황으로 흘러간다. 검은 나누는 것이 아니다. 검은 원한을 낳는 힘이다. 마지막으로 동전은 그동안의 배움을 토대로 부를 정확하게 재분배하여 잘 활용하게 되었으며, 자선을 할 만큼의 여유도 생겼다.

• 7번 카드 – 네짜흐

7번 카드는 네짜흐와 상응한다. 네짜흐는 일이 작동되고 진행되는 과정을 의미한다. 대자연의 힘이 주어지고, 운행 원리에 따라 에너지를 주고받으며 그 가운데 새로운 모순점을 생성해 내기도 한다. 네짜흐에 서는 천사와 정령 그리고 신들이 활발하게 움직이는 곳이다.

각각의 카드를 살펴보면, 지팡이는 열심히 자신을 따르는 사람들을 설득하고 이해시키고, 다가오는 저항을 막아내야 내며 사람들을 선동 시켜야 한다. 잔은 너무 많은 정보의 홍수 속에서 무엇이 진실인지 헷 갈리기 시작한다. 분별이 필요한 시기이다. 검은 검을 다루다 보니 달인 이 되었는데 막상 쓸 곳이 마땅치 않다. 동전은 너무 많은 작업과 노동 량 때문에 이 일을 어떻게 자동화시킬지를 고민해 봐야 한다.

• 8번 카드 - 호드

8번 카드는 호드와 상응한다. 위에 네짜흐는 대자연의 재료를 이것저 것 끌어오고 가져오며 일의 움직임이 많다. 너무 분주하고 많은 일들을 한꺼번에 처리하면서 정리가 되지 않은 상황이다. 이때 호드의 에너지 를 필요로 한다. 호드는 대자연 에너지를 분류하고 정리하면서 대자연 에너지를 가지고 마법을 부리는 자리다. 재료를 쓸 때, 버릴 것은 과감 하게 버리고 쓸 것은 쓰면서 형태를 만드는 틀을 짠다.

각각의 카드를 살펴보면, 지팡이는 의식을 통일하는 작업을 하여 시 대적 흐름과 조류를 만들어냈고, 잔은 지혜를 모두 발휘하여 지식을 잘 쌓아올렸지만 뭔가 하나 빠진 것을 깨닫고 새로운 정보를 찾아 떠 났다. 검은 수련하면 수련할수록 스스로를 가두고 묶어두게 만든다. 무언가 새로운 에너지가 탄생할 때 내 안의 검은 숨죽여 나를 다스려 야 한다. 동전은 자동화 시스템을 만들어 돈이 돈을 만들기 시작했다. 전체적으로 질서가 확립되어가는 모습들이다.

• 9번 카드 – 예소드

9번 카드는 예소드와 상응한다. 예소드는 모든 에너지를 받아들이고 다지는 구간이다. 즉 일의 결과를 기다리는 자리이다. 예소드는 에너지가 꽉 채워져 물질화되기 바로 직전의 단계에 해당된다. 상위차원에서 행한 결과가 어떻게 물질화되어 나타날지를 기다리는 때이다. 잘한 일은 보상을 받을 것이요, 못한 일도 그에 따른 대가를 치를 것이다.

각각의 카드를 살펴보면, 지팡이는 뜻과 이념을 세우긴 세웠지만 그 과정에서 생겨난 상처가 너무 깊었다. 힘들게 세운 뜻과 이념이 모두를 만족시킬 수 없듯, 그 과정에서 누군가는 희생하였고 누군가는 밑거름이 되었다.

잔은 모든 것을 버림으로써 모든 것을 얻게 된 상황을 맞이하였다. 잔은 하나가 빠져있던 것을 다시 채우면서 지혜와 지식으로 무장하였다. 무엇이든 내어줄 수 있는 풍성함으로 둘러쳐져 있다.

반면에 검은 꿈속에서조차 검이 나타나는 꿈을 꾸게 된다. 꿈과 현실이 구분되지 않을 정도로 정신은 몰입되어있고, 검의 무게가 나를 짓누르게 된다. 검은 쓰면 쓸수록 카르마를 형성한다.

마지막으로 동전은 삶이 안정되고 풍요로워졌다. 해마다 열리는 열매처럼 돈의 열매가 열리고 풍족한 삶이 기다리고 있다.

· 10번 카드 – 말쿠트

10번 카드는 말쿠트와 상응한다. 말쿠트는 최초 에너지의 물질화가 이루어지는 곳이다. 그동안 자신의 에너지와 공을 들였던 것에 대한 결과를 보게 되는 것이다. 자신이 반복해서 생각하고 연습하고 단련하던 것에 대한 결과가 어떻게 드러날까?

각각의 카드를 살펴보면, 지팡이는 그동안 뜻과 이념을 세우면서 카르마 업보를 형성하게 되었고, 잔은 대대손손 무지갯빛 행복을 창조하였으며, 검은 결국 수많은 칼날을 맞아 죽음에 이르게 된다. 복수와 원한의 마음을 머릿속에 반복해서 물질화시키면 그 마지막은 결국 자신을 향하게 된다. 동전은 3대가 돈이 마르지 않는 풍요 속에 머물게 되었으며, 그 자손은 상위단계로 업그레이드하여 지팡이의 지도자 길을 걷고 싶어 한다.

4개의 카드결과를 놓고 보면, 잔과 동전의 결과물이 가장 좋게 나오고, 지팡이와 검은 결과물이 안 좋게 나온다. 잔과 동전은 음의 속성이요, 지팡이와 검은 양의 속성이다. 음 속성의 결과물은 비교적 안정적이고 풍요롭지만, 양 속성의 결과물은 카르마를 양성하고 있다. 왜냐하면 지팡이와 검은 정치력에 해당되고, 동전과 잔은 노동력이기 때문이다. 잔이 지적 노동이라면, 동전은 육체적 노동에 해당된다. 위로 올라갈수록 머리를 쓰고 아래로 내려갈수록 몸을 쓰는데 왕은 지도력을 쓰고 왕비는 지혜를 쓴다. 기사는 왕의 임무를 수행하기 위해 검을 사용하고, 시종은 왕비의 임무를 수행하기 위해 돈을 사용한다. 왕과 왕비는 지배계급에 해당되고, 기사와 시종은 피지배계급에 해당된다. 지배계급일수록 머리를 사용하고 피지배계급일수록 육체를 사용한다. 지배계급이냐 피지배계급이냐에 따라 자신에게 주어진 신의 선물이 다른 법이다.

　남성적일수록 지팡이와 검을 사용하고, 여성적일수록 동전과 잔을 사용한다. 지팡이와 검은 하늘 에너지이자 양의 속성이고, 동전과 잔은 땅의 에너지이자 음의 속성으로 분류한다. 지팡이와 검은 사람을 다루는 일이고, 동전과 잔은 물질과 정보를 다루는 일이다. 지팡이는 지도자, 잔은 지식인, 검은 무사, 동전은 상인을 상징한다.

메이저 아르카나와 22개 세피로트 경로

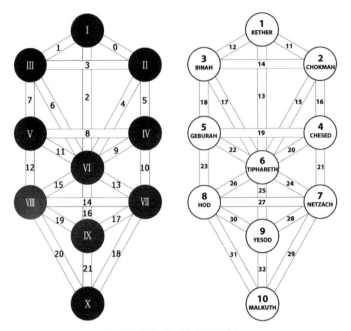

좌: 타로 번호, 우: 세피로트 번호

다음은 22개의 세피로트와 22개의 메이저 아르카나와의 상응을 살펴보자. 메이저 아르카나는 0번부터 21번까지로 이루어져 있다. 세피로트 22개 경로의 시작 번호는 11번부터 시작한다. 22개의 메이저 아르카나와 22개의 세피로트 경로는 서로 상응한다. 위의 그림에서와 같이, 케테르에서 호크마로 이어지는 세피로트 11번 경로는 타로카드 0번과 상응하며, 마지막 경로인 예소드에서 말쿠트로 이어지는 32번 경로[46]는 타로카드 21번과 상응한다.

메이저 타로카드는 세피로트 22개 경로의 성격과 특성을 알 수 있는 좋은 공부도구에 해당된다. 따라서 22개 각각의 카드가 어떤 상징을 가지고 있는지 살펴보도록 하자.

• 0 : 바보(The Fool)

바보카드는 케테르에서 호크마로 흘러나오는 11번 경로의 빛이다. 11번 경로는 넘치는 불꽃의 길이다. 케테르의 빛이 넘쳐 흐르는 길이다. 바보카드는 산 정상 꼭대기에 순수하게 서 있는 순례자의 모습으로, 한 손에는 백합을 들고 있고 햇살이 따사롭게 비추고 있다. 물질세계에 적응하지 못해 바보처럼 보일 뿐, 바보는 가장 순수하고 자유로운 도인의 모습이다. 아직 어디로 갈지 정해지지 않은 시작의 단계에 해당되며, 바보는 산등성이 위에 서서 어디로 가야 할지를 생각하고 있다. 즉 자신이 가는 곳에 에너지가 흘러들어가기 때문이다. 바보는 충만한 에너지를 품고 산에서 하산하는 도인과 같다. 마치 니체의 『짜라투스트라는 이렇게 말했다』처럼, 신의 말씀을 온전히 품은 순수한 인간은 지상세계로 내려갈 준비를 하고 있다. 정해지지 않은 길을 만들어가는 처음의 상태이다. 정해진 길도 없고 고정관념도 만들어지지 않았다. 단지 순수성만 존재할 뿐….

---

46 세피로트 경로의 25번은 16번과 상응하고, 세피로트 경로 27번은 14번과 상응한다. 번호의 순서가 바뀐 부분이니 참고하길 바란다.

- 1(I) : **마법사**(The Magician)

마법사는 케테르에서 비나로 흘러들어가는 12번 경로의 빛이다. 12번 경로는 명백한 길에 해당된다. 케테르의 빛이 비나라는 형태를 부여하는 곳으로 흘러들어가면서 행위에 대한 명백함이 분명히 드러나게 된다. 이곳은 마법사 카드와 상응한다. 마법사 카드는 장미와 백합이 있는 정원에 마법사가 지팡이, 잔, 검, 동전을 가지고 마법을 행하려고 준비하는 단계에 있다. 마법사는 흩어져 있는 에너지에 질서를 부여하고 형태를 모으는 일을 한다. 마법사를 통해 흩어져 있던 에너지가 모여 형상이 탄생된다. 바보는 백합을 들고 있었지만, 마법사는 장미와 백합이 둘러쳐진 곳에 있다. 즉 백합은 순수의 상징이고 장미는 희생의 상징이다. 신의 에너지가 하강한다는 것은 커다란 희생과 같다. 가장 높은 곳에 있어야 할 에너지가 하강한다는 것은 그만큼 희생의 의미를 내포하고 있기 때문이다.

장미와 백합은 서양오컬트철학에 자주 등장하는 상징이다. 백합과 장미는 다시 십자가와 장미로 상징되어 장미십자회의 상징 이미지가 되었다. 십자가는 성배에 해당되고, 장미는 성혈에 해당된다. 십자가는 예수를 상징하고, 장미는 막달라 마리아를 상징한다. 이는 다시 음양의 에너지에 해당된다.

- 2(II) : **여사제**(The High Priestess)

여사제는 케테르에서 티페레트로 흘러들어가는 13번 경로의 빛이자, 다아트를 품고 있는 심연의 다리에 해당된다. 케테르의 빛이 티페레트로 직접 내려오는 중앙기둥에 해당된다. 중앙기둥은 좌측의 보아즈(B)와 우측의 야킨(J) 사이에서 중심을 잘 잡아야 하는 위치에 해당되며, 신의 말씀이 한쪽으로 치우치지 않고 온전히 잘 전수되어야 하는 자리이다. 그래서 이곳은 신의 말씀을 전달하는 여사제, 특히 높은 지위에 있는 교황급 여사제가 배치된다.

여사제 카드를 보면, 뒤 배경의 머리쪽 석류는 케테르와 호크마, 비나를 상징하고 있다. 중간의 석류는 헤세드와 게부라를 나타낸다. 여사제 머리는 다아트에 해당되고, 가슴에는 십자가의 티페레트가 위치하고 있다. 또한 발에는 달이 위치하고 있는데, 여기는 예소드의 자리에 해당된다. 타로카드에서 여사제 카드는 전체적인 카발라 세피로트를 한눈에 볼 수 있는 카드에 해당된다.

- 3(III) : **여제**(The Empress)

여제카드는 호크마와 비나를 연결하는 14번 경로이다. 여제카드는 대자연 속에 편안하게 앉아있는 여자황제의 모습으로 등장한다. 마치 대지의 여신처럼 풍요 속에 머무는 모습으로, 여제카드는 지구 모신(母神)을 상징하기도 한다. 14번 경로는 조용히 깨닫는 침묵이란 뜻인데,

굳이 말로 하지 않아도 대자연을 통해 저절로 이해되고 알아지는 자리에 해당된다. 여제는 좌와 우의 힘을 조절하는 역할을 하고 있으며 침묵과 평안을 상징한다. 이곳은 첫 번째 가로라인으로, 첫 번째 우주 어머니가 위치하는 ῳ(쉰)의 자리가 된다. 역할은 보이지 않게 힘의 균형과 조율을 맞추는 자리이다.

• 4(IV) : 황제(The Emperor)

황제카드는 호크마에서 티페레트로 연결되는 15번 경로인 긴 사선에 해당된다. 15번 경로는 구성하는 길에 해당되며 케테르의 질서가 구축되는 곳에 해당된다. 황제카드는 황제가 권좌에 앉아있는 모습으로 등장한다. 권위와 지위를 확립한 황제는 법과 질서를 구성하고 만들어가는 역할이 주어진다. 호크마는 아버지에 해당되기에 아버지의 빛이 아들 티페레트를 향해 내려주고 있다.

• 5(V) : 교황(The Hierophant)

교황카드는 호크마에서 헤세드로 연결되는 16번 경로이다. 16번 경로는 승리를 축하하는 길에 해당된다. 호크마에서 전해지는 빛을 온전히 받게 되는 자리인데, 호크마의 이념과 뜻이 헤세드에게 그대로 전달되는 곳이다. 그래서 신의 뜻을 전달하는 교황이 이 자리에 위치하게 된다. 교황카드를 보면, 교황이 사제들에게 신의 말씀을 전하고 있다. 교황의 카드도 여사제의 카드와 유사하게 양 기둥 사이에 정좌하고 있다. 교황의 말씀을 듣고 있는 양쪽 두 명이 입은 사제 옷을 보면 좌측 사제는 장미문양의 옷을 입고 있고, 우측 사제는 백합문양의 옷을 입고 있다. 장미는 음, 백합은 양을 상징하고 Y자 모양의 표시는 신의 말씀이 예소드까지 전달되는 것을 의미한다.

- 6(VI) : **연인**(The Lovers)

연인카드는 비나에서 티페레트로 연결되는 17번 경로인 긴 사선에 해당된다. 17번 경로는 배치의 길에 해당된다. 새로운 드라마를 준비하기 위해 신의 안배가 이루어지는 자리이다. 연인카드는 신의 중재 하에 아담과 이브가 서있는 모습이다. 좌측은 음을 상징하는 이브가 있고, 우측은 양을 상징하는 아담이 있다. 이브의 옆에는 생명나무가 있고 생명나무를 뱀이 감싸고 있다. 이곳에서 아담과 이브가 뱀의 유혹에 넘어가 에덴동산을 벗어나는 과정의 드라마가 시작된다. 물질의식으로 떨어진 남과 여의 육체적 합일이 시작되는 순간이다.

- 7(VII) : **전차**(The Chariot)

전차카드는 비나에서 게부라로 직접 연결되는 18번 경로이다. 비나에서 형성된 질서를 게부라가 집행하는 자리이다. 비나의 강력한 힘이 게부라로 이어지기에 이 경로는 영향력의 집에 해당된다. 이곳의 카드는 전차카드가 배치된다. 전차카드는 음양의 스핑크스 고삐를 쥐고 있는 집행자의 모습이 등장한다. 그는 강력한 무기와 전차를 가지고 전쟁을 치르는 게부라에 해당된다. 이시스의 아들 호루스가 어머니의 명을 받고 전쟁을 치르러 나가듯, 전차를 모는 집행자는 비나의 명을 받들고 있다.

- 8(VIII) : 힘(Strength)

원래 8번 카드는 정의 카드에 해당되는 카드였으나, 황금새벽회는 카발라와 타로의 상징 이미지를 맞추기 위해 8번에 힘의 카드를 배치시켜 놓았다. 힘의 카드는 지구여신이 사자를 조련하는 모습으로 상징된다.

힘의 카드는 헤세드와 게부라를 연결하는 19번 가로 라인이다. 폭주하며 파괴하는 속성을 가진 게부라는 그 어떤 것으로도 다루기가 어렵지만, 지구여신만이 그를 다룰 수 있는 능력이 주어진다. 머리에 무한을 상징하는 무한대(∞)의 표시가 있는 것으로 보아 하나님의 속성을 품고 있는 여신에 해당된다. 이 여신은 사자를 잘 다룬다. 19번 경로는 정신적인 것들에 대한 모든 행위를 담고 있는 경로인데, 사자는 힘으로는 다룰 수 없고 정신적인 이해를 해야만 다루어질 수가 있는 법이다. 그 어떤 힘으로도 그를 막을 순 없지만 정신적 이해를 통해서는 그를 다룰 수 있다. 이곳은 두 번째 가로라인에 해당되며 우주 어머니의 두 번째 자리로, א(알레프)가 위치한다. 역할은 극과 극의 성향을 다루는 역할을 한다.

- 9(IX) : 은둔자(The Hermit)

은둔자 카드는 헤세드에서 티페레트로 연결되는 20번 경로이다. 게부라의 막강한 힘이 전체의 질서를 확립하는 과정에서 밀려난 도인은 조용히 물질을 벗어나 은둔하게 된다. 그래서 이 경로에는 은둔자 카드가 배치된다. 은둔자는 어두운 밤 지팡이를 짚고 등불 하나를 밝히고 있다. 게부라가 장악한 물질세상에서 헤세드의 빛을 간직한 은둔자는 조용히 티페레트에게 이 빛을 넘겨준다. 이 빛을 넘겨줌에 있어서 빛을 지키겠다는 강한 의지력을 필요로 한다. 그래서 20번 경로는 의지력을 나타낸다.

• 10(X) : 운명의 수레바퀴(Wheel of Fortune)

운명의 수레바퀴는 헤세드에서 네짜흐로 연결되는 21번 경로이다. 이곳은 브리아계에서 예찌라계로 넘어가는 자리로, 영적 창조를 마치고 형상을 물질화하는 단계이다. 21번 경로는 조정이 이루어지는 곳이다. 조정을 한다는 것은 오류를 바로잡는다는 뜻이기도 하다. 인류의 진화발전과정에서 생성된 오류를 바로잡기 위해 인간 영혼은 운명의 수레바퀴 속으로 들어가야만 한다. 10번 카드는 운명의 수레바퀴카드이다. 이 카드의 네 모서리에는 4대 천사가 운명의 수레바퀴를 검토하는 이미지로 표현된다. 인간, 독수리, 황소, 사자로 상징되는 천사들이 관리·감독하는 가운데 아누비스가 주관하는 운명의 수레바퀴를 통해 별자리를 구성 중이다. 즉 운명의 시와 때를 조율하고 있는 상태이다. 수레바퀴 옆의 뱀은 카르마를 나타낸다. 카르마를 해소하기 위해 우리는 환생하며 태어난다.

- 11(XI)-**정의**(Justice)

정의카드는 게부라에서 티페레트로 연결되는 22번 경로이다. 정의카드는 검과 천칭 추를 달고 있는 재판장의 모습으로 등장한다. 게부라의 막강한 권력과 힘은 물질세상에 강한 질서를 확립하고 관념을 형성해나간다. 이곳은 믿음의 경로이다. 강한 믿음은 관념을 형성한다. 이러한 관념이 이 세계를 지배하는 힘이기도 하다. 게부라의 파괴적 힘과 권능이 티페레트로 이어질 때는 좀 더 신중하고 엄중한 모습으로 등장하게 된다.

- 12(XII) : **거꾸로 매달린 사람**(The Hanged Man)

거꾸로 매달린 사람은 게부라에서 호드로 연결되는 23번 경로이다. 게부라의 힘이 티페레트에서 한 바퀴 선회하기 때문에 역방향으로 표현되는 것이며, 또한 운명의 수레바퀴와 마찬가지로 브리아계에서 예찌라계로 넘어가는 위치에 해당된다. 이곳은 이미 거꾸로 매달려 자신의 힘으로는 어찌해 볼 도리가 없는 자리이다. 물질세계로의 떨어짐은 위와 아래가 바뀌어, 위에 있는 자가 아래로 내려가고 아래 있는 자가 위로 올라가는 역천의 하늘이 생성되었다. 거꾸로 이해해야만 답을 찾을 수 있고, 원인보다는 결과중심이다. 이곳에서 바로 서 있다는 것이 오히려 불안정한 상태가 되기 때문에, 거꾸로 매달려 있는 것이 오히려 안정된 상태가 된다.

- 13(XIII) : 죽음(Death)

죽음의 카드는 티페레트에서 네짜흐로 연결되는 24번 경로이다. 이 경로는 창의력의 경로인데, 티페레트라는 새로운 에너지가 대자연으로 유입되면서 그동안의 낡은 것들을 모두 쓸어버리는 죽음의 사자가 등장한다. 그래서 이곳은 죽음의 카드가 배치된다. 새로운 창조는 파괴로부터 시작된다. 기존의 관념이 무너지고 새로운 형태의 창조에 들어가기 위해 신의 사자인 죽음의 사자가 흑마가 아닌 백마를 타고 등장한다. 백마를 타고 오는 존재는 새로운 변화를 이끄는 존재로 통한다. 기존의 왕들은 왕위를 내려놓고 새로운 변화의 길로 갈아타야만 한다. 죽음의 사자는 낡은 것들을 거두어간다. 낡은 물질, 낡은 생각 등 모든 것을 거두어간다.

- 14(XIV) : 절제(Temperance)

절제카드는 호드와 네짜흐를 연결하는 27번 가로 라인으로, 천사의 조정, 조율단계에 해당된다. 절제카드는 천사가 양손에 잔을 들고 물의 양을 조절하고 있는 그림이다. 동이 트기 전 새벽녘에 신의 조율이 이루어진다.

천사의 이마에는 태양의 심볼이 있고, 티페레트의 빛을 나타낸다. 양 날개는 호드와 네짜흐이다. 티페레트의 사자로 내려온 천사의 가슴에는 삼각형의 표시가 있는데, 이것은 삼각 균형점을 맞추고 있는 상태이다. 상위차원에서 조정되지 않은 부분을 재조정하는 단계로, 누구에게 힘을 실어줄지를 결정하는 단계이다. 그래서 자극과 생동이 넘치는 길이 된다. 에너지가 이쪽에서 저쪽으로 넘어가기도 하고, 누군가가 잘 나가다가 못 나가기도 하며, 운명의 역동성이 부여된다. 동이 트기 전, 신의 조정 작업이 이루어진다.

이곳은 세 번째 가로라인으로, 우주 어머니가 세 번째로 위치하는 자리에 ם(멤)이 있다. 역할은 대자연과 천사들의 힘을 조정, 조율하는 역할이다.

· 15(XV) : **악마**(The Devil)

악마카드는 티페레트에서 호드로 연결되는 26번 경로이다. 티페레트의 빛은 호드의 마법에너지로 연결되어 물질계를 지배하는 힘과 연결된다. 마법 에너지는 혁신을 창조하지만, 물질에 붙잡히면서 악마의 힘과 연결되기 쉽다. 그래서 이 경로는 악마 카드가 배치된다. 이 물질 지구는 약육강식이 지배하는 곳이다. 한정된 자원을 뺏고 뺏어야만 하는 구조이기에 강한 자가 지배하는 구조이다. 물질을 지배하는 악마는 인간 영혼을 볼모로 잡아 그들을 묶어둔다. 물질에 집착할수록 악마에게 영혼이 저당 잡힌다. 즉 물질 에너지에 꼼짝없이 묶여버리고 만다. 악마의 머리는 염소머리에 거꾸로 된 오각별이 달려있다.

· 16(XVI) : **탑**(The Tower)

탑 카드는 티페레트에서 예소드로 내려가는 25번 경로이다. 티페레트의 빛이 물질계로 하강함을 뜻한다. 그래서 25번 경로는 시련과 시험이

치러지는 경로가 된다. 탑 카드는 탑에서 떨어지는 사람들로 표현되어 있다. 이제 신의 힘으로도 어찌할 수 없는 물질계로의 떨어짐을 의미한다. 즉 신이 물질이라는 감옥에 떨어지는 형국이다.

- 17(XVII) : **별**(The Star)

별 카드는 네짜흐에서 예소드로 이어지는 28번 경로로, 자연력에 해당된다. 별 카드는 별들이 밝게 빛나는 밤에 지구여신이 대지에 물을 붓고 있는 모습으로 등장한다. 네짜흐는 자연이고 예소드는 담는 용기에 해당된다. 이것은 신이 인간으로 육화하기 위해 생명의 에센스가 부어지고, 그들을 위한 환경이 세팅되고 있는 과정이다. 여신은 별들의 에너지가 담긴 물병을 대자연 속에 붓고 있으며, 생명의 에센스를 내려주고 있다. 별들의 배치를 보면, 중앙에 큰 노란별이 있고 주위에 7개의 별이 위치한다. 중앙의 별은 북극성이 되고, 주변의 7별은 북두칠성에 해당된다. 옆의 나무 위에 새가 보이는 것으로 보아, 인간, 사자, 황소, 독수리가 다스리는 천상계에서 대자연의 카르마 세팅에 관여하고 있는 신은 독수리이다.

- 18(XVIII) : **달**(The Moon)

달 카드는 네짜흐에서 말쿠트로 이어지는 29번 긴 사선에 해당된다. 이곳은 형체를 가지는 힘에 해당된다. 네짜흐의 자연력이 말쿠트로 이어지면서 형체가 부여되는 곳이나 정상적으로 부여되는 곳은 아니다. 마치 밤에 활동하는 귀신처럼 형체는 있으나 물질적 용기가 없다. 그래서 달 카드는 보름달이 찬란하게 빛나고 있으나 심각한 표정의 얼굴을 하고 있는 달 모습이다. 양쪽에는 탑이 있으며 늑대와 여우가 울부짖고, 물속에는 전갈이 움직인다. 탑을 통과하는 길은 멀고도 길다. 밤은 기다림이다. 빛은 긴 밤 속에 잠기고, 귀(鬼)는 태양이 뜨면 형체를 감추어야 한다. 긴 밤이 무섭고 예리하고 날카롭다.

· 19(XIX) : **태양**(The Sun)

태양의 카드는 호드에서 예소드로 이어지는 30번 경로이다. 30번 경로는 수집력이다. 즉 예소드로 이어지는 정상적인 경로로, 에너지가 모아지고 담아지는 Y자 형태의 예소드에 모아진다. 이곳은 정상적으로 물질 형태가 부여되는 곳이다. Y자 거름망을 거쳐야만 에너지가 농축되고 물질이 입혀진다. 영혼 또한 호드에서 마법에 걸려 악마에게 목줄이 잡혀 있다가 비로소 해방되었기에 태양이 뜨는 이미지로 상징화가 된 것이다. 따라서 태양의 카드는 태양이 비추고 아이가 백마를 타고 있으며, 주위에는 해바라기들이 피어있다. 아이는 새로운 탄생이다. 물질지구에 새롭게 탄생한 영혼이며 새로운 준비를 시작한다.

· 20(XX) : **심판**(Judgement)

심판카드는 호드에서 말쿠트로 이어지는 31번 긴 사선에 해당된다. 이곳은 무궁한 힘의 길이다. 심판 카드는 천사가 하늘에서 나팔을 불고 있고, 죽은 자는 관 속에서 일어나는 장면을 하고 있다. 위에 태양

카드가 정상적인 탄생을 뜻한다면, 심판카드는 죽은 자의 재탄생에 해당된다. 즉 신의 영광을 통해 부활하는 곳으로, 호드의 마법을 통해 죽은 자가 살아나는 과정이다. 물질드라마가 종결되는 마지막 장면에 해당된다. 즉 하강할수록 신의 힘이 약해지는 과정에서 신의 입김이 강하게 부여되면 죽은 자도 일어나 심판을 기다려야만 하는 상황이다.

• 21(XXI) : 세계(The World)

세계카드는 예소드에서 말쿠트로 이어지는 32번 경로이다. 이곳은 관리의 길이다. 즉 영혼 저장소인 예소드를 통과하여 물질계로 탄생함에 있어서 정상적인 길을 통해 탄생하였으며, 물질계에서의 역할도 잘 완수하였다. 그래서 이곳은 영혼 완성을 이루는 곳이다. 영혼의 완성은 4대천사가 지켜보는 가운데 심판의 결과를 받고, 상승을 위한 준비단계의 과정을 거친다. 즉 4대 천사의 보호를 받는 가운데 신의 영광이 임하고, 새로운 세계를 향해 나아갈 준비를 하는 완성된 영혼을 뜻한다. 새로운 환생을 준비하느냐, 신으로의 회귀이냐가 결정되는 순간이다.

신의 하강과 운명의 수레바퀴

22개 메이저 아르카나에서는 인간의 영혼이 어떻게 하강하여 다시 환생하게 되는지 그 과정을 상징이미지로 보여주고 있다.

최초 신의 에너지가 점점 하강하면서 에너지 형체와 틀을 만들고, 에너지가 점점 농축될수록 빛 에너지는 감소한다. 이 가운데 신이 하강하면서 신의 드라마가 준비되고, 이를 위한 환경이 주어진다. 티페레트를 중심으로 그 위와 아래는 전혀 다른 세상이 준비된다. 티페레트에서 에너지 회전이 발생하면서 하강의 길이 형성되고, 영혼은 그 길을 통해 점점 하강한다. 티페레트 위가 통합령(靈)이라면, 티페레트 아래는 개별영(靈)으로 분화된다.

이후 천사들에 의해 지상 환경이 준비되고, 영혼은 점점 하강하여 환생의 수레바퀴 속으로 들어가게 된다. 이 수레바퀴는 티쿤(코스모스)과 토후(카오스)의 과정이다. 즉 질서를 바로잡는 과정이다. 운명의 수레바퀴는 인간, 사자, 황소, 독수리로 상징되는 4대천사가 주관하고 관리한다.

운명의 수레바퀴는 환생 시스템이다. 이 환생이라는 것은 인간 영혼의 통합령 즉, 아담카드몬이 최초 발생시킨 오류를 바로잡기 위한 하나의 과정인 것이다. 우리는 이 환생의 과정을 반복하면서 전체 오류를 바로잡아가게 된다. 지구상에 육신을 입고 태어나는 사람들은 모두 카르마가 부여되었고, 이 카르마를 해결하러 이 지구에 탄생하는 것이다. 카르마라는 것은 최초 아담카드몬으로부터 출발하여 조금씩 형성된 오류의 뿌리에 해당되는 것으로, 누구나 다 한 가지씩의 카르마를 안고 태어난다. 이 오류의 과정을 바로잡기 위해 지상에 태어나는 것이고, 이 과정을 반복하면서 우리 인류의식은 완성에 근접하게 되는 것이다.

환생의 과정은 인류의식상승을 위해서이다. 무질서의 상태를 질서로 돌리기 위한 신의 안배이며, 신의 드라마이다. 예수 드라마는 예수에 국한된 것이 아니라 우리 인류 모두에게 주어진 사명과 같은 것이다. 누군가는 희생하면서 몸소 보여주고, 누군가는 그 희생을 바탕으로 성장하는 것이다.

19 카발라와 만트라

만트라 - 말의 진동

원래 카발라는 말의 과학이기도 하다. 거룩한 신의 이름을 부르기 위한 하나의 과정이자 도구로 사용된 것이 카발라이다. 신의 이름을 부른다는 것은 신을 소환한다는 뜻이다. 예를 들어 사람을 부를 때도 그 사람의 고유 정체성을 나타내는 이름을 불러 대화할 수 있듯이, 신들을 부를 때도 해당 신만이 가지고 있는 고유 진동으로 신을 불러야 신이 자신을 부르는 줄 알고 응답하는 법이다. 그래서 카발라와 만트라는 떼려야 뗄 수 없는 관계이기도 하다.

신의 세계는 인간 세계의 복제이다. 따라서 인간의 룰은 신의 룰과 비슷하게 흘러간다. 만약 국가에 어떤 요청사항이 있을 때, 업무를 담당하는 기관에 가서 해당 업무를 담당하는 사람에게 자신이 필요한 것을 요청하듯, 신들도 각자 맡은 업무가 있고, 그 업무에 해당되는 신을 소환해야 인간의 뜻을 이룰 수 있는 것이다.

예를 들어 분별이 떨어지고 우유부단하여 결단을 잘 못 내리는 사람이 자신의 이런 부분을 보완하고자 신에게 기도를 올릴 때, 이때는 분별을 잘하는 신을 소환하여야 그 힘이 생성될 수 있는 법인데, 무작정 최상위 신인 케테르를 당기면 케테르가 그에게 해줄 수 있는 일은 없다. 즉 우물가에 가야 우물을 찾을 수 있듯, 신에게 가려면 신의 특징을 잘 알아야 신을 찾을 수 있는 법이다. 따라서 카발라와 만트라는 고대 사제들이 신을 소환하기 위한 하나의 도구로 쓰였었다.

신의 나라 이집트에서는 사제들만이 쓰는 신성 문자가 따로 존재할 정도로, 신을 소환하는 일은 사제들에게 특화된 업무였다. 사제들은 이 신의 이름을 비밀언어로 쓰고 구전으로 전수하였다. 전통을 구전으로 전수하는 방법을 카발라라고 하듯, 카발라는 신의 상징을 담고 있는 상징체계이자 특정 사제들만이 접근할 수 있는 특권이기도 하다. 신의 이름은 함부로 부를 수 있는 것이 아니었기 때문에 신의 이름은 감추어지고 상징화되어 비밀리에 전수되었다.

신의 이름을 불러 소원을 충족하는 기복적 신앙의 도구에는 만트라가 있다. 만트라라는 말은 진언(眞言)의 산스크리트어(범어)이다. 즉 주문이다. 영적 변형을 일으킬 수 있다고 여겨지는 발음, 음절, 구절이라고 하는데, 이 만트라는 주로 신의 이름으로 이루어져 있다.

천수경[47]에 나오는 신묘장구대다라니에 나오는 주문을 살펴보면, '바로기제 새바라야'라는 말이 나온다. 이는 '아발로키테스바라(Avalokitesvara)'란 산스크리트어가 동양으로 넘어오면서 변환된 주문이다. '아발로키테스바라'라는 말이 '바로기제 새바라'로 변환된 것이다.

---

47 불교 경전 중 하나로, 관세음보살이 부처에게 청하여 받은 경전이다. 본래 명칭은 『천수천안관자재보살광대원만무애대비심대다라니경』이다. 그 뜻은 한량없는 손과 눈을 가지신 관세음보살의 넓고 크고 걸림 없는 대자비심을 간직한 큰 다라니란 뜻이다. 줄여서 『천수다라니』라고도 한다.

한자로 쓰면 관자재(觀自在)보살이다.

'아발로키테스바라'라는 뜻을 살펴보면, 아바는 아래, 로키타는 보는 것, 이스바라는 주님 또는 지배자란 뜻이다. 해석하면 아래를 보는 주님, 관(觀)하는 주님이라는 뜻이다.

아발로키테스바라는 불교로 넘어와 우리에게는 친숙한 이름인 '관자재보살(觀自在菩薩-눈으로 보며 존재하는 보살)' 또는 '관세음보살'로 알려졌다. 또한 신묘장구대다라니에 언급되는 주문 중, 사다바야는 '보살'이란 뜻이고, 마하사다바야는 '큰보살'이라는 뜻이다. 신묘장구대다라니의 내용은 관자재보살의 영광을 칭송하면서 우리를 보호하고 지켜주시며, 또 신의 뜻에 귀의한다는 뜻의 내용이다.

언어는 너와 나의 약속과 같은 것이다. 너도 알고 나도 아는, 이러한 말을 이러한 뜻으로 쓰겠다는 약속과도 같은 것이다. 그래서 비록 언어의 말이 약간씩 틀려도 그 나라 사람끼리 그러한 언어로 사용하면 서로 뜻이 통하게 되어있다.

신묘장구대다라니에는 일곱 형상의 신이 등장한다. 이 일곱형상의 신을 세피로트 신과 상응시킬 수 있다. 이 일곱 신은 맨 위 케테르와 아랫부분의 예소드와 말쿠트를 제외한, 중앙 원 모양을 이루고 있는 세피라로 구성할 수 있다.

1. 산돼지 얼굴에 사자 형상을 하고 있는 신
2. 연꽃을 들고 있는 신

3. 큰 바퀴를 들고 전투하는 신

4. 법소라 나팔로 깨닫게 하는 신

5. 큰 곤봉을 가진 신

6. 어깨 위에 울퉁불퉁 모가 난 무기를 메고 있는 신

7. 호랑이 가죽옷을 입은 신

첫 번째 산돼지 얼굴에 사자 형상의 신은 티페레트를 상징한다. 티페레트는 세피로트 중심에서 사방으로 빛을 펼치는 태양과 같기 때문에 그 모양이 마치 갈기를 펼치고 있는 사자 형상으로 나타난다. 마찬가지로 사자의 형상은 태양의 상징과 상응한다.

두 번째 연꽃을 들고 있는 신은 호크마에 해당되며 호크마는 케테르의 에너지가 처음 형상을 입은 모습이자 지혜를 상징한다. 따라서 연꽃은 깨달음의 에너지를 내어주는 처음 행위에 해당된다.

세 번째 큰 바퀴를 들고 전투하는 신은 비나에 해당된다. 카발라와 천사에서 비나에 상응하는 천사는 오파님이다. 이 오파님이 바퀴를 나타내는 신이다. 즉 바퀴란 전체 에너지를 구동케 하는 기관에 해당된다. 따라서 바퀴라는 상징을 들고 있는 신은 비나에 상응시킬 수 있다.

네 번째 법소라 나팔로 깨닫게 하는 신은 헤세드에 해당된다. 나팔은 진동을 펼치는 행위이다. 따라서 헤세드가 자비의 에너지를 내려주듯, 나팔을 들고 있는 신은 헤세드와 상응한다.

다섯 번째 큰 곤봉을 가진 신은 게부라에 해당된다. 게부라는 악을 차단하고 밀어내는 속성이 있듯, 곤봉은 우주의 질서를 잡는 상징을 내포하고 있다.

여섯 번째 어깨 위에 모가 난 울퉁불퉁한 무기를 메고 있는 신은 호드에 해당된다. 호드는 건축의 신에 해당되며, 무언가를 행하기 위한 준비를 하는 신이므로 무기를 메고 있는 신으로 형상화된다.

일곱 번째 호랑이 가죽을 입고 있는 신은 자연계 신 또는 정령을 상징한다. 특히 호랑이 가죽은 산신을 뜻하며, 보이지 않는 차원계를 관리하는 신들에 해당된다. 이 신은 네짜흐 신과 상응시킬 수 있다.

티페레트에서 에너지 볼텍스가 형성되면서 에너지가 회전하기 때문에 신의 순서는 호드와 네짜흐의 위치가 바뀌는 것이다.

주문을 외울 때, 말을 할 때, 우리는 그 의미와 뜻을 알고 사용해야 한다. '그냥 외우라', '무념무상으로 외우라'란 말은 지금 시대에는 먹히지 않는 시대가 되었다. 내가 내뱉는 어떤 말, 어떤 행위를 할 때, 이에 타당한 이유와 명분을 알고 움직여야만 하는 시대이기 때문이다. 이제는 신에 따라 움직여지는 시대가 아니라 우리가 곧 신이 되어야 하는 시대로 접어들었다. 나의 말 한마디, 나의 행동 하나하나가 신의 숨결이자 신의 움직임이 되기 때문이다. 우리는 모두 성장하였고 이제는 신의 영역으로 도전하고 있다. 그리하여 너 자신이 바로 신임을 알라!

세피로트와 도레미파솔라시

말을 내뱉을 때 음의 높이란 것이 있다. 어떤 사람은 저음의 톤을 가지고 있고 어떤 사람은 고음의 톤을 가지고 있다. 남자는 저음으로 여자는 고음의 진동으로 말을 한다. 남자는 고음의 여자 목소리에 호감을 느끼고, 여자는 남자의 저음 목소리에 호감을 느낀다는 연구결과가 있기도 하다. 이렇듯 톤의 음량에 따라 사람들이 받아들이는 정도가 다 다르다. 어떤 톤은 편하게 느껴지기도 하고, 어떤 톤은 불편하게 느껴지기도 한다. 이렇게 음량의 높낮이를 나타내는 톤을 이용하여, 우리 인류는 노래와 음악이라는 것을 만들었다. 음악이라는 것은 일종의 소리의 질서를 만들어놓은 것이다. 소리의 질서를 만들어 그 안에 어떤 감정을 실어 넣은 것이 바로 음악이다. 어떤 음악은 부드러운 선율을 남기고, 어떤 음악은 평온함을 주기도 하며, 어떤 음악은 감동을 주기도 한다. 우리는 이 음이라는 것을 통해서 특정 감정을 주고받을 수 있는 것이다. 때론 사랑의 감정을, 때론 아픔의 감정을, 때론 한의 감정을 나타낸다. 경쾌한 느낌을 주는 음악도 있고, 슬픈 아리아 느낌의 음악도 있다. 장조의 짧은 음은 경쾌한 느낌을 주고, 단조의 긴 음은 슬픈 느낌을 준다.

음을 통해 느낌을 전달하는 방법, 이것이 우리 인류가 만들어놓은 음악이라는 예술이다. 음악의 질서는 음계로부터 출발한다. 음계란 한 옥타브 안에 일정 음을 차례대로 배열해 놓은 음의 층계이다. 현재 쓰이고 있는 음계는 7음계를 사용하고 있다. 한 옥타브 안에 '도−레−미−파−솔−라−시'라는 일곱 개의 음을 같은 간격으로 차례대로 나타낸 것이 바로 7음계이다.

7음계는 우리 인체의 일곱 차크라와 상응시킬 수 있다. 일반적으로 활용하는 방식으로는 아래부터 시작하여 제1차크라에 도를 연결시키고, 제2차크라에 레를, 제3차크라에 미를, 제4차크라에 파를, 제5차크라에 솔을, 제6차크라에 라를, 제7차크라에 시를 연결시킨다. 저음부터 시작하여 고음으로 이동하는 순이 가장 일반적인 방법이다.

제1차크라 – 도 (C)

제2차크라 – 레 (D)

제3차크라 – 미 (E)

제4차크라 – 파 (F)

제5차크라 – 솔 (G)

제6차크라 – 라 (A)

제7차크라 – 시 (B)

다음은 내가 연결시킨 카발라 음계의 상응이다.

고음부터 시작하면, 케테르, 호크마, 비나는 한 옥타브 높은 도를 소리 내지 않고 부른다. 헤세드부터 음을 상응시킨다. 헤세드는 시(B)와 상응시키고, 게부라는 라(A)와 상응시키며, 티페레트는 솔(G)에 상응시킨다. 티페레트에서 에너지가 한번 회전하여 아랫부분은 꼬였기 때문에 미는 네짜흐(E), 파(F)는 호드에 상응시킨다. 그다음 예소드는 레(D)이고, 말쿠트는 맨 아래 도(C)가 된다.

좌측 기둥에는 파와 라가, 우측기둥에는 미와 시가 위치하고, 중앙에는 도레솔이 위치한다. 게부라의 라, 호드의 파가 수평으로 발산하는 발음이라면, 헤세드의 시와 네짜흐의 미는 수직으로 끌어올리는 발음이 된다. 중앙의 티페레트는 솔과 상응하는데 태양을 sol이라 부르듯 솔과 상응하고, 솔은 인체의 태양총에서 위와 아래의 에너지를 끌어모으는 소리다. 레는 대지의 여신 레아와 비슷한 발음인데, 레아 여신은 가이아 여신에게서 태어난 후, 크로노스의 아내가 되어 데메테르, 헤라, 하데스, 포세이돈, 제우스 등을 낳은 여신에 해당된다. 예소드가 별을 품고 있는 자궁이 되듯, 레아 여신은 신들을 품고 있는 상징으로 통한다.

도 – 케테르, 호크마, 비나 (얼굴)

시 – 헤세드 (오른쪽 어깨)

라 – 게부라 (왼쪽 어깨)

솔 – 티페레트 (가슴)

파 – 호드 (왼쪽 배)

미 – 네짜흐 (오른쪽 배)

레 – 예소드 (단전)

도 – 말쿠트 (생식기)

20 카발라와 텔리즈먼

텔리즈먼이란?

텔리즈먼(talisman) 혹은 탈리즈만이란, 물질에 깃드는 힘을 말한다. 부적이라는 의미로 쓰이기도 하는데, 부적이라는 것 자체가 물질에 특정 에너지를 부여하는 행위이다. 행복한 에너지, 복이 들어오는 에너지, 돈이 들어오는 에너지, 승진하는 에너지, 보호하는 에너지 등 인간들이 만들어낸 특정 사념의 에너지를 물질에 불어넣는 행위이기도 하다. 이런 에너지를 쓸 때 좋게 쓸 수도 있고, 때론 나쁘게 쓸 수도 있는 것이 바로 인간이 내뿜는 인기(人氣)에너지이다.

존재하는 모든 것은 각각의 이유가 있으며, 물질에 존재 이유를 붙이는 것, 이것 자체가 텔리즈먼이기도 하다. 우리는 알게 모르게 이러한 텔리즈먼 행위를 하고 있다. 의미 있는 물건이나 상징들에는 그 물건만의 존재 이유와 의미들이 내포되어있다. 물론 물질에 에너지를 불어넣는다는 것 자체가 인간의 특권이기도 하다. 예를 들어 남녀가 결혼할 때 끼는 반지는 음과 양의 결합이라는 상징 에너지를 담는다. 만약 남녀가 헤어지게 되면 그 반지는 더 이상 그 의미를 상실하고 만다. 그래서 헤어질 때 반지를 빼는 이유이다. 이렇게 물질에 의미를 담아 넣는 것을 텔리즈먼이라 한다.

　물건을 소중하게 아끼면 아낄수록 그 물건에는 에너지가 깃든다. 이렇게 에너지가 깃든 물건은 그 물건을 이어받은 다음 사람에게도 영향을 끼치게 된다. 좋은 기운을 담은 물건은 다음 사람에게도 좋은 기운을 주지만, 저주가 담긴 물건은 다음 사람에게도 저주를 남긴다. 그래서 물건에 어떤 마음 상태를 넣느냐에 따라서 그 물건이 행운의 부적이 되기도 하고, 때론 저주의 부적이 되기도 하는 것이다.

　카발라 세피로트의 10개 세피라는 각각의 특정 에너지를 담고 있다. 비나는 이해의 힘을, 게부라는 분별의 힘을, 헤세드는 자비의 힘을 내재하고 있다. 이러한 세피라 에너지를 특정 물질에 담아놓는 행위가 바로 카발라를 이용한 텔리즈먼이다. 마법 행위에 주로 사용하는 보석이나 향에 특정 에너지를 매칭시켜서 그 힘을 활용할 수 있다.

　마법이라는 것 자체는 사실 제의(祭儀)의 형태이기도 하다. 마법 또는 제의란, 신과 내가 만나는 행위이다. 인간이 원하는 무언가를 얻고자 할 때 하늘 또는 특정 신을 소환하는 행위를 제의 또는 마법 행위라고 한다. 우리는 알게 모르게 이 마법 행위를 하고 있다. 설날이나 추석 때 조상에게 제사를 지내는 행위 자체가 마법의 한 형태이지만, 이런 행위를 마법이라 전혀 생각지 않고 오랫동안 내려온 관념적 행위나 의식이라고 생각할 뿐이다. 마법을 통해 특정 신을 소환하는 행위나, 제사를 통해 조상을 소환하는 행위나, 모두 보이지 않는 신을 소환한다는 의미에서 똑같은 행위이다. 제사 때, 제의 옷을 잘 차려입고, 귀하게 마련한 음식을 올려놓고, 향을 피운 뒤, 법문을 읽고 절을 한다. 마찬가지로 마법을 행할 때 마법 옷을 입고, 특정 도구들을 배치한 뒤, 향을 피우고 주문을 외운다. 모두 신을 소환하는 행위이다.

이러한 마법 의식은 이집트와 유대인들의 오랜 제의 형태가 유럽으로 들어가면서 마법 형태로 변환된 것이다. 고대에는 왕 또는 사제만이 하늘과 통하는 권능을 부여받았으나 후대로 내려오면서 누구든 그 의식만 따라 하면 신을 소환할 수 있게 되었다. 물론 일반인에게는 허용되지 않았기에 이러한 마법 행위는 비밀리에 행해졌고 비밀리에 전수되어 왔다.

우리는 스스로 인지하지 못한 채 마법적 행위를 하고 있으면서도 자신은 그런 것 따위는 믿지 않는다고 외면하면서, 여전히 설날이나 추석이 되면 조상에 대한 제사는 지내고 있다. 교회나 성당에 다니는 사람은 조상에 대한 제사는 거부하면서 교회에서 하는 마법의식은 따라 하고 있다. 집에서 드리는 제사든, 절에서 하는 불공이든, 교회에서 드리는 예배나 미사든, 모두 인간이 신과 접하는 시간들이며 텔리즈먼 행위이다.

자신이 어떤 행위와 움직임을 일으킬 때에는 분명한 명분이 있어야 한다. 조상들이 해왔으니까, 또는 남들이 다 하는 일이니까 하며 따라 하는 행위는 '나'라는 주체의식이 아닌 시대적 관념에 자신의 의식을 맡겨버리는 것이다.

지금 이 책을 읽고 있는 사람이라면 스스로 생각할 줄 아는 사람이 되어야 할 것이다. 자신이 하는 행위가 어떤 결과를 낳을 것인지, 내가 어디에 힘을 실어주고 있는 것인지, 자신의 힘을 바로 쓰는 것, 이것이 모든 도(道)로 통하는 첫걸음이다.

어떤 에너지든 내가 어떤 명분으로 어떻게 쓸 것인가를 결정하고 바르게 쓰면 그 힘은 살아있는 힘이 된다. 카발라를 공부하고 있는 사람이라면, 특정 신에 매이지도 말고, 이 우주 자체와 인간이 바로 신임을 알라! 바로 너 자신이 신의 모습이자 아담카드몬임을 깨달아야 한다.

다음은 카발라 세피로트의 각 에너지를 물질과 연결시키는 방법이다. 세피라를 특정 신과 연결시키듯, 세피라의 에너지를 특정 향이나 특정 보석과 연결시킬 수 있다. 다음은 각 세피라와 매칭시키는 향 그리고 보석에 관한 설명이다.

세피라와 향

원래 향이란, 불에 태워서 냄새를 나게 만드는 물건이란 뜻이며, 주로 제사 때 쓰였다. 고대 제사 의식 때 사제는 말린 나무진이나 나무 조각 또는 대마와 같은 마른 나뭇잎을 불에 태워 그 연기의 향을 맡으며, 의식을 트랜스 상태로 만든 뒤 신과 접촉을 해왔다. 향을 흡입할 때는 주변의 기운을 모두 빨아들이면서 흡입한다. 이때 주변의 모든 에너지가 코를 통해 내 몸 안으로 들어온다. 즉 내 안으로 외부의 에너지를 받아들이는 들숨 행위가 바로 향을 맡는 행위이다. 그래서 향은 신을 소환하거나 신을 입식하고자 할 때 사용한다.

사람들은 향을 흡입하면서 특정 에너지 상태를 느끼기도 한다. 어떤 향은 포근함을, 어떤 향은 섹시함을, 어떤 향은 신성함을 느끼기도 하며, 향을 통해서 특정 기억상태를 떠올릴 수도 있다. 어릴 적 엄마의 향을 떠올리기도 하고, 연애 때의 감정을 떠올리기도 한다. 즉 인간은 향을 통해서 특정 사념을 기억할 수 있다. 이 향이 후대로 내려가면서 보편화되었고 누구나 사용할 수 있는 향수가 나오기 시작했다. 동물의 사향이나 식물의 잎 또는 꽃을 추출하여 에센스를 만들고, 그 에센스들을 혼합하여 특정 향수를 만들어낸다. 이런 향 중에서 특히 방향성 허브를 추출한 에센스를 가지고 치유하는 요법을 '아로마테라피(Aromatherapy)'라고 한다.

성경에 보면, 예수가 탄생하였을 때 동방박사들이 가지고 온 선물이 있다. 바로 몰약과 유향 그리고 황금인데, 몰약과 유향이 바로 제 의식에 활용하는 에센셜 오일이다. 몰약과 유향 모두 나무 수지에서 얻은 향이다. 유향과 황금은 노란색으로 티페레트를 상징한다. 티페레트는 세피로트의 중심에 밝게 빛나는 태양이다. 즉 동방박사들이 예수를 왕으로 인정하는 대목이 바로 이 선물들에 담겨있었던 것이다.

다음은 각각의 세피라에 상응하는 향을 알아보도록 하자.
천연향은 크게 동물성과 식물성 두 가지로 나눌 수 있다.
동물성 향의 대표적인 향으로는 용연향(龍涎香, Ambergris)과 사향(Musk)이 있다. 시중에 판매되는 엠버 또는 머스크향은 모두 동물성 향이다. 용연향은 향유고래 창자 속에 생기는 결석에서 만들어낸 향이고, 사향은 수컷 사향노루의 향낭에 들어있는 향이다. 별도로 사향 고양이의 향낭에 들어있는 향은 시벳(civet)이라 부른다.

식물성 향은 나무의 방향성 수지, 식물 뿌리, 꽃이나 잎과 관련된 향 등 다양한 방법으로 추출한다.

다음은 각 세피라와 향을 매칭시킨 것이다. 상위 삼각형을 이루는 케테르, 호크마, 비나는 동물성 향과 상응한다.

• 케테르는 용연향과 상응한다.

가장 상위에 위치하는 케테르는 가장 진귀한 향인 용연향(Ambergris)과 상응시킨다. 용연향은 한자로는 龍涎, 영어로는 Ambergris라고 한다. 용연(龍涎)이라는 뜻이 용의 침이라는 뜻이 있듯, 아주 진귀한 상품일 때 황제를 상징하는 용(龍) 자를 붙인다. Ambergris는 라틴어 Amber로부터 나온 것으로, Amber는 노란 호박색을 나타낸다. 마찬가지로 용연향도 노란색 또는 황금색을 띠고 있다. 용연향의 재료가 되는 향유고래 결석은 고래 몸속에서 배설되어 바다 위에 떠다니다가 해안가에 밀려와서 발견되는 경우가 많았다. 자연 채취한 것은 향이 없지만 알코올과 섞이면 발향된다.

• 호크마는 사향과 상응한다.

호크마는 양(陽)의 시작이고, 비나는 음(陰)의 시작이다. 따라서 호크마에는 양을 상징하는 수컷 노루 사향을 상응시킨다. 이 사향(Musk)은 수컷 노루 사향선에 있는 향낭의 물질로 만들어진 향이다. 즉 양의 향기를 머금은 향이라 할 수 있다. 사향은 비누 냄새, 살 냄새라고 표현하기도 하는데, 성호르몬과 관련이 있는 향이기도 하다. 사향은 마음을 진정시켜 편안하게 만드는 효능을 가지고 있다.

• 비나는 사향과 몰약에 상응한다.

비나에 상응시키는 사향은 시벳(Civet) 사향이다. 즉 사향 고양이 향낭에서 얻은 향이다. 뿔이 달린 노루가 양의 속성이라면, 고양이는 음의 속성에 해당된다. 비나는 동물성과 식물성이 겹쳐있는데, 동물성으로는 시벳과 상응하고, 식물성으로는 몰약과 상응한다. 몰약은 감람나무 외피에서 얻은 수지향이다. 비나가 형태를 만드는 세피라이듯, 몰약은 고대 이집트에서 미이라의 형태를 유지시키기 위해 방부제로 사용하였다. 또한 몰약의 효능으로는 새살을 돋게 하고 혈액순환을 촉진시키는 효능이 있다.

이 몰약은 감람나무의 수지로 만들어지는데, 수지란 나무에서 나오는 끈끈한 진이다. 예를 들면 소나무의 송진 같은 것이다. 이러한 나무의 진이 땅 속에 굳어져서 노란색 또는 호박색의 광물이 된 것을 호박(amber)이라 한다.

감람나무과에는 올리브나무가 있다. 이 올리브 나무는 평화를 상징한다. 왜냐하면 생장이 느려서 10년 이상이 지나야 열매를 맺을 수 있고, 제대로 된 열매를 얻기까지 30년 정도가 걸리는데, 그 기간 동안 전쟁이나 약탈이 없어야 하기 때문이다. 감람나무는 하나님과 세상 사이의 중재자이자, 기름부음을 받은 왕 또는 지도자를 나타낸다. 그래서 동방박사들이 세피로트의 중재자인 티페레트를 상징하는 유향과 황금 그리고 기름부음을 받은 왕을 상징하는, 감람나무에서 나온 몰약을 선물한 이유이기도 하다.

　다음으로 중앙에 위치한 세피라인 헤세드, 게부라, 티페레트, 네짜흐, 호드는 식물성 향, 특히 나무 향과 상응한다.

· 헤세드는 백향목과 상응한다.

　헤세드는 우측기둥에서 가장 넓고 확장성이 좋은 세피라이다. 그래서 헤세드에는 장엄한 아름다움을 상징하는 시더(Cedar)를 상응시킨다. 시더는 백향목이라 하며, 소나무과의 상록수이다. 삼나무라고도 한다. 삼나무는 레바논 백향목이 가장 유명하다. 이 향은 숲 속에 있는 것처럼 정신을 맑게 해주는 향이다. 백향목은 신의 영광과 번영을 뜻한다. 침엽나무에 속하는 백향목은 키가 약 30~40m에 달하는 큰 나무에 해당된다. 그 모습이 고고하고 위엄이 있어서 영화로운 지도자를 뜻할 때 나타내기도 한다. 키가 큰 나무가 마치 위엄 있는 왕처럼 여겨지고, 그 나무로 이루어진 숲 속에 머문다는 것은 커다란 힘으로부터 보호받는다는 느낌을 준다. 따라서 시더향은 신의 보호와 은총 같은 향이다.

　이 시더나무에서 오일을 얻은 것이 우리가 일반적으로 아는 시더우드(Cedar wood)향이라고 한다. 시더우드 에센셜 오일은 숲 속에 머무는 것처럼 상쾌한 느낌을 주기 때문에 긴장하거나 불안할 때 도움이 된다.

- 게부라는 담배향에 상응한다.

게부라의 이미지는 폭압적이고 터프한 느낌이기 때문에 게부라에는 담배향(Tabacco)을 상응시킨다. 담배향은 담뱃잎으로 만든, 담배를 태울 때 나는 향이다. 담뱃잎 중에서 상태가 좋아 등급이 높은 잎은 담배를 만들고, 등급이 낮은 담뱃잎은 살충제 또는 살균제를 만들 때 사용한다. 게부라가 분별하여 밀어내는 힘이 있듯이, 담배는 벌레 등을 막아내는 효과를 가지고 있다. 이것은 담뱃잎에 들어있는 니코틴 성분 때문이다. 니코틴 성분은 말초신경을 흥분시키거나 마비시키기도 하며, 니코틴을 흡수하면 각성현상을 일으키지만 중독성을 내포하고 있다. 담배향은 스모키한 향이라 표현할 수 있다.

- 티페레트는 유향에 상응한다.

유향은 예수가 탄생하였을 때, 별을 보고 찾아온 동방박사들이 가지고 왔던 세 가지 선물 중 하나이다. 세 가지 선물은 몰약, 유향, 황금이다. 이는 하늘과 땅을 이어주는 중재자인 왕을 상징하는 물품들이다. 노란색인 유향과 황금은 티페레트를 상징한다. 이 선물을 한다는 것은 왕에게 선물한다는 뜻이다. 이런 선물을 갓 태어난 아기에게 주었으니, 그 당시 유대왕은 자신에 대한 도전이라 생각하여 아기예수와 비슷한 시기에 태어난 아이들을 모두 죽여 버렸다.

동방박사들은 동방의 마기를 뜻한다. 마기란, 페르시아 사제를 뜻한다. 페르시아를 바사라고 부르기도 한다. 마기를 성경에서는 마고이

(Magoi)라 부르는데, 마고이는 그리스어로 현자(賢者)란 뜻이다. 그 당시 바사(페르시아)는 점성학이 발달하였고, 또 별을 따라온 것을 보면 이들은 점성학자이기도 하다.

유향은 프랑킨센스(Frankincence) 혹은 올리바넘(Olibanum)이라 부른다. 이것의 열매가 피스타치오이다. 유향은 나무줄기에 상처를 내서 젖빛 수액이 흘러나오면 굳어지는데, 그것을 채취한 것이다. 나무의 피에 해당되는 수액이 굳어져서 나는 향이다.

프랑킨센스(Frankincence)는 '순수한 연기'라는 뜻으로 쓰였으며, 태우는 향에 속한다. 또한 강하고 오래 지속되는 향에 속하며, 스트레스나 정신을 안정시키는 데 효과적이다. 유향도 몰약처럼 방부효과가 있어서 미이라에 쓰이며, 박테리아 억제효과는 있으나 독성은 없다. 유향은 예로부터 값이 비싸고 귀한 향료에 속해서 제사용품이나 진상품으로 올리는 향이었다. 한의학에서는 통증을 가라앉게 하고 종기를 없애는 효능이 있다고 알려져 있다.

• 네째흐는 안식향에 상응한다.

안식향은 때죽과 나무에서 얻은 수지를 건조시켜 만든 향으로, 벤조인향(Benzoin)이라고 한다. 안식(安息)향이란 이름의 뜻에는 나쁜 사념 또는 사악한 기운을 물리

쳐 편안하게 진정시킨다는 뜻을 가지고 있다. 또한 벤조인향이라 부르는 이유는 방향성의 냄새와 맛을 가진 발삼 수지이기 때문이다.

발삼(Balsam)이란, 방향성이 있는 발삼나무에서 분비되는 끈끈한 액체란 뜻이다. 안식향도 유향처럼 방부효과를 가지고 있다. 이 향은 시원하며 호흡을 안정시키고, 통증을 가라앉히는 효과가 있다. 네짜흐는 꽃잎이 흩날리듯, 향이 퍼지듯, 자연계의 에너지를 발산하는 곳이다. 따라서 향 또한 휘발성의 방향성을 가진 나무의 수지를 사용한다.

• 호드는 소합향과 상응한다.

소합향(Storax)[48]은 조록나무과의 줄기에서 추출한 수지로, 정신을 맑게 하는 향이다. 조록나무과에는 풍나무가 있다. 소합향이라 부르는 이유는 옛날 소합국(蘇合國)에서 생산되었기에 붙여진 이름이다. 소합국이란, 옛날 중국에서 이란을 지칭하여 부르던 말이다. 소합향은 특이한 향기가 있으며 수지 자체에서는 달콤한 향이 나고, 맛은 약간 매우나 성질은 따뜻하다. 혈액순환을 촉진하고 벌레에 물렸을 때 등 피부질환에도 사용된다. 성서에서 분향에 사용된 향재료 중 하나이다.

다음 예소드는 식물의 뿌리 향과 상응하고, 말쿠트는 꽃이나 잎과

---

48 Storax라는 뜻이 때죽나무의 수지라고 알려져 있어서 안식향과 혼동이 올 수 있는데, 소합향은 조록나무과의 풍나무로부터 추출하고, 안식향은 때죽나무로부터 추출한다.

관련된 향이다.

• 예소드는 인삼향과 상응한다.

예소드는 모든 향기 나는 뿌리와 상응한다. 특히 인삼향과 상응한다. 인삼은 두릅나무과에 속하며, 땅속에 묻혀있어 흙냄새를 포함하고 있다. 인삼이라는 이름이 붙여진 이유는 뿌리가 사람을 닮았다 하여 인삼이라는 뜻이 붙여졌다. 또한 귀신같은 효험이 있어서 신초(神草)라 불린다. 예소드가 흙 원소를 포함하고 있고, 흙 속에 사람형상의 뿌리를 품고 있듯 인삼과 가장 잘 어울린다. 즉 예소드는 말쿠트라는 최종 물질형태를 담고 있는 자궁에 해당되며, 인삼의 뿌리는 흙 속에 들어있는 인간모형에 속한다.

• 말쿠트는 박하향과 상응한다.

말쿠트는 최종으로 나타나는 물질의 원형에 속한다. 따라서 향이 강한 박하 향에 상응시킨다. 박하는 잎과 줄기의 향이 진하다. 문지를수록 그 향이 더 강해진다. 박하향은 싸하고 코끝이 찡해지는 강한 향으로, 상쾌함과 청량감을 품고 있다. 즉 향이 존재감을 뿜어내는 정도가 가장 강하기 때문에 정신을 바짝 들게 만드는 향이다.

그리스·로마에서는 향수로 사용하거나 원기를 회복하는 데 썼으며, 목욕 첨가제로도 사용하였다. 고대 이집트에서도 식용, 약용, 방향제로 사용하였다. 박하 중 서양박하를 민트라 부르는데, 민트 중에서도 강한 후추향이 나는 것을 페퍼민트라 불렀다. 박하 속에 들어있는 성분 중 코끝이 찡할 정도로 차갑고 화한 맛을 내는 성분이 바로 멘톨이다. 멘톨은 화한 성분 때문에 두통과 기관지에 좋고 눈을 맑게 한다.

세피라와 보석

각각의 세피라는 보석에도 상응시킬 수 있다. 보석에 상응을 시킬 때는 세피라가 상징하는 컬러 그리고 세피라의 특징을 고려하여 상응시킨다.

케테르, 티페레트, 예소드, 말쿠트는 세피로트 중심축을 형성하고 있는데, 이 중심축에는 투명하고 맑은 색상의 보석 또는 석영과 같은 순수 보석을 상응시킨다. 석영류의 보석으로는 유리와 같은 크리스탈, 다이아몬드가 있다. 다이아몬드-석영-크리스탈은 투명하고 맑고 강하며 비슷한 속성을 지니고 있다. 먼저 중심축을 형성하는 케테르는 다이아몬드와 매칭시키고, 티페레트는 골드 다이아몬드, 예소드는 석영, 말쿠트는 순수 크리스탈(수정)에 매칭시킨다.

- **케테르는 다이아몬드와 상응한다.**

케테르의 자리는 왕관의 자리이다. 따라서 보석 중에 보석, 가장 값비싼 보석인 다이아몬드(Diamond)를 상응시킬 수 있다. 물론 다이아몬드가 고대로부터 최고의 보석은 아니었지만, 17세기 말 이탈리아에서 브릴리언트 컷[49] 연마 방법이 알려지면서 최고의 보석이 되었다. 후대에 이르러 최고의 찬사를 받는 다이아몬드를 세피로트의 가장 높은 자리에 배치시키는 것이 적합할 것이다. 따라서 다이아몬드는 케테르와 상응시킨다. 물론 보석 중에서 다이아몬드의 특성은 케테르와 잘 맞는다. 케테르처럼 다이아몬드도 무색이다. 또한 100% 순수한 탄소로 이루어져 있으며, 찬란하게 빛나고 강한 성질을 띠고 있기 때문에 케테르와 가장 잘 어울리는 보석에 해당된다.

다이아몬드는 금강석(金剛石)이라 불린다. 지구상에서 가장 단단한 물체이기 때문에 금속이나 유리 등을 자를 때도 다이아몬드로 자른다. 이러한 특성 때문인지 다이아몬드는 무엇으로도 쪼갤 수 없는 단단한 결합의 상징인 결혼식 예물로 쓰인다. 다이아몬드에 불순물인 질소가 포함되면 노란색이 나타나고, 붕소가 포함되면 청색이 나타난다.

- **호크마는 터키석과 상응한다.**

터키석은 하늘색을 띠고 있는 돌이다. 세피로트 왕의 컬러에서 호크마는 하늘색이다. 따라서 호크마는 하늘색을 띠고 있는 터키석과 상응

---

49 다이아몬드의 연마 방식으로 17세기 말 이탈리아에서 시작되었다. 보석의 반짝거림을 최대한 끌어내기 위하여 58면체의 다각으로 완성하는 방법으로, 보석의 낭비를 가장 적게 그리고 가장 빛나게 깎는 가공방법으로 알려져 있다.

시킨다. 터키석은 '신으로부터 받은 신성한 보석'이라 불리며, 행운의 보석으로 통한다. 터키석이라는 이름은 '터키의 돌'이라는 말에서 유래되었으며, 역사상 가장 오래된 보석 중 하나이다. 하늘과 같은 색상을 품고 있는 터키석은 하늘만큼 높고, 하늘만큼 넓은 에너지를 가졌다. 호크마의 지혜를 품고 있는 터키석은 하늘의 힘을 끌어와 인간을 보호하고 지켜주는 텔리즈먼의 역할을 한다.

• 비나는 라피스라줄리와 상응한다.

비나는 깊은 바다색을 품은 라피스라줄리(Lapis lazuli)와 상응한다. 비나는 모든 에너지를 흡수하는 블랙컬러와 매칭시킬 수 있으므로, 블랙 진주와 상응시키기도 한다. 청금석이라 불리는 라피스라줄리는 고대 수메르의 인안나 여신이 사용하던 보석 중 하나이다. 원산지는 주로 아프가니스탄이다. 약 4,500년 전 수메르 왕조의 무덤에서 발견되는 장식품들이 주로 이 라피스라줄리로 되어있었다. 라피스라줄리는 황금색의 작은 결정이 들어가 있는 것을 귀하게 여겼는데, 동그랗게 깎아놓으면 마치 깊은 바다에 육지가 있는 지구모형처럼 보이기 때문이다. 또한 우주에 반짝이는 별과 같아서 우주를 상징하기도 했다. 라피스라줄리는 인공안료가 발명되기 전, 청색안료인 울트라마린색의 주원료였다. 라피스라줄리가 들어간 울트라마린 안료는 화가들이 매우 귀하게 여기던 안료였으며, 울트라마린색은 성모 마리아의 옷 색상인 파란색을 나타내는 데 사용하였다. 덧붙이자면, 중세 그림에서 성모 마리아는 파란색, 막달라 마리아는 빨간색, 예수는 흰색으로 나타낸다.

호크마는 하늘이고 비나는 바다이다. 호크마는 아버지를 상징하고,

비나는 어머니를 상징한다. 아버지의 지혜가 필요할 때는 호크마의 힘을 쓰고, 어머니의 이해가 필요할 때는 비나의 힘을 쓴다. 호크마는 하늘색을 품고 있는 터키석과 상응하고, 비나는 바다를 품고 있는 라피스라줄리와 상응한다.

• 헤세드는 사파이어와 상응한다.

헤세드의 색상을 보면, 세피로트 여왕의 색은 파랑색이고, 왕의 색은 자주색이다. 따라서 헤세드와 상응하는 보석은 파란색의 사파이어와 자주색의 자수정이다. 헤세드는 귀족, 사제, 교황, 성직자와 연결시킬 수 있기 때문에 중세 교황이나 사제들은 사파이어나 자수정으로 만들어진 반지를 꼈다. 특히 바티칸의 엘리트들은 사파이어 반지를 꼈다. 사파이어(Sapphire)는 금욕, 정절과 같은 의미를 내포하고 있는데, 이는 강한 믿음과 신뢰라는 에너지와 연결되기 때문이다.

사파이어는 청옥(靑玉)이라 불리며 다이아몬드 다음으로 강하다. 헤세드의 색상도 하늘을 닮은 색상이지만 청색에 가깝다. 하늘색과 바다색이 합쳐진 청색이다. 청색은 신뢰, 믿음으로 상징된다.

• 게부라는 루비와 상응한다.

게부라는 빨강색으로 상징된다. 따라서 보석과 매칭을 시킬 때는 루비(Ruby)를 매칭시킨다. 붉은색을 띠는 것에는 불과 피가 있다. 불과 피는 모두 붉은색으로 표현된다. 게부라는 이런 불 원소의 속성과 피의 속성을 강하게 지니고 있다. 불 원소 속성은 치고 나가는 리더적 속성과 열정적인 마음을 나타낸다. 이러한 속성은 용기에서 비롯된다. 용기라는 마음은 마음에 지핀 불과 같다. 불 원소가 적절하면 삶에 꼭 필요한 에너지원이 되지만, 불 원소가 넘치면 파괴로 이어진다. 따라서 게부라의 에너지는 적절하게 활용되어야 그 빛을 발할 수 있다. 이런 게부라의 용기와 열정적인 속성은 루비와 연결을 시킨다.

루비는 홍옥(紅玉) 또는 강옥(姜玉)이라 불리는데, 단단하고 강한 옥이란 뜻이다. 루비의 색 중 최고로 치는 색은 구혈색(鳩血色: pigeon blood)과 심홍색이다. 즉 피의 색을 가진 색이다. 루비는 용기와 깊은 애정을 상징한다. 또한 부를 지키고 악귀를 쫓는 텔리즈먼 효과가 있다고 믿었다. 이는 붉은 색에서 오는 빛의 발산 때문이다. 붉은색은 나쁜 기운을 물리치는 액막이 효과가 있기 때문에 자신을 포함한 누군가를 보호하고 지킬 때, 용기를 필요로 할 때, 애정을 나타내고자 할 때 이 루비를 사용한다.

• 티페레트는 옐로 다이아몬드와 상응한다.

티페레트는 세피로트 중심에 위치하여 황금빛을 발하는 태양을 나타낸다. 황금색 또는 노란색은 가장 안정적이면서도 적절한 빛을 발산하는 색이다. 따라서 티페레트는 황금색을 띠는 보석과 상응시킬 수 있다. 황금색을 나타내는 다이아몬드를 비롯하여 토파즈(황옥)도 티페레트에 상응시킬 수 있다.

티페레트는 다이아몬드 성질을 품고 있으면서, 색상은 노란색을 띠는 옐로 다이아몬드에 상응시킬 수 있다. 옐로 다이아몬드는 다이아몬드에 질소가 약간 섞였을 때 옐로 색상으로 나타난다. 티페레트는 흔들리지 않는 중심에너지를 형성하고, 생명력을 주는 자리이기 때문에 창의력, 의지, 생명력이 필요할 때 활용한다.

• 네짜흐는 에메랄드와 상응한다.

네짜흐는 금성과 상응하고 녹색과 연결시키기 때문에, 녹색을 띠고 있는 에메랄드(Emerald)와 상응시킨다. 에메랄드는 녹주석(綠柱石) 또는 비취옥이라 하는데, 녹색을 띠는 보석이란 뜻이다. 헤르메스 트리메기투스[50]가 썼다고 전해지는 고대 연금술 문서 이름도 에메랄드 타블렛이다. 편편한 에메랄드 위에 쓰여진 마법서라서 에메랄드 타블렛이라 불렀다. 거울이 없던 고대에는 평평한 형태의 에메랄드에 모습을 비추어 보았으며, 텔리즈먼 도구로 가장 많이 사용된 보석이 바로 에메랄드였다. 또한 녹색을 띠고 있기 때문에 눈을 편하게 하고 눈을 건강하게 한다고 하여, 고대 로마에서는 이 에메랄드 장식을 착용하였다. 네짜흐의 에너지는 대자연 정령, 천사들과 관련이 있기 때문에 대자연 에너지가 필요할 때 활용할 수 있다.

• 호드는 오팔과 상응한다.

호드는 마법이 이루어지는 자리이다. 자연계에 있는 물질들을 변형시켜 새로운 물질을 탄생하도록 주관하는 자리이기 때문에, 여러 가지 색깔 성분이 들어간 오팔(Opal)과 상응시킨다. 오팔 중에서도 5가지 색상

---

50 『에메랄드 타블렛』을 쓴 저자로 알려져 있는데, 실존인물인지는 명확하지 않다. 그리스 신 헤르메스와 이집트 신 토트를 혼합한 반신적인 존재로 알려져 있으며, 이집트 헤르메스 마법의 기초를 놓은 전설적 인물로 통한다. 그 이름의 뜻은 문자 그대로 '세 번 위대하다'라는 의미를 담고 있다.

이 들어있는 오팔에 매칭을 시킨다. 다섯 가지 색상이란, 루비의 붉은 색, 사파이어의 파란색, 에메랄드의 초록색, 황옥의 노란색, 자수정의 보라색을 포함하고 있는 것이면 좋다. 루비의 게부라, 헤세드의 사파이어와 자수정, 네짜흐의 에메랄드, 티페레트의 황옥이 합해져 마법을 부리기 때문이다. 호드는 무언가를 만들고자 할 때, 건설하고 계획하는 구상 또는 아이디어에 영향을 줄 수 있다.

· 예소드는 석영에 상응한다.

예소드는 에너지를 담고 있는 그릇이자 자궁이다. 또한 중심축에 해당하는 위치이기 때문에 원석 그대로의 석영에 상응시킬 수 있다. 아직 수정으로 자라지 않은 돌 그 자체이자 수정을 탄생시키는 모석(母石)에 해당하는 것이 바로 석영이다. 석영은 지구 지각을 구성하는 광물 중 가장 많은 돌이다. 순수한 석영에서 불순물 없이 깨끗하게 자란 것이 수정이고, 불순물이 들어가거나 결정구조가 손상되면 여러 가지 색상을 띠게 된다. 따라서 자수정, 황수정, 연수정 등이 탄생하게 되는 것이다. 예소드는 탄생되기 직전 기다리는 장소이자 순수성을 잉태하고 있는 장소이므로, 아직 완성되지 않은 에너지를 보호하고 지키려 할 때, 예소드의 에너지를 활용하면 된다.

· 말쿠트는 순수 크리스탈과 상응한다.

순수하고 불순물이 없이 투명한 석영이 잘 성장하여 완벽한 육각기둥 모양을 만든 것을 크리스탈, 즉 수정(水晶)이라 부른다. 마치 맑고 투명한 물이 얼어서 생긴 모습과 같다고 하여 수정이라 부르는 것이다.

또한 완벽한 육각기둥 모양의 결정을 가지고 있고, 그 색이 맑고 투명한 것을 최고의 수정으로 친다. 이 수정을 다듬어서 크리스탈 유리가 탄생되는 것이다. 중세시대에는 이 맑고 투명한 수정구를 이용하여 점을 치기도 하였다.

말쿠트는 케테르가 물질화된 결정체이다. 케테르에 상응하는 다이아몬드만큼은 아니지만, 크리스탈은 다이아몬드와 비슷하게 투명하고 순수한 형태의 모습을 띠고 있다. 말쿠트의 에너지는 모든 에너지를 담은 에센스이자 순수성 그 자체이므로, 정화된 에너지를 만들고자 할 때 활용하면 된다.

텔리즈먼의 효과란, 각 보석과 세피로트를 상응시켜서 신의 힘을 끌어당기는 것이다. 열정과 용기의 힘이 필요하다면 루비를, 하늘의 지혜가 필요하다면 터키석을, 바다와 같은 이해가 필요하다면 라피스라줄리를, 에너지를 정화하여 순수성을 바란다면 크리스탈을, 믿음과 신뢰가 필요하면 사파이어를 활용하면 된다. 이런 식으로 보석과 세피로트를 연결하면 된다.

• 세피로트와 상응하는 텔리즈먼

번호	세피라	향	보석
1	케테르	용연향(고래 결석)	다이아몬드
2	호크마	사향(노루 향낭)	터키석
3	비나	사향(고양이), 몰약(감람나무 수지)	라피스라줄리, 블랙펄
4	헤세드	백향목(삼나무 향)	사파이어, 자수정
5	게부라	담배향(담뱃잎 태운 향)	루비
6	티페레트	유향(올리바넘, 프랑킨세스 수지)	옐로 다이아몬드, 토파즈
7	네짜흐	안식향(때죽나무 수지)	에메랄드
8	호드	소합향(조록나무 수지)	오팔
9	예소드	인삼향(향기 나는 뿌리), 자스민	석영
10	말쿠트	박하향(허브)	순수 크리스탈

21 세피로트 찬가

아인(Ayin)

나는 존재 그 자체인 아인이다.

영겁의 영겁을 지나도 알 수 없는 시작과

알 수 없는 끝은 모두 내 안에 존재한다.

나는 빛도 아니요, 어둠도 아니며, 삶도 아니요, 죽음도 아니다.

나는 영원의 존재이며, 미지의 알 수 없는 힘이니라!

케테르(Kether)

나는 존재 속에 떠오른 하나의 생각이자, 하나의 움직임인 케테르이다.

무엇이 나를 나타나게 했나?

꽉 찬 우주 에너지 공간의 밀어냄으로 인해 조금씩 뭉쳐진 에너지가

억겁의 시간이 흘러 모아진 에너지로 불현듯 튀어나왔다.

이것이 곧 빅뱅이요, 우주의 시작이라!

이 우주는 나의 빛 에너지로 가득 찼느니라!

호크마(Chokmah)

나는 최초 시간이다.

나는 빛의 조각이요, 빛의 광선이라!
이 빛의 광선이 길을 만들었다.
빛 에너지를 받아 빛을 전달하는 길,
나는 최초 길을 만드는 빛의 아버지이다.

비나(Binah)

나는 무한히 확장하는 빛을 저지하여
하나의 그릇에 담아 형태를 빚어낸 비나이다.
나는 공간의 어머니이다.
무한히 확장하는 빛을 구부려 하나의 형태를 만들었다.
이것이 바로 물질우주니라!
빛을 저지하고 억제하는 힘이 어둠으로 보일지라도
나는 이 물질우주를 창조한 어머니이며,
이 물질 우주를 품고 있는 자궁이다.

헤세드(Chesed)

나는 자궁 속에서 태어난 처음 빛이요, 알파와 오메가인 헤세드이다.
모든 물질의 빛은 나로부터 나오니,
나는 지혜를 품고 있는 빛 에너지요, 불멸의 존재라!
나를 통해 흘러나온 빛으로 이 우주를 건설하였고,
물질 우주 속에서 처음 태어나는 불멸의 영혼이다.
나의 빛은 자비의 빛이요, 무한히 내어주는 창조의 빛이라!
나로부터 빛의 천사와 어둠의 천사가 나왔도다.

게부라(Geburah)

나는 경계를 만드는 자요, 우주의 끝을 정하는 자다.

나는 밀어냄으로써 창조할 공간을 만들어내는 창조자이다.

빛 에너지를 채울 공간을 만들기 위해 수많은 불순물과 거친 것들,

악한 것들을 밀어내야만 했다.

나는 진공 공간이자 순수에너지 공간을 만드는 게부라이다.

티페레트(Tiphareth)

나는 빛을 방사하는 티페레트이다.

나를 통하지 않고는 어떤 빛도 나아갈 수 없다.

빛이 없는 곳에 빛을 전달하고,

아버지의 빛을 우주로 퍼뜨리는 메시아다.

빛의 결핍이 있는 곳에 사랑의 빛을 비추이고,

이 우주에 생명의 빛을 전달하는,

나는 태양의 아들이다.

네짜흐(Netzach)

나는 신의 명령을 따르는 대자연의 천사 네짜흐이다.

나는 대자연의 법칙에 따라 움직이며, 만물을 풍성하게 하고,

만물을 움직이게 만드는 신의 사자이다.

꽃을 피우고 생명을 잉태하며,

대자연을 운행시키는 만물의 어머니이다.

호드(Hod)

나는 불과 공기와 바람과 흙, 대자연의 에너지를 다스려

새로운 것을 창조하는 마법사 호드이다.

흙으로 육체를 빚고 불로 구운 뒤,

물을 넣고 공기를 불어넣어

인간을 창조하였다.

나는 만물을 디자인하는 디자이너이다.

예소드(Yesod)

나는 모든 창조물을 담는 그릇 예소드이다.

모든 에너지들은 나를 통해서 물질화가 이루어진다.

나의 거름망을 통하지 않고는 물질화가 이루어질 않는다.

나는 모든 창조된 에너지를 응결시키고 응고시켜 물질화시키는

거름망이자 물질창조의 자궁에 해당된다.

나는 아이를 낳는 산모이자 창조물을 담고 있는 자궁이라!

말쿠트(Malkuth)

나는 창조의 결과물이자 신의 복제품인 말쿠트이다.

신의 모습을 본떠 신의 에너지를 그대로 담은 작은 우주이다.

나는 시작과 끝이요, 삶이자 죽음이며, 시간이자 공간이다.

나는 최초 아담이자, 모든 만물의 정수를 담은 창조의 에센스이다.

　카발라는 신의 모습이자, 신의 특성을 나타내는 도구이다. 카발라를 통해서 그동안 막연하던 신의 모습을 잠시나마 이해할 수 있는 시간이 되었으리라고 본다. 이 우주 그 자체, 우주를 운행하는 존재이자 우리를 닮은 신, 그 신의 특성을 카발라라는 도구를 활용하여 살펴보았다.

　이 우주가 어떻게 탄생되었을까를 생각해보면, 아무것도 없는 텅 빈 진공 공간에서 불현듯 나타난 존재가 신이라 생각할지 모르지만, 내가 카발라를 통해 깨달은 것이 있다면 이 물질우주의 창조는 텅 빈 공간에서 생겨난 것이 아닌, 꽉 찬 우주 공간 속에 한 부분을 비워내면서 생성된 우주라는 점이다. 신은 자신의 일부를 희생시킨 것이며 자신의 옆구리를 내어준 것이다. 이렇게 생겨난 그 결핍은 완전을 회복하기 위해 끊임없는 창조를 하게 되었다. 즉 한마디로 표현하면, 이 물질우주는 결핍을 채우기 위해 창조된 곳이라는 점이다. 창조라는 행위 자체가 결핍을 보완하기 위한 하나의 과정이며, 우리는 끊임없이 완성을 향해 나아간다.

　결핍은 창조의 에너지원이다. 우주는 완전했던 우주의 한 모퉁이를 내어주었고, 그 결핍의 에너지로 물질우주가 창조된 것이다. 우리 인체도 간의 일부를 떼어내면 새롭게 복원하려 한다. 마찬가지로 우주도 한 부분을 비워내면서 그 안을 채워 넣는 과정 중인 것이다. 우리가 살고 있는 이 물질우주는 결핍을 채워 완전으로 가려는 하나의 과정 속에 우리가 존재하고 있다. 돈에 대한 결핍을 겪으면서 자란 사람은 돈을 벌려 하고, 사랑이 부족한 사람은 사랑에 집착하고, 각자 자신에게 부족한 부분을 채워 완전함을 채우려는 것이다. 결핍을 채워 완전함에 이르려 하는 힘은 대자연을 이루는 중요한 원리에 해당된다.

대자연의 생명체가 빚어질 때도 마찬가지의 원리로 빚어진다. 아무것도 없는 공간에 살과 뼈를 만들어 조립했다고 생각할지 모르지만, 먼저 빛으로 꽉 찬 공간에 빛을 덜어내어 빈 공간의 형태장을 만들고, 그 안에 물질을 채워 만드는 형태로 창조되었다. 미술을 한 사람이라면 이해가 갈 것이다. 석고본을 뜰 때 빈 공간 형태를 뜨고 그 안에 기름을 바른 뒤 석고를 부어 만들 듯, 빈 공간 형태를 만들고 그 안에 질료를 부어 넣는 방식이다. 즉 이 우주는 물 입자 같은 형태장으로 꽉 차 있고, 이 형태장의 일부를 비워내어 형태 틀을 만들고, 그 안에 물질 질료를 부어 만드는 것이다.

비워져 있어야 채울 수 있고, 없어지면 채우려 한다. 인간의 문명 자체는 불완전함을 완전함으로 바꾸려는 속성 때문에 멈추지 않는 창조를 하고 있는 것이다. 좀 더 완전하게, 좀 더 편리하게, 좀 더 아름답게 라는 마음이 이 우주를 창조하고 있는 것이다. 따라서 인간의 문명이란 한마디로, 불완전의 결정체에 해당되는 것이다.

이 우주가 완전함의 결정체가 아닌, 불완전함의 결정체로 만들어져서 계속 완전을 향해 나아가고 있는, 아직 완성되지 않은 작품이 바로 이 물질우주인 셈이다. 우리 인간도 수많은 진화를 통해서 진화하고 있고, 좀 더 완성에 가까이 가고자 하려는 욕구, 더 발전하려는 욕구가 이 문명사회를 발전시켜왔다.

완전에 이르는 길, 이것이 우주가 가고자 하는 목적이고, 신이 도달하고자 하는 목적지이다. 결핍이 있기 때문에 결핍을 메꾸려 하는 욕망이 생기고, 완전하지 못하기 때문에 완전을 추구하려는 것이다. 인간은 끊임없이 완전을 향해 나아가는 존재이다. 이 책 또한 불완전하지만 완전함을 찾아가고 있는 과정이라 생각한다. 그 과정 중에 누군가는 이 책을 읽고 각자 찾고 있던 퍼즐조각이 맞춰지길 바라는 마음이 있다. 완성된 그림을 위한 퍼즐 조각들은 서로 간의 정보를 교환하면서 얻을 수 있는 법이다.

이 책을 통해 당신이 찾고 있던 정보의 퍼즐을 찾을 수 있다면, 조금이나마 당신 인생이 이해될 것이고, 또 당신 인생의 의미를 찾게 될 것이라 생각한다.

당신 인생을 더욱 소중히 여기고, 자신의 삶을 더욱 빛나게 만든다면 그것으로 나의 역할은 다한 것이다. 자신에게 다가오는 정보들을 어떻게 흡수하고 어떻게 쓰느냐는 자신의 의지에 달려있다. 신은 인간을 통해 현현하기 때문에 당신 스스로 신임을 깨달을 때, 삶을 지배하고 이끌어나갈 수 있다.

마지막으로 덧붙이자면, 인류가 쌓아올린 지식의 보고(寶庫) 속에서 혜택을 받은 나는 먼저 고대로부터 이런 지혜의 자료들을 연구하고, 쓰고, 보관하고, 힘들게 전달해온 지식의 전수자들께 감사를 표한다.

이 책은 인류의 희생 속에서 탄생한 작품이다. 지혜의 책들이 불타올라 파괴될 위기에서 누군가는 몰래 책을 숨겨 보관하였고, 누군가는 희생되었으며, 누군가는 필사(筆寫)하여 전달하였고, 누군가는 번역하였으며, 누군가는 더 나은 지혜의 책으로 발전시켰다. 우리는 선조들의 희생으로 이룩한 물질문명의 틀 위에 더욱 찬란함으로 빛내야 하는 후손들이다. 우리 후손들은 그 희생을 빛으로 변환을 시켜야 하는 책무를 지니고 있다.

나는 인류의 희생 속에 모아진 정보들을 통합·흡수한 뒤, 지혜로 변환시켜 이 책을 내놓게 되었다. 나의 책 또한 인류 후손들이 빛나게 살수 있는 지혜의 발판이 되었으면 한다.

−태라 전난영−

유대 카발라와 관련된 고대 문헌 두 권을 소개하려 한다. 하나는 『세페르 예찌라』이고, 하나는 『조하르』이다. 이 두 가지 책이 유대 카발라의 기본 바탕이 되었다고 해도 무리가 없다.

1. 세페르 예찌라(Sefer Yetzirah)

『세페르 예찌라(Sefer Yetzirah)』는 유대 카발라에 관한 책의 제목이다.

예찌라는 문자 그대로 형성(Formation)이라는 뜻이다. 카발라 4계 아찔루트, 브리아, 예찌라, 앗시아의 예찌라에 해당된다. 이 물질지구 자체도 예찌라 영역 즉, 형성의 계(界)에 속해 있다.

『세페르 예찌라』는 아브라함이 천사로부터 전수받은 말씀이라고 여겨지지만, 이 책의 저자는 랍비 아키바(Rabbi Akiva)로부터 기인한다. 저자는 이 책의 목적에 대해 우주의 것들이 어떻게 생겨났는지에 대한 것들을 전하는 책이라고 말한다. 또한 이 책에는 10개의 세피라로 구성된 세피로트를 상호 연결하는 22개 경로를 히브리어 알파벳과 연결시켜 그 본질과 속성을 이야기하고 있다.

이 책에서 유명한 구절은 다음과 같다.

"야(Jah)[51]께서는 지혜의 32개 신비한 경로 안에 모든 것을 담아 놓았다. 만물의 주, 이스라엘의 하나님, 살아계시는 하나님, 전능하신 하나님, 고귀함과 희망을 주시는 분, 영원히 살아계시는 분, 그리고 그 이름 거룩하도다. 히브리 근원 단어인 3가지 세페르(sefar:ספר): 이름하여, sefer(성경), sefor(숫자), sippur(역사)를 가지고, 빈 공간에 10가지의 눈금을 매기시고, 히브리어 알파벳 22단어로 그의 세상을 창조하셨다.

히브리어 알파벳 22개는 다음과 같다.

3개의 주요 문자 : א(Aleph) מ(Mem) ש(Shin)은 어머니 여신으로 상징된다.

7가지 이중발음 : ב(Beth) ג(Gimel) ד(Daleth) כ(Kaph) פ(Peh) ר(Resh) ת(Tav)

12개의 기본 문자 : ה(Heh) ו(Vav) ז(Zain) ח(Cheth) ט(Teth) י(Yod) ל(Lamed) נ(Nun) ס(Samekh) ע(Ayin) צ(Tzaddi) ק(Qoph) 이다."

==〉 3-7-12 이 숫자는 상징적인 숫자코드를 담고 있다.

하나님의 이름인 요드헤바브헤(יהוה)에 쓰인 히브리 문자는 3개(yod, heh, vav)로 이루어져 있고, 일주일은 7일, 달은 12달을 나타낸다. 또한 7개의 행성, 12개의 별자리를 상징하기도 한다.

---

51 하나님 이름 약자

==〉3개의 주요문자 소리를 살펴보면,

מ(Mem)은 음소거, שׁ(Shin)은 치찰음, א(Aleph)는 음소거와 치찰음 사잇소리로, 공기를 통하여 균형을 유지하는 소리이다.

또한 이 책은 10개의 세피로트와 22개의 히브리어 글자를 어떤 조합으로 사용하였는지, 그리고 아브라함에게 이 비밀을 알려주고 어떻게 계약을 맺었는지 책의 마지막에서 묘사하고 있는데, 아브라함과 맺은 언약은 두 가지로 묘사된다.

1. 발의 10 발가락 사이에는 "할례의 언약"
2. 손의 10 손가락 사이에는 "혀의 언약"

==〉 아브라함이 맺은 두 가지 언약은 혀의 언약과 할례의 언약이다. 이것은 상징적인 은유인데, 말을 함부로 하지 말고 음양에너지를 함부로 섞지 말라는 뜻이다.

설명하자면, 에너지가 방출되는 부분은 혀와 성기가 있는데, 상반신은 혀, 하반신은 성기로 나타난다. 즉 상반신 손가락 10개의 중심에는 혀가 있고, 하반신 발가락 10개의 중심에는 성기가 있다. 즉 혀와 성기를 함부로 다루지 말라는 뜻이기도 하다.

『세페르 예찌라』 책은 하나님의 세상 창조에 관한 개념을 주제로 다루고 있다. 또한 저자는 책에 대한 공을 아브라함에게 돌리면서 아브라함에 대한 높은 존경심을 보여주고 있다. 또한 탈무드 이후 유대인 마음 발달에 깊은 영향을 끼친 책이라 할 수 있다. 『세페르 예찌라』는 책의 나이, 기원 등이 사실 명확히 밝혀져 있지 않을뿐더러, 스타일 자체가 모호하기 때문에 이해하기가 매우 어렵다.

『세페르 예찌라』의 가르침을 보면, 대우주(우주)와 소우주(인간)를 조합하여 연결시키고 있고, 언어학(히브리어), 철학, 점성학, 영지주의적 우주론이 복합되어있다.

· 3-7-12의 숫자코드

『세페르 예찌라』에 나오는 중요한 히브리 세 글자 알레프(Aleph), 멤(Mem), 쉰(Shin)은 우주를 형성하는 기본 바탕이 되는 어머니에 해당되며, 상징적 인물로 대표된다. 이 세 어머니는 우주의 물을 대표하며, 이세 가지 물질은 우주의 잠재적 존재이자 물질 우주를 형성하는 기본 요소가 된다.

3이라는 숫자에는 다음과 같은 상징이 있다. 우주의 질서는 다음 세가지로 구성된다. 세계(the world), 시간(the time), 그리고 인간(man)이다. 이러한 3가지 요소는 서로 결합되는 방식을 따르고 있다. 물에서 땅이만들어지고, 하늘에서 불이 만들어졌으며, 하늘과 땅 사이에서는 공기가 만들어졌다. 뜨거운 여름, 차가운 겨울 그리고 계절이 바뀌며 비가오는 계절 이 3가지가 1년을 형성한다. 같은 방식으로 인간의 영혼도머리, 몸통 그리고 나머지 신체 이렇게 세 부분으로 나눌 수 있다.

7에 대한 숫자는 다음과 같은 상징이 있다. 7개의 이중 문자는 7개의 행성(태양, 달, 수성, 금성, 화성, 목성, 토성), 7일(월, 화, 수, 목, 금, 토, 일), 7개의 얼굴 구멍(2개의 눈, 2개의 귀, 2개의 콧구멍, 1개의 입)을 형성한다. 7개의 행성이 하늘과 땅에 영향을 미치고, 7개의 얼굴 구멍은 인간을 바깥세상과 연결시킨다.

12에 대한 숫자는 다음과 같은 상징이 있다. 12개의 기본 글자는 천궁도를 만들었다. 12개월 그리고 12명의 지도자와 연결시킬 수 있다. 또한 2개씩의 손과 발, 신장 그리고 담즙, 내장, 위, 간, 췌장, 비장은 독립적으로 신체 기능을 수행하는 기관이 되며, 12개의 천궁도 별자리와 연결시킬 수 있다.

『세페르 예찌라』는 영지주의 체계와 유사한 철학적 바탕을 지니고 있다. 하느님은 만물의 시작일 뿐만 아니라 끝이라는 사상을 담고 있으며, '용은 물질 천체를 지배하고, 심장은 인체를 지배한다'라는 내용이 있다. 이 용은 드라코 별자리[52]로 이해되며, 드라코 별자리는 우주의 중심인 북극성을 둘러싸고 있고, 마찬가지로 심장은 인체의 중심점을 둘러싸고 있다.

이 책이 쓰인 시기는 명확히 알려져 있지는 않지만 초기 그노시스의 영향을 받은 것을 보면 3세기 또는 4세기인 것으로 추측할 수 있다.

52　용자리, 북극을 감싸고 있는 태극모양의 형태로, 특정 시점에 우주의 천극이 용자리에 위치하였었다.

2. 조하르(Zohar)

원래 카발라는 모세시대의 구술 전승이라 알려져 있다. 이 전승된 가르침을 문헌으로 남긴 것이 바로 『조하르(Zohar)』다. 즉 조하르는 카발라로 알려진 유대 신비주의 사상의 기본 토대가 되는 가르침이다. 토라(모세 5경)의 신비적 측면에 관한 주석이며, 우주 및 신비주의와 관련된 자료뿐만이 아닌 경전 상의 해석을 포함하고 있는 일련의 책이다. 우주의 근원 및 구조, 신의 본질, 영혼의 본질, 신의 빛에 관한 설명들을 담고 있다. 즉 조하르는 토라를 더 정교하게 해석한 미드라쉬(Midrash)[53]의 비밀스런 형태로 간주될 수 있다.

『조하르』도 『세페르 예찌라』처럼 모호하고 애매한 형태로 구성되어있다. 조하르는 13세기 스페인에서 모세스 데 레온(Moses de León)[54]에 의해 처음 등장하였다. 그는 이 책의 공을 시몬 바 요차이(Simeon bar Yochai)에게 돌리고 있는데, 유대인 전설에 따르면 로마 박해 시절(2세기), 시몬 바 요차이(Simeon bar Yochai)[55]라는 사람이 13년 동안 동굴에 숨어서 토라를 공부한 뒤, 예언자 엘리야를 통해 영감을 받아 『조하르』를 썼다고 하였다. 모세스는 시몬이 쓴 『조하르』를 동굴 속에서 발

---

53 미드라쉬(Midrash)는 히브리 용어로, 성경의 설교 교리에 해당된다. 문자 뜻은 '조사' 또는 '연구'라는 의미이다. 히브리어 성경을 해석하는 방법을 뜻하지만, 문자 그대로의 해석보다는 더욱 깊은 의미를 발견하고 연구하려는 방법이다.

54 Moses de León(1240-1305)은 『조하르』의 저자 혹은 편집자로 알려졌으며, 스페인의 랍비이자 카발리스트이다. 그의 다른 작품으로는 히브리어로 쓰여진 『Sefer ha-Rimon』이 있다.

55 Shimon bar Yochai는 고대 유대 지방에서 2세기에 탄생. 랍비 아키바의 가장 저명한 제자 중 한 명이었으며, 많은 정교회 유대인들에 의해 『조하르』의 저작자로 알려져 있다.

견했다는 이야기도 전해진다.

유대교의 전통적 견해로는 아브라함과 모세와 같은 성경적 인물들에게 하나님께서 카발라의 가르침을 내주셨다고 생각하고 있다. 『조하르』를 외경으로 보기도 하지만, 그 안에 담긴 사상만큼은 유대교 사상에 큰 영향을 끼쳤다고 본다. 삶의 의미와 창조 그리고 존재의 목적을 궁금해하는 이상, 조하르의 사상은 거부할 수 없는 사상이 된다. 즉 받아들일 수도 거부할 수도 없는 사상이었기에, 비밀리에 전수될 수밖에 없는 환경에 놓였다고 보는 것이 맞을 것이다.

조하르(Zohar)라는 단어는 에스겔서 8장에서 볼 수 있는데, 일반적으로 '빛'을 의미한다. 또한 다니엘 12장에 조하르가 언급된 부분을 보면, "현명한 사람들은 하늘의 빛처럼 빛날 것입니다"라고 쓰여 있다.

『조하르』에는 생명나무 10 세피로트와 우주 창생의 비밀, 원(原)인간 아담(아담카드몬), 악이 기원 등 문자 숫자 변환법을 사용하여 이야기가 진행된다. 하나님은 원(原)인간인 아담카드몬을 통해 자신을 드러내고, 그 원(原)인간은 이해, 사랑, 자비, 이성 등 열 가지 특성의 세피로트를 통해 계시되었다. 이 세피로트로부터 순수 형상계가 태어났으며, 이후 천계가 만들어졌고, 마지막으로 물질세계가 태어나는 것으로 되어있다.

참고문헌 ───────────────────────────────

『조하르』의 영문번역본

『세페르 예찌라』의 영문번역본

『The Mystical Qabalah』(미스티컬 카발라) / Dion Fortune / 좋은 글방

『777』/ Aleister Crowley /

『Kabbalah and Astrology』/ Z'ev ben shimon Halevi / amazon

『The Way of Kabbalah』/ Z'ev ben shimon Halevi / amazon

『Kabbalah(Key to your Inner Power)』/ Elizabeth Clare Prophet / amazon

『The Sefer Yetzirah the book of creation : In theory and practice』 / Aryeh Kaplan (1997) / Samuel Weiser

『천사』/ 마노 다카야 / 들녘

참고 사이트 ───────────────────────────

http://ha-zohar.net/ (Zohar 참고)

http://www.inner.org/sefirot/sefirot.htm

http://people.ucalgary.ca/~elsegal/Sefirot/Sefirot.html

https://hermetic.com/crowley/libers/lib777/all (777 참고)

KABBALAH

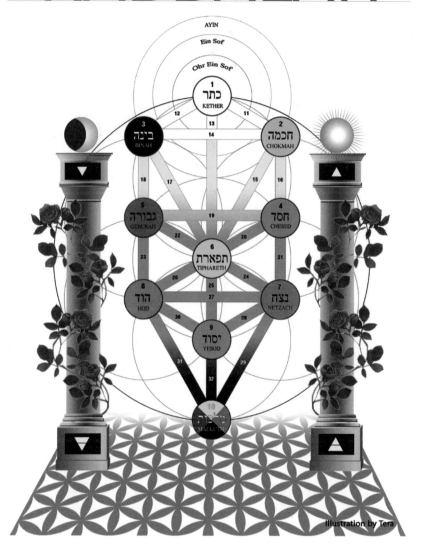

Illustration by Tera

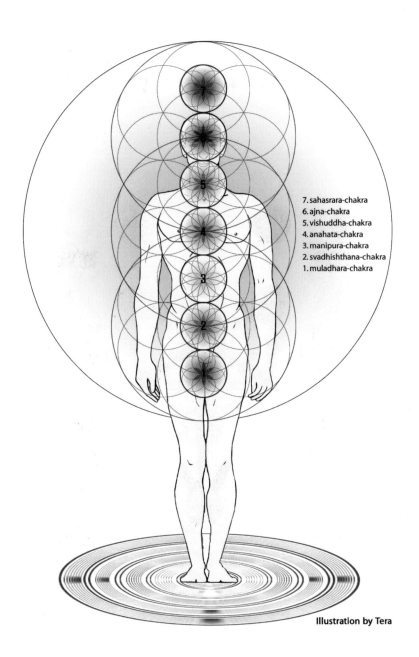

7. sahasrara-chakra
6. ajna-chakra
5. vishuddha-chakra
4. anahata-chakra
3. manipura-chakra
2. svadhishthana-chakra
1. muladhara-chakra

Illustration by Tera

King's Colors

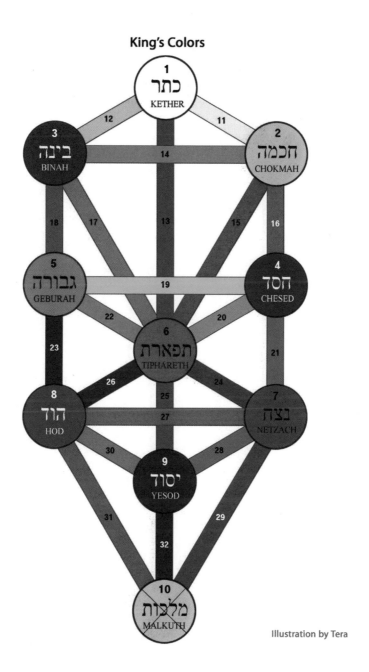

Illustration by Tera

Queen's Colors

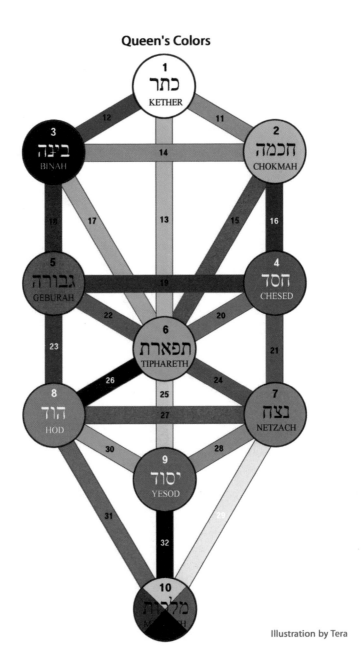

Illustration by Tera